品格养育

高质量互动提升孩子的
情商—和—逆商

HEARTFELT
PARENTING

How to Raise Emotionally Balanced and
Resilient Children Using the Science of Connection

[英] 谢莉·乔汉（Shelly Chauhan）　著　姜帆　译

Shelly Chauhan. Heartfelt Parenting: How to Raise Emotionally Balanced and Resilient Children Using the Science of Connection.

Copyright ©2020 by Shelly Chauhan.

Simplified Chinese Translation Copyright © 2024 by China Machine Press.

This edition arranged with Robinson Publishing through BIG APPLE AGENCY.

This edition is authorized for sale in the Chinese mainland (excluding Hong Kong SAR, Macao SAR and Taiwan).

No part of this book may be reproduced or transmitted in any form or by any means, electronic or mechanical, including photocopying, recording or any information storage and retrieval system, without permission, in writing, from the publisher.

All rights reserved.

本书中文简体字版由 Robinson Publishing 通过 BIG APPLE AGENCY 授权机械工业出版社仅在中国大陆地区（不包括香港、澳门特别行政区及台湾地区）独家出版发行。未经出版者书面许可，不得以任何方式抄袭、复制或节录本书中的任何部分。

北京市版权局著作权合同登记　图字：01 2024 2223 号。

图书在版编目（CIP）数据

品格养育：高质量互动提升孩子的情商和逆商 / (英)谢莉·乔汉(Shelly Chauhan) 著；姜帆译.

北京：机械工业出版社，2024.7. -- ISBN 978-7-111-75962-1

I. G611

中国国家版本馆 CIP 数据核字第 2024RC4972 号

机械工业出版社（北京市百万庄大街 22 号　邮政编码 100037）
策划编辑：欧阳智　　　　　责任编辑：欧阳智
责任校对：李可意　张　薇　责任印制：常天培
北京铭成印刷有限公司印刷
2024 年 10 月第 1 版第 1 次印刷
147mm×210mm·10.375 印张·1 插页·209 千字
标准书号：ISBN 978-7-111-75962-1
定价：79.00 元

电话服务　　　　　　　　　网络服务
客服电话：010-88361066　　机　工　官　网：www.cmpbook.com
　　　　　010-88379833　　机　工　官　博：weibo.com/cmp1952
　　　　　010-68326294　　金　书　网：www.golden-book.com
封底无防伪标均为盗版　　　机工教育服务网：www.cmpedu.com

献给我美丽、热心的孩子,如果没有他们,我永远也学不到爱的真谛。

我对他们感激不尽。

对错之外，别有洞天。
我将在那儿与你相会。
那里的灵魂躺在青草地上，
世界大到不可胜言。
理念、言语，甚至"彼此"这个词，
统统没有意义。

——鲁米（Rumi）

HEARTFELT
PARENTING
序言

　　作为父母，我们接触到的育儿和心理学信息越来越多，也越来越意识到我们与孩子的互动方式会如何影响和塑造他们的行为。但是，这些信息真的能帮助我们理解孩子真正需要我们做什么，从而让他们的大脑、心灵和人际关系健康发展吗？

　　我们经常发现自己在根据我们读到的东西来行教养之事，担心如果不遵循所有这些建议，孩子可能会怎样。我第一个孩子出生时，我记得当时读了一些书，这些书谈到了教养方式会对孩子的大脑产生终身影响。尽管我以为我当时理解那些书的意思，并且努力遵循了那些书中的建议，但我现在知道，我当时是在照着良好的教养方式"做"，而没有让这种做法从用心的联结状态里自发地产生。经过多年的学习，以及作为心理学家和母亲的个人经历，我慢慢学会了平静、温暖地与孩子建立联结，这种"存在"的状态对我们的家庭生活产生了极大的影响。我终于明白，为什么教养有时看似如此艰难，以及怎样才能让教养变得更容易、更自然。

建立联结不是你读到过就会做的事情。这是一种情感状态，建立在两个人之间情感同步的细微瞬间之上。这种情感状态会在那一刻产生一种发自内心的"同步"感。联结会促进人与人之间的理解与共情，对健康大脑和心灵的发展至关重要，就像氧气对于我们的肺一样。联结是幸福的关键，因为促进联结的生物学系统也会使我们感到平静，调节我们的情绪，让我们的身体器官得到休息与修复，让我们对自身的体验保持开放的态度。不仅如此，这种联结有助于大脑的发育，能使孩子大脑的内部"连接"起来，促进情绪复原力的发展。在这个儿童和成年人都越来越焦虑、有压力和容易抑郁的时代，这种复原力越来越必不可少。

从神经科学的角度来理解联结如何影响并塑造我们作为人类的行为，在这方面我们已经进入了一个新的时代。对于孩子以及他们对父母的真正需求来说，没有什么东西比联结更重要、影响更深远了。我们知道，人类的大脑和身体内有一个专门的系统，能帮助我们评估我们是否安全，是否必须做好准备，保护自己免受威胁。这个系统建立在数百万年演化的基础之上，在演化过程中，我们必须保持高度警惕，以确保生存。如果我们能听到这个威胁-安全检测系统讲话，它就会不断询问和回答"我安全吗""你是站在我这边的吗"这类问题。这种问答发生在不到一秒钟的时间内,在你的意识觉察范围之外永不停歇地循环往复。

只有在这些问题的答案是"是"的时候,我们才能放松,身心舒适,并且以一种保持联结和温暖的方式与人互动。当我们被理解和接纳的时候,就会产生安全感。这就好像有人告诉我们"我知道你现在的感受""我在这儿陪你""我接纳你本来的样子"。请注意,这是一个非言语的过程,几乎不需要交谈。这个过程源于一个与焦虑、评判、批评或愤怒的互动截然不同的大脑系统,而后面这类互动往往会损害亲子关系。当你与一个人用平静、互相理解的方式建立联结时,你就会分泌催产素。这是一种强大的激素,可以促进情感联结与社会行为,同时也能减少我们对压力和焦虑的反应。

良好的教养依赖于情感调谐(attunement)的过程,这是一种对他人情绪状态的自然、共情的理解。情绪始于我们内在身体状态的细微转变——我们的心率、呼吸速率、肌肉张力、化学物质水平(例如神经递质与激素)都可能以不同的模式上升或下降。这些变化模式对于每种情绪来说都是独特的。例如,愤怒会使心率上升,而悲伤会使心率下降。如果你能理解并调节你的身体状态,你就能在面对难以处理的事情时保持冷静和警觉。如果你无法调节你的内在情绪状态,你就可能陷入情绪高度激活的状态,让你想要发泄或回避情绪,甚至封闭内心。应激、愤怒、焦躁、沮丧、兴奋、焦虑、厌恶和轻蔑都代表高度激活的状态，这种状态会导致共情与联结的减少。要建立用心的联结，你就需要情绪调节得当。要调节情绪，你就需要感受自己身体内的情绪状态。只有做到这些，你才有能力调节孩子的情绪。

这一点很重要，其原因有两个方面。第一，我们的孩子在长大以前不能以复杂的方式调节自己的情绪，有时得到25岁左右才能做到。这意味着他们很容易被强烈的情绪左右，很少朝我们希望的方向发展。在他们那些负责情绪调节、自我控制、自我觉察和决策的关键脑区发展成熟之前，他们必须依赖我们作为他们的"代理大脑"，反映出他们的感受，帮助他们回到平静的状态。

第二，我们的孩子要依赖我们才能获得内在的安全感，以及"我是谁"的感觉。所以在我们不能注意、关心他们感受，以及不能在他们需要的时候安抚他们时，孩子会变得很脆弱、很焦虑。他们在来到这个世界上时，携带的生物学"设备"特别擅长"读懂"我们并评估（对于"威胁"与"安全"的问题进行非言语的评估）他们与我们每时每刻的关系。我们关注他们吗？我们关心他们吗？我们能陪伴他们吗？我们会注意他们的需求吗？他们能生存下来吗？这种对联结的需求是我们的本能。情绪的变化涉及心率、体内化学物质和肌肉张力的真实生理变化，所有这些变化都可能让人感觉不舒服，而我们的孩子对于他们强烈的情绪却束手无策，就像没有"关闭按钮"的音响在播放刺耳的音乐。只要我们记住这一点，就更容易理解为什么我们需要创造条件，让我们与孩子产生情感联结，并使其深化。

更重要的是，我们的孩子能感觉到我们的情绪状态，从我们眼部肌肉的微小运动，到我们音调的细微变化都逃不出他们的感知。这一切都发生在我们的意识范围之外。在这个过程中，他们的内在情绪状态通常会与我们的情绪状态同步，因为这种状态是会蔓延的，其会导致父母与孩子之间的消极情绪愈演愈烈，产生压力与烦恼。教养其实是一个"用心"的过程，因为我们的心脏通过迷走神经与面部肌肉连接在一起，而我们用面部肌肉来表达情绪。这意味着我们情绪的微小变化会反映在我们的声音和脸上，进而加快或减缓孩子的心率。这是我们彼此情绪相通的背后机制之一。

如果你与孩子拥有了牢固的联结基础，教养就会变得更容易、更平和、更愉快。和孩子在一起时，你不再觉得在消耗自己的内在资源，而是开始感到滋养和满足。但是，你可能会想，联结应该是自然产生的，不需要一本书去深入研究它背后的脑科学吧？我们当中的一些人可能的确属于这种情况，但我相信，我们比以往任何时候都更容易面临失去联结的威胁。此外，我有一些精彩的科学发现要与你们分享，来支持这一观点。随着时间的推移，我们使用大脑的方式正在改变，人们越来越重视促进行动、努力、奋斗、判断、控制与思考的大脑系统，而不太重视那些促进身体觉察、接纳、平静、活在当下、情感联结的大脑区域的能力。这对我们与孩子之间的关系产生了非常真实的影响，进而影响了他们的自我意识，以及他们如何调节情绪、如何面对逆境、如何与人相处；我相信，最终还会影响到他们对自己是否可爱的看法。在我们紧张忙碌的时候，我们更难以（甚至不可能）调动我们天然的内在照料系统，而联结正是诞生于这个系统，起到促进情绪安全、健康与幸福的奇妙作用。

本书的不同寻常之处在于，它并不关注你想如何影响孩子，以及你想让他们得到什么，而是关注你自己，关注如何通过学习给予孩子他们的大脑和身体所渴望的东西（接纳、理解与温暖），自动地为你、为孩子和家庭生活所寻求的结果打下基础。对于那些不满足于我一味宣扬联结的人，我会用一些有影响力的神经科学研究成果来支撑我的结论。许多专家花了多年时间研究情绪、人际神经生物学（关系与我们大脑的相互影响）和情绪大脑，才得出了这些科学知识。但是，最重要的是，我是以一位母亲的身份写作本书的，因为我使用了本书中介绍的知识和方法，这段经历深刻地影响了我和我的孩子对于教养的切身感受。

为了从本书中得到最大的收获，我建议你慢慢阅读，给自己一些时间消化每章的内容，然后再看下一章。我花了好几年的时间才完全理解我将要与你分享的科学知识，我思考得越多，受益就越多。但是，我在本书中想说的最重要的一点是，联结是一个涉及大脑、身体和心理的过程，只有你的神经系统处于协调和放松的状态下，联结才会出现。也就是说，仅靠阅读不足以养成这种教养方式。你需要学会安抚自己的神经系统，从而调节情绪，这需要你付出努力，常做呼吸练习。作为一名为管理者提供情绪调节和压力管理辅导的企业心理学家，我知道我的几位客户从一开始就对这种呼吸练习持怀疑态度。可一旦他们理解了这种方法背后的神经科学原理，并感受到定期练习的好处，他们中的许多人就会说，他们不仅在工作方面，而且在家庭生活、睡眠和幸福感方面都感受到了积极的变化，在亲子关系方面受益最大。

HEARTFELT
PARENTING
目录

序 言

第 1 章 到底何谓教养 /1

亲子联结是教养的核心 /3
是什么阻碍了联结 /5
我们关注的是真正对发展重要的事吗 /10
什么是情商?它为什么重要 /11

第 2 章 教养如何塑造孩子的情商 /21

遗传的作用 /22
经历对我们的影响实实在在地深入了细胞层面 /24

　　　　大脑如何影响我们的情绪和行为　/25
　　　　什么样的教养能积极地塑造情商　/28
　　　　我们的大脑可以逐渐改变和发展　/30
　　　　教养没有终点　/32

第 3 章　**为联结做准备**　/37

　　　　支撑联结的三个基本要素　/40
　　　　理解大脑：它的根本目的是什么　/40
　　　　大脑是由什么构成的？它是如何工作的　/41
　　　　大脑的三层结构越和谐，教养方式越积极　/43
　　　　左右半球：你观察和接触世界的视角　/46
　　　　两个半球的差异会如何改变你看待世界的方式　/48
　　　　两个半球之间的主要区别是什么　/50
　　　　让两个半球一起工作　/55

第 4 章　**大脑的两个半球如何影响你的教养能力**　/67

　　　　亲子联结会自然产生吗　/68
　　　　用好奇心来教养，而非评判　/72
　　　　教养需要灵活性和开放的心态　/77
　　　　如何用自省、平衡的方法来管教孩子　/79
　　　　倡导右脑主导的开放性陪伴　/84

第 5 章　**建立亲子联结之前先理解情绪**　/93

　　　　你的教养方式是由你的大脑决定的　/95

什么是情绪 /97
情绪加工主要发生在右半球 /103
情绪调节是什么 /104

第 6 章　情绪调节与情绪失调 /113

健康的情绪调节需要对身体的觉察 /115
当你处在"容忍之窗"内时，才有相互联结的教养 /116
离开"容忍之窗"会触发哪些问题 /118
回避与补偿：无益的应对策略 /125
你的情绪调节能力会影响你的孩子 /126
年幼的孩子如何调节情绪 /130
我们为什么需要停止使用语言 /131
情绪调节在实际情况中是如何起作用的 /133
如何有效地与孩子共同调节情绪 /135

第 7 章　依恋：情绪调节的重要性 /147

依恋是我们建立关系的媒介 /148
孩子最早的自我意识取决于父母的非言语反馈 /154
我们如何回应孩子的情绪决定了他们处理自己的
情绪的方式 /156
与孩子保持联结，但也要保持边界 /160

第 8 章　你的依恋类型决定了你的教养方式 /167

了解四种依恋类型 /168

帮助孩子容忍他们的消极情绪 /175
帮助孩子理解他们的次级情绪 /181
要想共情孩子，需要先照顾好自己 /182

第9章　大脑和神经系统决定了我们回应孩子的方式 /189

边缘系统：教养人脑的核心 /191
"我安全吗""你是站在我这边吗" /194
"战斗、逃跑或僵住"的防御策略 /197
威胁检测的过程是否平衡 /199
我们为什么对孩子发脾气：边缘系统失控 /202
如何减轻对孩子的反应强度 /205

第10章　情绪安全感 /211

情绪互动对生存至关重要 /213
你是否知道自己什么时候激动，什么时候平静 /215
"迷走神经刹车"：逆商的关键 /218

第11章　情绪安全感如何影响日常亲子互动 /231

社会参与系统使人进入不同的教养状态 /232
关注孩子的社交和情绪调节能力 /237
你们真的建立联结了吗 /239
提升亲子互动质量的日常练习 /241
放慢速度，联结就会自然产生 /244
亲子同步互动很重要 /245
培养慈爱的能力 /248

第 12 章　你处于哪种情绪调节模式　/253

　　　　　情绪调节的三种模式　/254
　　　　　"进取与努力"模式　/256
　　　　　"威胁与防御"模式　/263
　　　　　带来压力的错误思维方式　/266
　　　　　"平静与联结"模式　/272
　　　　　如何在这三种模式间转换　/274

第 13 章　为用心的联结创造良好的环境　/281

　　　　　请先照顾好你自己　/284
　　　　　培养孩子的平衡能力与逆商　/290

致谢　/300

参考书目　/303

参考文献　/308

第 1 章

到底何谓教养

我们大多数人都希望孩子在生活中幸福和成功,但通过关注短期的结果和行为,我们有时会错失塑造孩子的特质、价值观与能力的机会,而这些特质、价值观与能力能够预测孩子长期的逆商和幸福感。

归根结底，教养就是建立并维持一种独特的亲子关系，让孩子在成为自己、找到自己在这世上的一席之地的过程中，感受到安全、爱、支持与接纳。当被问及最想让孩子得到什么的时候，许多父母都会说一些诸如"快乐"或"成功"的话。尽管我们对何谓"好的人生"有着不同的看法，但我们都希望孩子过上美好的生活。我们当中的一些人可能认为，为孩子提供机会，让他们得以取得学术成就，上一所好大学，就能确保他们有一个幸福而稳定的未来。还有些人可能认为，保护孩子免于困境，无论是生理的困境还是情绪的困境，就能让他们远离忧愁。有时，我们认为孩子需要一些我们从未得到过、体验过的东西，或者必须保护他们免受我们成长过程中所经受过的痛苦。

可是，我们真的知道怎样才能过上幸福美满的生活吗？我们做父母的尽心竭力，真的给了孩子最好的机遇，让他们能够获得我们最想给他们的东西了吗？在追求一些我们认为最能让孩子受益的结果时，我们是否在周遭的噪声里迷失了方向，忽略了教养对孩子的人生所能做出的最重要的贡献？

如果我告诉你，这本书能帮你找到一种经过科学验证、有神经科学证据支持的"灵丹妙药",让孩子更有可能成长为坚韧、自信和幸福的人,你会有何感想?这是一种既有效又自然的"灵丹妙药",能降低压力与焦虑,增强孩子的免疫系统,减轻心理疾病对他们的伤害。这种"灵丹妙药"还有助于防止孩子乱发脾气,让情绪失控的孩子平静下来,并奇迹般地让孩子想要让你感到满意。而且它没有临床上的副作用,可以随时使用,也没有所谓的剂量限制。即使你心怀疑虑,觉得这东西好得过了头,不像是真的,但你依然可能想要不计成本地寻找并囤积这种"灵丹妙药"!好消息是,你本人就是生产这种神奇物质的实验室,我们大多数人都可以随意生产这种物质——这取决于我们早年的生活经历;坏消息是,这种物质只有在特定的条件下才能产生,而不幸的是,现代的生活习惯使得这种物质变得越来越稀缺。

亲子联结是教养的核心

我在这里提到的"灵丹妙药"就是"联结"——两个人之间深刻的、非言语的亲密感,这种亲密感能让他们彼此心意相通。这种联结,是由你的大脑和孩子的大脑之间的"即时"同步水平所决定的;其生理基础就是你神经系统特定分支的激活。具体而言,这是一种蜿蜒于身体各处的神经,它被称为"迷走神经"(vagus nerve)。这种神经会影响你的呼吸、心率、声调、面部肌肉,以及眼神交流的多少。迷走神经能让身体释放出许多强有力的化学物质,能够让你放松下来,与人建立情感联系,感到相互信任与开放。

这种联结就是极短时间内的情绪共鸣，即芭芭拉·弗雷德里克森（Barbara Fredrickson）[1]所说的"积极共鸣"（positivity resonance），也就是完全一致、螺旋上升的积极情绪，这种情绪能够增强免疫力、增进心脏健康、提高逆商（resilience）[○]，甚至还能拓宽思维。在两人或多人之间，这种大脑与身体之间的情绪共鸣，打破了"我"的感觉，产生了"我们"的感觉，从而带来了一种暂时融合在一起的感觉。这些共鸣与同步的共同体验频频出现，能在我们与孩子之间创造一种他们所渴望拥有的关系。这种联结的感受，与你知道自己爱着孩子的感受是完全不同的；对于父母来说，最重要的是要知道，这种爱的感受真的很重要，因为这种感受能塑造孩子的大脑、情绪习惯，以及未来的人际关系。

人类的大脑天生就需要这种联结，它对健康大脑的成长是至关重要的，就像身体需要食物和水一样。这种程度的联结会对身心健康指标产生广泛的影响，甚至能影响你孩子的寿命。芭芭拉·弗雷德里克森的著作谈到，早期的科学研究发现，联结可能会使 DNA 在基因中的表达发生积极的改变，所以联结不仅能为你和孩子带来情绪上的安慰，还能在细胞水平上滋养和改变情绪。这一点有力地提醒了我们，我们对彼此的影响有多深，以及情感联结与身体健康之间的关系有多密切。尽管我们相信联结的价值，但建立联结并不像听起来那么简单，因为要感受到这种情感联结，我们需要培养出一种特定的身心状态，

○ resilience 常译作"抗逆力"，为了便于理解，我们将其称为"逆商"。这两个概念都反映了一个人面对逆境时的应对能力。——译者注

而在这个急剧变化与进步的时代，这似乎越来越难了。本书会告诉你为什么联结会影响孩子的幸福，为什么联结正在慢慢受到侵蚀，更重要的是，我们需要做些什么，才能让情感联结蓬勃发展。

是什么阻碍了联结

在这个时代，教养子女似乎充满了近乎压抑的责任感，有时甚至还充满了焦虑。在我们生活的这个时代，教养不再是简单地把孩子带到这世上，满足他们的需求；也不再是与孩子共同生活的过程中偶然得到的副产品，就像我们父母那个时代一样。现在，教养似乎是一种需要深思熟虑的技能，就像其他任何技能一样，是一种需要研究、分析和不断提高的东西。教养还要用上多得数不过来的工具和技术，而这些工具和技术不仅让人感到困惑，往往还相互矛盾。

仅仅让孩子通过机缘巧合来成长是不够的，这种成长还必须受到我们的影响和控制。光是记住我们听过的所有教养建议就已经够难的了，更不用说我们能否在筋疲力尽、压力重重、情绪激烈的时候去将这些建议付诸行动了。这一切都让我们担心自己是不是做错了。

缺乏掌控的责任：压力的配方

对于孩子的成长，我们现在比我们的父母、祖父母了解得多多了，这些信息虽然很有启发性，但也导致了担忧与内疚。

知识的增长给我们带来了压力，让我们必须确保孩子能够茁壮成长，但矛盾的是，我们对他们的控制比以往任何时候都少。这主要是因为，我们对教养了解得越多，就越会试图采用赋能（empowerment）的教养方式，而不是使用恐吓与威胁的手段。但在传统上，父母和教师一直在利用对惩罚的恐惧来让孩子听话、守规矩，所以我们现在的处境是，我们不但觉得自己对孩子的成长负有责任，而且觉得自己对他们的直接控制越来越少。这就是生产压力的配方——如果世上真有这样的东西。

用温情平衡权威的挑战

不靠羞辱、指责来教养，也不用威胁来管理孩子的行为，是一种很有价值的承诺。但对于许多父母来说，其中也充满了不确定性与怀疑。我们掌握的知识不够，以至于在如何对待孩子的问题上，难以怀有一如既往的信心，所以我们在宽容和专制之间摇摆不定，在这两个极端都会感到内疚与担忧。我们怎样才能让他们听话，而不让他们害怕不听话的后果？如果他们不害怕不尊重我们的后果，那他们又怎么会尊重我们呢？如果我们太过软弱，难道他们不会误入歧途吗？然而从另一角度来看，如果我们逼得太紧，他们又可能变得焦虑或抑郁。毕竟，常有人告诉我们，当今正是这些精神疾病的流行期，而儿童和青少年的心理问题正变得越来越多。更糟的是，如果我们对他们太过严厉，他们可能就会变得不够爱我们。我们当中的许多人都有一种直觉，即过于严厉的教养会破坏亲子之间宝贵的联结，而这种联结对于教养而言又是至关重要的。

要在养育孩子和行使权威之间找到平衡是很难的，但这正是好的教养所应该做的：高度的温情（情感联结）与高度的权威（对孩子抱有高期望，并且在不威吓、指责或羞辱孩子的情况下，让孩子达到这些期望）相结合。我将在稍后详细说明，对孩子的管教与限制必须建立在联结与温情的基础上。只有在亲子联结稳固的情况下，行使权威才不会影响教养的某些长期目标，例如培养孩子的逆商、乐观与自我接纳。

我们父母是不是越来越焦虑和担忧了

回到阻碍亲子联结的问题上来，还有另一种障碍正变得日益严重：对于孩子的生活，我们有太多的选择和控制权，这也增加了我们的焦虑，因为我们希望最大限度地利用身边的机会，以免耽误了孩子，或让他们最后过上不幸福的生活。所有这些焦虑结合在一起，可能是导致所谓的"直升机式育儿"或其他强调父母干涉、过度保护的教养形式兴起的一大因素。对子女的教养似乎越来越受到内疚与恐惧的驱使：我们害怕出错，害怕孩子会有情绪困扰，害怕错失良机；而这一切可能都是我们造成的，所以我们心怀内疚。

许多父母也会因为"自我"的驱使而迷失，不知不觉地让自己过多地成了教养的中心。他们会在无意中把自己的不安全感和情绪强加给孩子，却没有意识到自己在这么做。这种做法往往会损害孩子的自我意识。有些人担心社会赞许，他们觉得好像有旁观者在评判孩子的行为和特质，教养的重心变成了避免羞耻、尴尬或审视。我们很难记住，我们的孩子不是我们自己的延伸，不是用来支撑或保护我们的心情或自尊的。他们并不是来接受评判的，他们的价值与他们提高或降低我们的社会地位、增加或减少他人眼中的积极看法无关。他们是独一无二的个体，我们必须与他们建立深刻的联结，但同时也要与他们区分开来。

通过他人的眼光来评判我们的孩子

由于流行心理学的崛起，以及基于短期行为管理的自我提高的残酷义化的兴起，教养变得十分关注控制"当下"的行为，比如发脾气和情绪爆发，因为我们不能容忍我们对那种行为的感受，或者无法接受别人会怎么看待那种行为。你可能很容易忘记，即便知道父母可以使用一些技巧来调节或控制孩子的行为，也不意味着孩子能够或应该始终表现得完美无缺。你也很难不将孩子与同龄人进行比较——无论是真实的同龄人还是互联网创造的庞大的虚拟同龄人群体。

就像父母不能也不需要时刻保持心态平衡与关怀，孩子也不应该在每次做错事的时候都受到审视与评判。这种程度的审视既不是关怀也不健康，反而会激活极易失控的大脑系统，导致刻板、焦虑和抑郁等问题。无怪乎在孩子过度使用那些依赖于寻求认可和社会评判的社交媒体平台之后，他们的精神健康就会受损。你孩子当下的行为并不能决定他在15年后会成为什么样的人。我们必须更多地着眼长远，给孩子一个成长为自己的机会，而不必担心孩子达不到某些不切实际的标准。我不是在说短期的事情一点儿都不重要，也不是说你不应该关注一般同龄的孩子会做或不会做什么。我只是想说，在养育孩子的过程中，我们忽略了一个更重要的方面，这对我们自身和孩子的情绪健康都会造成损害。

也许我们把教养看得过于复杂，以致一叶障目

当然，我们之所以会考虑这些，是因为我们对父母可能会如何影响孩子有了更多的了解。这种新兴的教养知识的涌现可能是一件好事，是育儿界的一项具有启发性的巨变，但也可能导致父母产生巨大的担忧和困惑。在这个时代，养育孩子就像拼一幅1000块的拼图，我们必须将其完美地拼在一起，可这幅拼图既没有包装盒也没有成品图，所以我们不知道自己在拼什么。我们只能猜测和尝试，但往往不清楚我们的最终目标是什么。我们在一大堆关于我们对孩子应该做什么、不应该做什么的推荐、建议和呼吁中迷失了方向。

我们把教养看得太复杂了，因为我们过于关注结果，而对过程的关注不够。过度关注孩子的情绪、行为结果或成就有时会适得其反，常常会导致焦虑。毕竟，无论你现在给孩子创造了多少机会，他们将来是否幸福、舒适、成功都是不确定的；无论你在他们小时候做了什么，一旦他们长大了，你就无法控制他们生活中的所有变数了。当然，你可以通过保护、鞭策、庇护他们来尝试克服重重困难，也可以让他们直面各种问题。即使你尽了最大努力，孩子也会经历一些事情，会有不开心、被排斥、沮丧的感受，有时甚至还会失败。你和孩子不必害怕这些经历，只要你接纳伴随这些经历而来的不愉快情绪是塑造

品格和逆商的自然的、必要的因素。

我们无须保护他们免受情绪不适

情绪上的不适只有在你和孩子难以调节（感受并安抚）困难情绪时才是可怕的东西。作为父母，你自然会觉得有责任保护你的孩子免于糟糕的经历，但你不需要保护他们免受每一次让他们感觉不好的经历。对于他们的长期发展来说，最重要的有两点：第一，你如何帮助他们调节他们对困难经历的情绪反应；第二，你如何帮助他们理解生活中发生的事情。这是培养逆商的关键所在。

在增强孩子对困难情绪的容忍度的同时，我们也需要用平衡的方式培养他们产生积极情绪的能力，比如快乐、好奇、满足、感恩、爱，等等。这些情绪与兴奋和寻求快乐的感受的性质不同，它们往往会从一种放慢速度、品味日常琐事的状态中产生，而不会来自重大的特殊场合——不过生活中偶尔也该有这样的时刻。

我们关注的是真正对发展重要的事吗

有一种选择是少关注结果，多关注教养的过程。与其努力给孩子成功和快乐的机会，消除他们的障碍和不适的来源，为什么不帮助他们培养情绪上、心理上的特质，让他们能够很好地应对生活中的任何事情呢？这种方式完全不同于一些常见的做法，例如把孩子送去参加所有的课外活动，希望他们多见世面,好让他们在日后比竞争对手更具优势;或是希望孩子永远也不会指责你没有给他们提供机会来培养他们的兴趣、发展他们的技能;或者仅仅是因为他们想去参加活动,而你很难拒绝他们的要求。

这种方法关注的是我们知道的、有助于美好生活的价值观与力量。我所倡导的是,我们应该帮助孩子培养那些对人生结果有重要影响的品质。诸如逆商、情绪调节、毅力、注意力和自我觉察这样的特质与能力并不能保证他们的成功,但肯定能增加他们成功的机会,并保护他们的心理和情绪健康。上述能力中有一些就是所谓"情商"(emotional intelligence)⊖的重要组成部分。

什么是情商?它为什么重要

20世纪90年代,丹尼尔·戈尔曼(Daniel Goleman)[2]普及了"情商"的概念。从那以后,越来越多的研究发现了情商可能带来的诸多好处。情商被定义为一种识别、理解自身和他人情绪反应并用适合当下情境的方式管理这些情绪反应的能力。孩子的情商会影响他日后如何应对挑战、困难和人际关系。例如,在工作中,我们知道一定的智力水平能够预测许多职业与工作的成功,但这种预测能力只在一定的限度上有效。一旦超出了这个限度,往往是情商才能让人在领导者的岗位或身负重

⊖ emotional intelligence 也可译作"情绪智力",为了便于理解,我们将其称为"情商"。——译者注

任的位置上表现出色。³ 在我们当今的世界里，人人都必须就越来越复杂的问题，与更多的、时而分散在全球各地的同事沟通与合作，情商正在迅速成为一种重要的能力区分因素和宝贵的资产。

有力的证据表明，儿童的情绪调节和自我控制能力（均是情商的要素）能够预测他在生活中长期的成功。这里有一个例子：一项大型研究在 30 多年的时间里调查了 1000 多名儿童，发现自我控制（控制冲动的能力）、延迟满足和专注于目标的能力，能够预测他们长大后经济上的成功和积极的社会性结果，其预测能力超出了智力或父母的社会地位与财富。⁴ 这也许会让你感到惊讶，尤其是经济上的成功这一点，但我希望这件事会让你认识到，情商不仅是一种"锦上添花"的东西，它还可能切实地改善孩子的生活。从更广泛的意义上讲，我们确实不能低估这些技能对于人的成功的重要性。你可以认为它们是获得幸福与成就的基础。

情商的一些关键组成部分，如**自我觉察**、**自我调节**和**共情**，也是对教养有着重要影响的特质。期待孩子在没有这些品质的情况下面对现代生活，无异于给孩子蒙上眼罩，期待他在障碍赛中取胜一样。请记住，我不是说每个人都必须拥有高情商，有很多非常聪明的人的情商并不高，他们都做过或正在做着伟大的事情。然而，帮助我们的孩子成功应对情感生活，培养理解他人的能力，能在几乎任何我能想到的、涉及人际互动的情境中为孩子带来回报。

自我觉察：情商的基石

以自我觉察这一特质为例。自我觉察在本质上是你了解和观察自身当下的想法、情绪和行为的能力。这种能力能让你从旁审视自己，就好像在看一场电影，而自己就是主角。自我觉察很重要，因为只有在你觉察到自己的感受和行为时，你才能选择和控制。儿童在相当长的一段时间内都没有良好的自我觉察能力，有的人甚至在成年后也没有充分的自我觉察。我见过许多组织的高层领导无法与同事及下属有效合作，因为他们不知道别人会怎样看待他们。自我觉察能力较低的人无法明确地识别或感受自身的情绪，更无法认识到自己的行为对周围人的影响。这并不是说他们选择不去觉察自我，或是不够努力，而是说他们做不到，就像如果你从没学过哲学，就可能很难回答关于笛卡儿作品的问题一样。

我们花些时间来思考一下自我觉察对于孩子在家里的行为有何影响。比如说，要让孩子听从你的教导，不要在嘴里塞满食物时说话，他就必须首先意识到自己在这样做，还要在接下来的那一瞬间控制自己不这样做。有些人支持自我觉察的那部分大脑没能得到充分的发展，对于这些人来说，上述的任务就很复杂。没有那部分大脑的支持，你根本无法实时观察自己所做的事情。

对于一个孩子来说，要控制像失望或沮丧这样的强烈情绪（正如我们经常对他们的期望），就需要更强大的自我掌控能力。它不仅包括自我觉察，还包括冲动控制和情绪调节。要始终如一地做到这一点，对成年人来说就已经够难的了——我敢肯定，我们现在都在回想自己一时冲动、后悔莫及的经历！考虑到孩子大脑的不成熟状态，对一定年龄的孩子来说，这项任务在大多数时候都是非常具有挑战性的。然而，随着时间的推移，孩子的这种能力极有可能发展到一定的程度，而我们采用的教养方式可以增强或削弱这种能力。

孩子的共情能力很容易受到损害

共情是情商的另一个关键要素，它依赖特定的大脑区域和回路，每个人的这些区域和回路的发育方式都不会完全一样。对于孩子来说，尤其是在他们很小的时候，从别人的角度看问题并不是一件很简单的事情。对于孩子（以及成年人）来说，当他们被消极情绪控制的时候，要做到共情就更难了。此外，当我们感到受威胁、不开心或注意力不集中的时候，也很难共情，因为大脑中的共情回路可能会暂时受到抑制，这其中有着充分的理由，我稍后会和你们分享。孩子常常对他人发泄情绪，说伤人的话，不仅是因为他们共情能力不足，还因为他们自我控制能力不足。自我控制是我们用来约束不良冲动的心理资源，它依赖于有限的心理能量储备，通常由葡萄糖提供动力，这种能量储备会随着使用而枯竭。[5]

换言之，如果孩子在学校整天都必须使用自我控制来约束自己的需求和冲动，她在放学回家时可能就没多少意志力了，这有力地解释了为什么小孩子在一天结束的时候特别难以相处（也就是"情绪波动大""像发疯似的""让你想在下午 5 点喝杯酒")。当我们饥饿或疲惫时,这种感觉会被放大,因为我们的心境和压力会影响我们的情绪和自我调节能力。同样地,如果你在工作中或在家里忙了一整天,使用自己的心理能量去记住各种东西、保持礼貌、做决定、处理问题,你可能也会很疲惫,随着时间慢慢推移,孩子稍微不合你的心意就会影响到你。在这种时候,良好的情绪调节技能对孩子和父母来说都非常重要。

我们当中的许多人凭直觉就知道,我们的行为、言语和态度会对孩子的性格和情绪习惯产生持久的影响。在养育孩子的过程中,教养比在物质上的供养更重要。也就是说,要教给他们如何把生活过好的规则、让他们接触各种有利于生活的机会。有力的科学发现告诉我们,我们如何与孩子建立联结,如何理解他们、关心他们的内在心理和情感生活,会对他们发育中的大脑中的神经回路产生影响。因此,我希望我已经让你们相信,这些情绪品质很重要。但是这对于教养来说意味着什么呢?

反思:你真正想让孩子得到什么?

花些时间思考一下你最想让孩子得到什么结果。下面哪些结果最符合你的心意?

- 幸福
- 对自己有安全感(接纳自己本来的样子)
- 有逆商、情绪健康
- 身体健康

- 成功（如何衡量成功？）
- 受欢迎或受人喜爱
- 财富
- 权力
- 真诚
- 满足感
- 优秀（在某些领域内取得成功、出类拔萃）
- 被爱并能维持亲密关系

现在花些时间想想为什么这些结果对你很重要。你的选择在多大程度上反映了你对孩子独特性格和兴趣的了解，又有可能在多大程度上反映了你自己未得到满足的需求、不安全感或担忧？你希望孩子得到的那些结果之间相互矛盾吗？例如，成功和高成就与幸福、满意的个人关系或满足感之间往往不能得兼。

你希望孩子接受什么价值观？

价值观是内隐的个人信念和理想，能激励和指导我们的行为。价值观是你所关心的"表面之下"的结果与行为。你的价值观可能是你个人、你的家庭甚至是你的文化传承中独有的。花几分钟思考一下你想在孩子身上培养的价值观。以下是一些价值观的例子。

- 追求真理、诚实、公平、正义
- 负责、主动
- 刻苦、能忍耐不适、坚持、自律

- 正直
- 善良、慷慨
- 对他人的容忍和关怀、利他、宽容
- 追求成就
- 追求权力、地位
- 追求控制、个人野心、自利
- 谦逊
- 真诚、真实、磊落
- 遵守规则、自我克制、谦虚
- 尊重传统、文化和宗教
- 善于抚育、有爱心

这些价值观中的哪一个对你最重要？孩子会通过观察你的日常行为，通过你的强调和赞扬，通过你如何解释你希望他们遵守的行为规范与规则来学习和吸收这些价值观。回想一下你是如何向孩子展示这些价值观的，以及这些价值观是如何引导你做决定的。你展示的是你希望孩子表现出来的价值观吗？比如说，如果你不断地责骂伴侣，却希望孩子总是和善地对别人讲话，他们就会感觉到这种不一致，这有可能损害他们对这种特定价值观的尊重。

同样地，你所做的决定也会间接地传达你的价值观，而孩子则会将其内化。如果你的孩子在漫长的一天后大声抱怨自己不得不做家务，而你通过替他做家务来安抚他，他就有可能不会尊重无私的价值，甚至不会重视刻苦与忍耐不适。然而，如果你在他疲惫的时候几乎没有给予共情，并刻板、严厉地坚持要他完成家务，那他可能就不会学到善良、关怀和容忍的价值。然而，如果你认同他的疲惫，在他抱怨的时候与他坐在一起、照顾他，从而表现出共情，并且稍做妥协，温和地坚持让他至少做一部分他当晚同意做的家务，那你就能向他展示何谓善良、忍耐不适和利他的价值观。

如果孩子没有表现出我们倡导的价值观，与其批评他们，不如在他们或其他人表现出那些价值观的时候给予积极强化。想想每当你周围的人，或公共领域里的人体现了你所欣赏的价值观时，你是否经常讨论这些例子。比如说，如果你重视善良，你是否会公开谈论大家的善举？我们说的话，以及有时没说出口的话，都会影响孩子对周围世界的看法——他们将什么视为理所应当，以及他们欣赏、敬仰和珍视什么。

本章重点

- 作为父母,我们大多数人都希望孩子在生活中幸福和成功,但通过关注短期的结果和行为,我们有时会错失塑造孩子的特质、价值观与能力的机会,而这些特质、价值观与能力能够预测孩子长期的逆商和幸福感。

- 良好的教养建立在一种用心的联结的坚实基础之上。这种联结用深刻的情感、心理和身体的幸福感维系和滋养着我们。

- 现代生活的许多状况阻碍了父母和孩子之间的联结。

- 情商,尤其是自我控制的能力,能预测以后生活中的积极结果。但是儿童的大脑发育缓慢,大脑中负责决策、冲动控制、情绪调节、复杂道德推理的部分直到25岁左右才能发育完全。

- 重视联结的父母会塑造孩子发展中的大脑,使他们更有可能发展出能培养幸福感、逆商和情商的内在资源。

第 2 章

教养如何塑造孩子的情商

孩子在很大程度上依赖父母的陪伴。父母会通过理解孩子的情绪来帮助他们进行自我调节,也就是说,父母必须充当孩子的"代理大脑",直到他们能够自我调节为止。

亲子关系的质量，尤其是"体感"和身体层面的深刻联结，能够从根本上塑造大脑的神经整合过程。神经整合是指大脑、心理和身体的不同方面之间的连接。一个名为"人际神经生物学"的前沿心理学研究领域表明，当我们大脑中的这些庞大而复杂的神经网络建立起连接时，我们就更容易培养出有利于发展情商的特质，比如自我觉察和自我调节。有趣的是，关系在这种神经回路的形成过程中起到了重要的作用，以至于该领域的一些专家将关系视为人类心理定义的一个重要组成部分。[6]

遗传的作用

这么说来，父母的压力会不会太大了？遗传在其中起了什么作用？这些事情不是与生俱来的生理和遗传现象吗？是的，孩子的特质与气质是由遗传而来的基因物质所决定的。孩子与生俱来的气质对于他如何调节情绪、他的情绪风格是乐观还是悲观有着显著的影响。但是基因就像由开关控制的灯泡，它们是否打开取决于孩子所处的物理环境和情感环境。虽然某些特征存在于我们的DNA中，比如眼睛的颜色，从出生起就不会有太大的变化。但还有些基因是可以根据我们的经历而修改、开启或关闭的，科学家称研究这类现象的学科为表观遗传学。我们的基因不是我们不可改变的生物学命运。

有些特征比其他的更容易改变

特质与特征的发展程度基本上会受到基因和DNA的限制，但也会受到经历的影响。某些特质与特征的遗传范围有限，我们只能在这个范围内努力，但对于其他特质来说，环境和培育可能会有更大的影响。某一特征的遗传率，能够解释人群中某一特质的变异能够在多大程度上由基因差异所决定。有些特征比其他特征具有更高的遗传率。一般来说，由多组基因形成的复杂特征具有较低的遗传率。举个粗略的例子，研究表明，在公认的大五人格特质（即外向性、宜人性、神经质、开放性和尽责性）中，40%～60%的变异与基因有关。[7]

值得注意的是，这些研究结果远远不是定论，有些特征的遗传率低并不意味着它能改变，反之也是如此。这是因为遗传率只能告诉我们，一种特质在不同人身上的变异在多大程度上是由遗传决定的，而不能告诉我们是什么导致了这样的变异。影响情商的特质、行为和多种条件（例如孤独症谱系障碍）也是由大脑结构、激素、神经递质及其他易受或不易受影响的各种因素所决定的。这对父母来说是一个重要的消息，因为流行心理学经常创造一种感觉，即我们都能成为自己想成为的任何人。这种感觉给父母施加了巨大的压力，使他们强迫自己（也强迫孩子）为孩子做到或没做到的每件事都承担沉重的责任。这往往会导致亲子联结变得匮乏情感、缺乏滋养。

我们需要记住的是，孩子受到了先天和后天两种因素的共同影响。如果我们认为，我们能明确地区分哪种因素会造成什么影响，那就想得太简单了。然而，我们明确知道的是，有力的研究证据表明父母的确能够影响孩子，尤其是影响他们的情绪调节、逆商及人际关系，我会在后面详细说明这一点。

经历对我们的影响实实在在地深入了细胞层面

经验是如何塑造我们的？作为父母，我们又是如何塑造孩子的？我们对孩子所做的事情，不仅仅是通过记忆、学习和行为模仿来影响他们。一个孩子在生活中的经历，无论大小，无论是情感、心理还是身体的经历，都会使他们的身体释放生物化学物质。这些生物化学物质散布在他们的大脑和身体里，向他们的细胞发送信号，告诉他们需要做出哪些改变和适应来应对那种经历。这会促使儿童的大脑在经历的影响下成长，并持续终身。同样地，如果孩子体内的某种化学物质不够，比如令人愉快、喜悦并与奖励有关的化学物质（如多巴胺、血清素和去甲肾上腺素），那么孩子在以后的生活中体验这些情绪的能力就可能受损，导致罹患抑郁的风险上升。随着时间的推移，孩子的大脑和身体会发生生理改变，这就是经历（包括关系）在生物学层面从根本上塑造和改变孩子的过程。

大脑的各个部分在生命的最初几年里正处于关键的发展阶段。孩子早期的情感经历也决定了他储备的代谢能量会如何被用于支持这些大脑区域的成长和修复。举例来说，如果孩子反复承受压力，能量储备就会被用于应对这些压力体验，而不会用于构建和连接那些可能支持情商的大脑区域。

与此同时，你与孩子的关系会形成一种叫作"依恋类型"的蓝图。这是一种与他人建立联结和情绪调节的典型模式。作为父母，你的依恋类型会影响你如何理解孩子的情感需求，以及你如何帮助孩子管理这些需求。正是这种你与孩子的"情感调谐"影响了孩子大脑的情绪区域的发展（除去基因的影响）。我会在后面的章节阐述不同的依恋类型，现在我们先看看经历是如何在生物学的层面塑造我们的。

大脑如何影响我们的情绪和行为

要理解教养如何影响孩子的发展，重要的是理解"后天"如何在大脑的层面上影响"先天"。因为我们能做或不能做什么，在很大程度上都取决于一系列生物学过程。这些生物学过程就源于大脑，以及它与我们身体的连接。宽泛地讲，一个人能在多大程度上表现出某种情绪特质和特征取决于大脑：各个脑区的大小、这些脑区的活动水平和活动类型，以及它们与其他区域之间联系的好坏。

我在前面提到过，我们也会受到激素、神经递质和其他化学物质的塑造和影响。对于这些化学物质，我们的大脑中有不同数量的受体，而这些受体的发育也会受到早期经历的影响。这些化学物质决定了我们在遇到事情时的感受和行为能力，因此某种化学物质（如多巴胺或催产素）的受体数量决定了我们能利用多少这种化学物质，以及我们会对它产生什么反应。在很小的时候遭受身体、情感需求剥夺的孩子，或者更糟糕地，遭受严重创伤的孩子，其大脑中负责情绪调节的区域可能发育得不充分。有的神经递质能够促进健康应对策略（如从他人那里寻求安慰、因他人的陪伴而得到安抚），而这些孩子可能对这些神经递质难以产生足够的反应。例如，如果孕妇体内循环的皮质醇（应激激素）水平较高，她们所生的孩子的应激反应系统就会更敏感，使得这些孩子在以后的生活中更有可能对压力做出消极的反应。同样地，有些孩子足够幸运，他们的父母能够做到情感调谐，情绪也足够平衡，能够管理自身和孩子的情绪。这些孩子大脑中与情商发展有关的重要区域，就有可能发育得更好。

状态与特质：不要轻率地贴标签、做评判

在简要描述各大脑区域及其连接如何塑造我们之前，我想提醒你，我们的行为可能会受到临时和长期因素的影响，即状态与特质。状态会影响我们当下的情绪和反应，也会受到一些短暂的变量影响，如饥饿、睡眠不足、激素波动、冲动等。然而，基于特质的行为则会随着时间的推移变得更加稳定和持久，这些行为是由我们与生俱来的人格特质和特征所导致的。重要的是，如果孩子的行为更有可能是短暂状态所造成的，我们就不要评判孩子，给他们贴上消极特质的标签。

大脑的结构、连接、化学物质存在个体差异，让我们变得与众不同

每个人的大脑结构都有所不同，这些差异使我们成为独一无二的个体。以下是从大脑层面对这些差异的简要描述。

大脑区域：我们有许多不同的大脑区域，这些区域全面地负责各种特质、能力和生理过程。简而言之，这些区域以不同的方式做不同的事情。它们的大小因人而异，导致了特定大脑区域所涉及的特质、能力或生理过程的差异。例如，大脑的几个区域会以不同的模式合作，负责决策、共情、冲动控制，等等。这些大脑区域的发育取决于遗传和环境的影响，包括早期的关系和情感经历。

神经连接：脑区内和脑区之间的连接数量与密度，影响了我们的情绪和行为。大脑各区域间及整个身体的整合与连接能影响我们的感受、行为和思维能力。这些连接的形成和发展的时间跨度会受到基因的影响，同时也会受到经历的影响。我们知道，早年创伤、经常出现的未经调节的压力，以及婴儿和主要照料者之间的情感调谐问题，都会影响大脑各部分的重要连接的生长。需要注意的是，各脑区内过多或过少的神经活动都有可能损害这些区域所支持的特质、能力和生理过程的发展。

如果一个孩子大脑的某一部分还未充分发育，他就无法表现出这部分大脑所负责的特质。这就像你不可能因为我让你说一门你从未讲过的外语，你就能脱口而出一样。孩子是真正地在成长过程中成为自己的，因为允许他们做出理性决策、共情、控制冲动、集中注意的大脑部分，会随着时间而缓慢发育，并且很容易受到影响。如果我们的特定脑区之间没有足够的连接，就很难表现出诸如共情（需要大脑－身体联结）和自我调节（需要大脑高级层次与低级层次之间的连接）这样的特质。责备孩子的一时粗鲁可能不是一种关怀的做法，因为孩子大脑中负责共情或冲动控制的部分之间要是没有足够的连接，他们就不可能充分做到这些。这并不是说你要任由孩子为所欲为，而是说在他们不能完全控制自己的时候，斥责他们是没什么意义的。

什么样的教养能积极地塑造情商

情绪特质的平衡发展，特别依赖于父母或照料者在孩子生命最初几年里对他们的情感回应。我不是指你会不会在孩子哭泣的时候给他喂奶或换尿布。没错，照顾孩子的生理需求很重要，但我说的回应或高质量互动是指你是否能敏感地理解孩子发出的情绪信号，能否对这些信号做出回应，满足孩子对你的情感需求。

年幼的孩子缺乏管理自身感受和反应的大脑连接，所以直到大一些的时候，他们才会有情绪和不适感受的"关闭按钮"。然而，他们却能够感受焦虑、压力、悲伤、愤怒、兴奋及其他情绪，考虑到他们无法有意识地让自己平静下来，这些感受都可能让他们不堪重负。这意味着，他们要是感到痛苦或不堪重负，就必须依靠父母或照料者的情绪调节能力来调节和安抚他们。这一点从一开始就表现得非常明显，因为婴儿的心率、应激化学物质和其他神经系统功能的生物标志物都会与抱着他们的照料者同步。即使孩子长大了一些，他们的大脑也远远没有发育完全，他们仍然需要一个有爱心、情绪协调、善解人意的成年人大脑来充当他们的"代理大脑"。正是在这种情况下，他们才能学会以健康的方式思考和理解他们的经历。

这是一个非言语的本能过程，涉及情绪的"共同调节"。父母要利用自己的情绪觉察和调节能力，同步调节孩子的情绪反应，因为孩子大多无法自己做到这一点。这个过程在父母和孩子之间创造了深深的信任感和情绪安全感，这对孩子在以后的生活中培养有利于逆商、建立良好的关系的特质是至关重要的。如果父母总是不能理解孩子的情绪信号，也不能敏感地做出回应，那么负责孩子的情商的某些神经结构就不能以整合的方式发展。

为了让这个共同调节的过程自然而有效地出现，你就需要被孩子触动，而不是一心想着自己的想法、感受、需求和不安全感。当你们相互关注、相互联结的时候，与孩子的眼神交流会让你感到心脏周围升起一股暖意；当你倾听孩子的时候，你不仅要听到他们说的话，还要感受他们试图传达的意思，你可以带着关怀和接纳倾听，而不是带着评判或担忧。这个过程源于一种情绪模式，这个模式与平静、满足、联结和开放的感受有关，与防御、愤怒的感受，或者心事重重、沮丧、无能、羞耻或内疚的感受无关——许多父母在早年都体验过后面这些情绪。这个过程不涉及思考、说话或做任何事情——它是一种在一起感受当下的方式，也可以说是"同步"的状态。如果你的大脑以一种健康、整合的方式工作，你周围的环境没有威胁到你，这个过程就会自然产生，不需要任何有意识的思考或控制。

这种父母与孩子之间的联结和共鸣的过程，被发展专家称为"情感调谐"。情感调谐为孩子的情商以及逆商和自我调节能力打下了基础。情感调谐之所以有这种功能，是因为它会促使负责这些特质的大脑区域的生长发育，也有助于这些区域之间的神经整合与连接，使孩子发展出健康的自我意识。[8]这是心理与情绪健康的基石。正是在这个安全的基础之上，其他层面的教养，如管教与权威，才得以成立。我不是要增添父母的压力，而是要强调，我们父母可以用积极的方式塑造孩子的大脑（而不必总是担心毁掉孩子）。

在孩子的大脑生长发育的时候，你要认识到你的责任就是充当他们的"代理大脑"，并通过你们相处的经历塑造他们的大脑，使其具有逆商、情绪调节和其他有益的特征，这种看法是很有帮助的。在做这件事的时候，你的态度必须是开放的，接纳他们会成为的样子，而不是为了自己的满足或安慰，要求他们成为你想要或需要他们成为的样子。

我们的大脑可以逐渐改变和发展

我们现在已经知道，许多支持情绪调节的基本大脑结构，都是在孩子生命的最初几年里迅速发展起来的，因为此时是大脑快速生长的时期。孩子的大脑在3岁前会迅速发育，不仅负责各种特质和能力的大脑部分会发育，各部分之间的连接深度也会加深。这个发展过程也不全是生长，那些没有投入使用的神经元会被无情地剔除掉。在这种生长和剔除的循环中，孩子的大脑会在你的大脑和他自身经历的塑造下逐渐成形。这样一来，他就能适应自己独特的情感环境了。

大脑的某些部分会随着时间的推移缓慢发展，因此它们比其他部分更容易受到长期的影响。前额叶皮质中的部分脑区负责情绪调节、冲动控制、理性思维、做出明智选择，这部分大脑在童年时期非常稚嫩，会持续生长发育，直到25岁时才会达到理想状态。考虑到这一点，再想想我们在孩子年幼时常常要求和命令他们表现出的各种行为，我们必须质疑这样的期待是否合理。不管孩子多累、多饿、情绪失调多严重，我们都期待他们一直表现出那些特质，这可能既不善良也不公平。

如果你认为你和孩子在最初几年里错过了情绪发展的良好时机，也不要感到沮丧。虽然儿童的大脑在最初几年里的生长和发育最为迅速，但人类的大脑终身都能通过学习和重复的经历来塑造。大脑有点儿像橡皮泥，它是可塑的，能够根据新的经历而改变，这就叫"神经可塑性"。知道了这一点，肯定会给我们一种乐观的感觉和长远的眼光，因为我们认识到，孩子绝不会在童年早期就定型了。只要没有脑损伤以及其他神经或者心理障碍，我们终身都能改变，有时甚至能产生巨大的改变，不过这种改变的速度在后期会放缓。我们还应记住，虽然改变是可能的，但我们必须接纳和尊重彼此本来的样子和我们所有独有的特征，在影响孩子的时候不能忘记，他们只能在基因遗传的参数范围内改变。

教养没有终点

请暂停一下，专注于长远的目标。要帮助你的孩子，何时都不算太晚。教养不是一场要冲过终点的赛跑，你的孩子也不是必须在特定时间内、以特定方式被塑造的对象。在这趟旅程中，你们要终生相伴而行。要做我刚才描述的那种父母，积极塑造孩子正在发育的大脑，你可能也需要在某些方面做出改变。我之所以知道这一点，是因为我已经做过了。这个过程改变了我的家庭生活以及我与孩子之间的关系。但是，你的育儿之旅必须从你做起，因此我希望你能更多地了解和改变自己，而不是仅仅了解和改变孩子。

在接下来的几章里，我会用令人着迷、眼界大开的脑科学知识向你们展示，为什么我们现在的生活方式会损害我们感受真正的亲子联结的能力。我也会告诉你，如何用实实在在的方法来训练你的大脑和神经系统，让这些情感共鸣自然出现。一旦你学会了如何与那些促进良好教养的大脑区域和身体部位建立联结，你就会发现你可以更多地依靠自己的直觉。你会发现孩子在你的身边会感觉很好，他们开始想要让你高兴。他们会听你的话，这是因为他们愿意，而不是因为他们害怕失去你的爱，或遭受惩罚。教养会真正成为相互滋养的过程。你不会觉得你在一直"付出"，有时得到的回报却微乎其微，而是会觉得与孩子相处的时间滋养了你，因为和他们在一起，你会觉得值得而快乐。虽然不会一直如此，你依然会有绝望、沮丧、为偶尔情绪的爆发而内疚的时刻，但在通常情况下，你会发自内心地感到与他们的相处很愉快。

只有你学会如何在你自己的身体、神经系统、大脑和心灵里创造出一种特定的状态,育儿专家提出的所有奇妙工具和技术才会开花结果。你甚至可能达到不需要行为工具和技术的境界,因为你已经学会了"读懂"孩子,凭直觉就知道需要做什么。这是我们人类与生俱来的本能,但现代生活的许多方面损害了我们感受联结的能力。在这种情况下,教养可能成为一种巨大的挑战,甚至是压力的来源。一旦你学会调节自身和自己的情绪,教养似乎就成了自然而然的过程,就像一条平静而清澈的河流,在明媚的阳光下潺潺流动。偶尔会吹起一阵强风,甚至短暂的风暴,但在几小时、几天之后,一切都会平静如常。首先,你需要为用心的、相互联结的教养做好准备。这种准备始于你的大脑。

练习为更好的情感调谐打下基础

学习如何理解孩子的情绪,需要一定程度的平静,这是一种意识到此时此刻发生了什么的能力。让我们花几分钟时间与自己建立联结,注意我们会如何关注自身的体验。

练习:学会注意和感受,不要思考和评判
(5分钟)

这项练习建立在正念和学习关注当下的概念之上,有助于培养我们觉察和接纳当下发生的事情而不做评判的能力。该练习能让我们放慢速度,感受事物,而不是迷失在思考中。有时候我们必须试着去"感受",顺其自然,而不是"行动"。

1. 首先找一个舒服的位置坐下,这个地方可以让你静坐几分钟,不受任何明显的干扰。坐着的时候,双腿和双臂尽量不要交叉,背部稍稍挺直。把闹钟定为5分钟。
2. 如果你愿意的话,闭上眼睛,觉察呼吸在你的身体里进进出出。试着把自己当作一个有生命、会呼吸、有感受的人,而不是一个想法和意图的集合体。
3. 你可能会发现,如果你在每次呼吸时从1数到20(然后再从1开始数),或者在吸气时默念"吸气",在呼气时默念"呼气",你就更容易把注意力集中在呼吸上。
4. 在呼气时,试着放慢速度。
5. 试着将你全部的注意力集中在呼吸的过程上。走神是很正常的,试图阻止走神可能是徒劳的。在走神的时候,最好的做法就是注意到走神,然后轻轻地把注意力带回到呼吸的过程上。
6. 在做这项练习的时候,试着集中精神,真正注意身体内的感觉。无论你做什么,都不要陷入完美主义的陷阱,因为我们的目标只是放松和不加评判地注意身体的感觉。做这件事的方法没有对错之分。
7. 如果可以的话,每天重复这项练习,直到你读到本书中的下一项呼吸练习为止。

本章重点

- 我们与孩子的互动和联结的好坏,塑造了他们在成长中的大脑的神经整合过程。如果他们的大脑和身体各部分之间能形成顺畅、平衡的连接,他们就更有可能表现出有利于发展情商的特征,比如自我觉察和自我调节。

- 我们的基因和 DNA 塑造了我们,但基因不是一成不变的。有些基因是终身不变的,还有一些则会根据我们的经历而开启或关闭。

- 父母的行为可能会以不同的方式塑造孩子的大脑。孩子的经历会导致其体内生物化学物质的释放,改变大脑和身体细胞的活动与生长模式,这种改变可能会持续很长一段时间。

- 我们的大脑分为多个区域,这些区域负责不同的特征与能力。这些区域的大小不同,它们内部和之间的神经连接密度不同,对不同化学物质的受体也不同。所有这些因素结合在一起,影响了我们的人格、情绪习惯与行为。

- 孩子在很大程度上依赖父母的陪伴。父母会通过理解孩子的情绪来帮助他们进行自我调节,也就是说,父母必须充当孩子的"代理大脑",直到他们能够自我调节为止。

- 要理解孩子发出的信号,我们需要被他们触动,这个过程是非言语的、发自内心的。

- 尽管我们大部分的神经结构在生命最初的几年里就已确立了，但我们的大脑能够逐渐成长和改变，这就叫"神经可塑性"。孩子的大脑会持续地发育，直到 20 多岁，并且会在一生中不断改变。这意味着父母可以改变和采取新的教养行为，影响并引导孩子走向我们希望他们拥有的结果和价值观。

第3章

为联结做准备

如果你试着接纳孩子、自我和家庭生活当下的样子,而不仅仅因为你知道改变是可能的,就要求这一切都发生改变,那么你就会自然而然地用联结的方式养育孩子。

要想通过教养来发展孩子的资源，培养幸福感和逆商，联结就是这种教养的基础。然而，无论这在原则上听起来多么美妙，我们都知道保持联结与关怀可能真的很难。毕竟，教养会带来大量困难的情绪，我们很多人可能多年都没有过这种情绪，甚至完全没有过。我还记得，当我有第一个孩子的时候，教养过程是多么艰难。我根本没有想到，我本该是个冷静的人，竟然也能感到如此沮丧、担心，有时甚至会感到愤怒。有时候，尤其是看似出了问题的时候，所有事情都像是我个人的问题。这使我无法客观看待事情，一连花上好几个小时搜索教养建议，最后却弄得自己十分困惑。

教养子女会带来焦虑、沮丧、愤怒、失望、防备、尴尬和被排斥的感受，所有这些都与我们想要与孩子一起体验的感受背道而驰。如果我们经常在与孩子相处时体验到这些感受，我们内在的"照料"和"奖赏"回路就会关闭，我们就很难从与孩子的相处中获得快乐和满足感。相反，我们会因为无法控制或享受教养的体验而感到愤怒和有压力。我们的孩子也会感觉到这一点。无论有意或是无意，他们都会对我们的感受产生情绪反应，进而影响他们随后的行为。比如，他们可能会感到受伤或被排斥。根据他们调节这些情绪的能力，这可能会导致发脾气和反抗情绪的增加，也可能导致退缩和冷漠。一旦发生这种情况，父母和孩子就很容易陷入对彼此的厌烦和消极情绪的循环。

在另一个人的陪伴下，联结的感受能促进共情、满足和快乐的体验，这有助于缓解每段关系都有的困难时刻所带来的困扰。在理解了我们如何使用大脑，以及使用大脑的方式会如何影响我们的关系之后，我相信我们比以往任何时候都容易失去联结。

在这一章里，我会讲述支撑联结的三个基本要素。我也会参考有趣的脑科学知识，在全书中生动地解释每一个特征。我们会深入了解大脑，了解大脑的功能以及它是如何层层演化的（大脑的每个层次都与我们的教养行为有着相关的不同目的）。

我还会讲述大脑的两个半球，它们让我们能够用截然不同的方式关注周围的世界。一个半球能促进联结、共情和对彼此真我的接纳；另一个半球能让我们追求成就、奋斗、贴标签、评判——所有这些行为如果超出合理的限度，就会妨碍联结，导致以自我为中心的行为。在这章和下一章里我会详细阐述，我为什么认为两个半球如果分别在教养中占据主导地位，就会导致不同类型的亲子关系，以及为什么真正的联结最终只能源于平衡的大脑——其中一个半球只能略占优势。

支撑联结的三个基本要素

这三个要素对教养有着显著的影响——不仅会影响你对教养的看法，也会影响你如何看待你与孩子的关系，以及你和孩子在日常生活中对于教养的感受。这些要素不是特质或心理特征，也不是纯粹的行为特征；相反，它们是存在的方式、过程或状态，是我们大脑、心理和身体之间的神经连接的结果。这三个要素是：

- 开放的陪伴
- 情绪调节
- 情绪安全感

这三者都取决于复杂的大脑－身体系统，我会在本书中帮助你理解并管理这些系统。这样不仅能极大地增强你与孩子的关系，也能显著地降低你的压力水平，增加幸福感。首先我们需要了解一下我们的大脑，以及它是如何以及为何演化到现在的状态的。

理解大脑：它的根本目的是什么

在我们深入探讨大脑是什么之前，我认为重要的是思考我们大脑演化的目的是什么。笼统而简单地说，大脑会从我们的身体和周围环境接收信息，将这些信息组织成心理地图，解读这些信息，并对这些信息产生反应。大脑的许多活动都是为了帮助我们调节身体、情绪和精神状态，以便让我们保持某种利于生存的内在平衡状态，例如保持身体核心温度和心率、对饥饿和口渴等信号做出反应，等等。一般而言，我们天生想要尽可能多地获得奖赏（积极的感觉和情绪）、回避威胁（消极的感觉和情绪）。这种现象会表现为对各种经历的"接近"与"回避"倾向，这种倾向会在我们的意识觉察之外迅速而不断地发挥作用。

如果你预料某件事情会带来回报，你的情绪、心理或身体就愿意接纳那种体验，如果你预料或判断某事是不愉快的，你就会保持戒备，避开这种体验，不管这种反应是否理性。这种现象会表现为神经系统的快速变化，进而导致一系列其他的反应，你也许能觉察到其中一些反应（如心率上升、肌肉紧绷）。为了解读身体的感觉并引导你产生反应，大脑还需要做出联想，为你的体验赋予意义，这可能会包括预测、假设、解释和编故事。同样地，这种现象也大多发生在意识觉察之外，有时会偏离真相和理性。

大脑是由什么构成的？它是如何工作的

你的大脑是由超过 1 千亿个细胞组成的软组织，其中包括约 860 亿个神经元。每个神经元通过约 5000 个叫作"突触"的连接线路，与其他的神经元密密麻麻地连接在一起。尽管大脑由不同的部分组成，这些部分大体上具有不同的功能，但大脑是一个非常完整而复杂的系统，不同的区域不可分割，相互联系、协同工作。大脑也通过神经系统与身体建立了大量的联系。神经系统是一种载体，就像电缆一样，将信息从身体传至大脑，也从大脑传至身体。如果你想象一张复杂的地图，在每个可能的方向上都有上万亿条可能的路线，你就能意识到我们的大脑结构是多么错综复杂、连接紧密了。

想法和行动都源于神经元放电

每一个有意识的心理活动，比如一个想法或反应，都是当时数百万个神经元放电的结果。神经元借助神经递质等化学物质，通过突触相互交流。神经递质是忙碌的"小信使"，四处奔忙，告诉神经元是否放电。当神经元放电时（比如你有了一个想法，或读到了这个句子），它们会暂时以某种模式放电，先是激活，然后停止，就像烟花在天空中炸开一样。然而，如果同样的思维或行为模式重复数次，神经元就会反复放电，开始形成更持久的激活痕迹。这使得同一组神经元更有可能在这种情境下一同放电。换言之，你很有可能在那个触动你的情境下产生同样的想法或行为，但不是有意识地选择这样想（做）。一组特定的神经元越常以特定的模式一同放电，产生的想法或反应就越有可能成为一种习惯。心理学家唐纳德·赫布（Donald Hebb）简明扼要地指出："当神经元一同放电时，它们就会被连接在一起。"[9]

一个神经元通常可以每秒放电 5～50 次[10]，每一个通过神经元放电发出的神经信号都是另一个神经元的信息来源。信息是以电化学能量的形式存在的。所有这些以能量形式存在的信息，会通过我们的神经元在大脑和神经系统中传播。组织和调节这种大脑和体内能量流的过程，被称为心理（mind）[11]。心理不是一个固定、有形的实体，不存在于大脑中的任何部位，而是一个动态的过程。在这个过程中，有组织的能量流经身体、大脑及其各种结构。心理，以及随之而来的自我意识（你对于"你"的有意识感知），源于你的大脑和身体里的过程，以及你与他人的关系和联结。大脑、心理与身体紧密地联系在一起，不可分割，一个部分的改变将不可避免地影响其他部分。

我们可以有意识地选择将注意力放在哪里，从而调节自我，影响心理过程中能量流动的模式（例如，选择产生特定的想法或做特定的事），这反过来会改变我们大脑的生理结构。明白了这一点，我们就能开始意识到，我们拥有改变我们心理、情感习惯的力量。这个过程依赖于神经可塑性——大脑随着经历而生长、改变的能力。不但大脑内产生各种情感、心理和生理特征的区域能够生长，而且这些区域内部和区域间的连接数量也会发生改变。我想说的是，作为父母，你可以有意识地运用你的心理，按照理想的方式逐渐改变你的大脑－身体回路。这样一来，你就能对你的孩子、你们的关系和幸福感产生重大的影响。

大脑的三层结构越和谐，教养方式越积极

仅这个话题就足以成为好几本大部头著作的主题，所以在我简要介绍相关历史时，请你稍加耐心，我会提供足够的细节

来阐述我关于教养关系的观点。我们的大脑演化到这个阶段并非偶然，而是在以一种独特的方式，适应我们在地球上数百万年的演化过程中所遇到的环境。这种适应过程非常缓慢，需要大量的时间，而工业与技术的进步日新月异，以至于演化而来的、基于大脑的情绪能力与我们当今的处境之间产生了深刻的错位。

在人类的演化过程中，我们的大脑发展出了三层结构（见图3-1），其中各层紧密相连，但仍保留了各自的一些特征。[12] 丹尼尔·西格尔（Daniel Siegel）提出了一个聪明的办法来生动地说明这种现象：把你的一只手举在脸前，手心向你。把拇指放在手掌中间，然后合上其他手指，你就模拟出了大脑的三个层次。最原始的层次相当于爬行动物脑，由脑干和小脑组成。小脑是你手掌可见的下部，位于你弯曲的手指之下。这个区域连接着脊髓和身体的其他部位——以手腕和前臂表示。大脑的这一部分负责调节基本的身体功能和感觉，如呼吸、心率、消化、平衡和一些运动功能。

你的拇指代表第二层大脑，即哺乳动物脑。为了生存，尤其是为了能够照料自己的幼崽，哺乳动物发展出了复杂的需求，需要更先进的大脑回路，这一层大脑便演化出来了。这一层大脑包含边缘系统。边缘系统在情绪的产生和调节中起着关键作用，对于健康的关系与抚育至关重要。你卷曲的手指和手掌的上部就是第三层次，也是最新演化出来的部分：灵长动物脑或大脑皮层，具体而言就是前额叶皮质。这一部分与边缘系统（拇指）紧密相连，让我们能够调节情绪，将情绪与逻辑、推理、对后果的预期和一般的自我控制结合起来。这是最复杂的一层，对大脑的其他部分有很大的影响。如果这些层次合作顺利，通过彼此间的连接有效地沟通，我们就能以充满爱意、稳定一致的方式教养子女，不会感到过度的压力和焦虑，也不会感到无趣或怨恨。

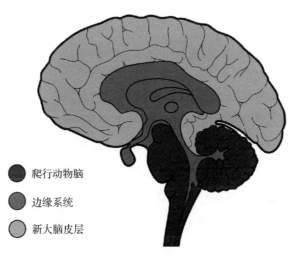

图 3-1 大脑的三层结构

大脑不仅可以分为不同的层次，还可以分为左右半球。有一束叫作胼胝体的纤维将两个半球区分开来，允许一个半球抑制另一个半球（优劣势地位是可变的，而非固定的），并维持它们的平衡与合作。

你如何通过两个大脑半球的视角"看见"并理解孩子，在教养过程中非常重要，尤其是在培养孩子的情绪平衡与逆商的时候。了解两个大脑半球如何及为何演化到现在的样子，能让我们用不同的方式关注周围的世界，帮助你理解这一点：你感知孩子、与孩子互动的方式能够改变你们亲子关系的本质。你通过大脑的左右半球感知世界的方式，在支撑联结的三个关键要素中都起到了关键的作用（让你能够开放地陪伴孩子，调节情绪，在与孩子的互动中制造情绪安全感），但对于开放地陪伴孩子尤其重要，而开放地陪伴是用心教养的先决条件。

左右半球：你观察和接触世界的视角

想象一下，你正在穿过一座美丽的花园，看到了一朵精致、艳丽的花沐浴在阳光下，给你带来了一股小小的快乐。过了一会儿，你在显微镜下仔细观察这朵花的各个部分，花朵被分解为各个部分，脱离了原本的环境。你对这朵花还会有之前的感觉吗？你还知道这就是之前让你惊叹的花朵吗？也许你会对留在原处的花朵无动于衷，却为显微镜下的花瓣着迷。花朵呈现在你面前的方式，也就是你欣赏花朵的环境是很重要的，因为环境不仅改变了你对花的感受，也改变了你"了解"花朵的方式，进而改变了你看到的东西。大脑及其两个半球也会起到非常相似的作用。本节内容建立在伊恩·麦吉尔克里斯特（Iain McGilchrist）关于大脑分化（divided brain）[13, 14, 15]的启发性研究之上。他的杰出研究让我开始相信，我们对大脑两个半球的使用方式，会影响我们的教养方式，改变我们的亲子关系。我在这里总结了我对他研究的理解及其对教养的启示。

数百万年来，大脑一直在一层一层地努力演化，而它在结构上也演化成了两个半球：一个在右边，一个在左边，这种分化已经持续了很长时间。两个半球都有几个功能不同的脑区，许多脑区都分成了两个部分，一部分在左边，另一部分在右边。这两个半球是不对称的。举例来说，大脑的左后区域和右侧额部更宽，右半球比左半球更重、更大。右半球内部不同区域之间的连接性似乎更强，而左半球则相反，每个区域内部的连接性强于区域间的连接性。这暗示了两个半球之间的关键区别。我们从对脑损伤患者的研究中得知，根据损伤发生在左脑还是右脑，这些患者的世界观甚至人格都会以不同的方式发生戏剧性的改变。

你可能听说过一些有关左右脑的流行理论。例如，左脑的思维是在字面意义上的、线性的、讲究逻辑的，而右脑则是创造性的、情绪化的、具有艺术性的。现在，我们从脑成像研究中得知，我们不能准确地说两个半球具有完全不同的功能，因为几乎所有人类功能都会用到这两个半球，包括语言、情绪加工与推理。但是，如果两个半球都在某种程度上参与了几乎所有的事情，而且二者都有足够的神经元相互独立，维持自身运作，那我们的大脑为什么要分化呢？伊恩·麦吉尔克里斯特提出并回答了这个问题。两个半球是否做了不同的事情并不重要，重要的是它们做事的方式，因为我们知道这两个半球做事的方式不同。它们之所以按照不同的方式做事，是因为它们各自演化出了对世界的不同注意方式。这是一个重大的区别。你只能看见呈现给你的世界，而两个半球呈现给你的世界是不同的。

你看到什么，就会发现什么。如果你只能看到一种世界，而看不到另一种，你就不可能知道你忽视了什么。

两个半球的差异会如何改变你看待世界的方式

如果时间倒流，回到我们演化形成大脑基本结构的时期，可想而知，生活在某些方面要简单得多，但也充满了挑战，比如我们在贪婪的掠食者面前不堪一击。我们全神贯注于两项主要任务：寻找食物、保护自己免受危险。在大部分时间里，我们身处大自然之中，通常在广阔的开放空间里，这就需要我们对潜在的危险有更强的意识。要发现神出鬼没的掠食者，我们就需要对周围的环境给予某种类型的注意：这种注意范围很广，对任何新的可能性都保持开放，没有任何先入为主的看法。我们不可能知道或预测掠食者会从哪里跳出来，所以我们必须关注周围的所有空间。这种持续、广泛、没有评判或先入之见的注意方式，是大脑右半球的功能。

然而，我们也必须在灌木丛中搜寻食物，这里需要的注意则与我们保护自己免遭捕食的广泛、开放式注意截然相反。要在灌木丛中发现并采摘浆果，我们必须集中精神、缩小注意范围，就像在黑暗中用手电筒的光束照明一样，以便照亮特定的食物，使其在周围的环境中凸显出来。这种注意是左半球的功能。这两种注意是观察世界的不同方式，一个统一的大脑无法同时做到这两件事。然而，分化的大脑可以同时动用这两种注意，或者在二者之间快速切换。

有趣的是，左脑控制着身体右侧的运动，包括我们最常用来抓握和操纵物体的右手。左半球还控制着大部分与口头语言相关的功能，这也使得左半球成为我们大脑中那个让我们得以"掌握"事物的部分——既包括语言上的掌握，也包括用手去抓握。要理解左半球如何运作，可以想象你在灌木丛中发现了一个浆果，需要弄清它是什么，能否安全食用。你可以分析浆果的个体特征，将其与你存储在记忆系统中的特征进行比较。它是蓝色的、圆的、小的，因此它是蓝莓。同样地，在我们现在的世界里，左半球的任务更重了，它要分解、分析它所看到的东西，使其与它知道或想看到的东西相符。

概括地讲，从这种关注世界的方式中，我们可以看出左半球在看待和解释环境的时候，是小范围的、精确的、专注的、有控制力的。这种方式与开放截然相反，因为左半球要分解事物，以便获取、理解事物，为之分类并按照自己的意愿来使用它们，最终控制它们。

重视联结的教养需要在开放的与集中、小范围的注意方式之间转换。假设你的一个孩子对另一个孩子说了粗话，而你想纠正这个错误。如果你陷在小范围的、注重细节的注意方式里，关注你眼中的违背社会规范的行为，那你就可能会对犯错的孩子发火，却几乎没有意识到，孩子在那一刻是否被你的语气伤害了，你的反应大小是否与孩子的行为相称。然而，如果你能灵活转换注意方式，你就可能纠正孩子——这自然会涉及评判与贴标签（左半球），但你可能也会下意识地观察他的脸，看他对你说话的内容和方式有什么感受（右半球）。如果你注意到孩子感到羞愧和伤心，就可能会缓和语气，用更友善、更恰当的方式回应他。

两个半球之间的主要区别是什么

左半球关心奋斗、掌握、缩小范围和控制

左半球主要与掌握、奋斗、精通、成就和快乐有关，与神经递质多巴胺的联系更加紧密。多巴胺是大脑预料到奖赏时释放的一种化学物质。多巴胺加强了我们接近某些事物、寻求新异事物和刺激的欲望，在某种程度上，也加强了我们体验快乐与兴奋的欲望。

左半球会试图缩小我们的注意范围，以便掌握事物（无论是用手还是用脑），因此它会努力寻求控制感与确定性。这种注意方式更喜欢确定性，而不喜欢复杂、微妙的事物和事物间细微的差别，这一点儿也不奇怪。左半球主要负责分析事物的表征，将其特征与熟悉的事物相比较，并且在这个过程中理解这一事物。它无法感受这件事物全部的、活生生的、有呼吸的、感受层面的"真实性"。左半球会让我们从世界中后退一步，用策略性的思维看待世界，严格地从客观的角度去"了解"世界，而不是真正地体验世界。如果你在分析某件事物，就无法真正地去体验它。

左脑与身体感觉没有直接的联系，而任何真实的体验，包括爱与联结，在本质上都是感觉。所有呈现给左脑的体验都是

二手的，经过了右脑的加工。这是一个相当可怕却又鲜为人知的事实。由于左脑的本能是缩小关注范围，所以它根本不会欣赏真实的"切身"体验，也不会在意事物的"全貌"，包括事物出现的情境。相反，左脑倾向于孤立地看待事情，将其看作独立的事件。正如一部动画电影是由微小的、静态的瞬间组成的整体，左脑也会不断地组合细节信息，直到整合出可以识别的东西，从而形成对于整体事物的理解。

这意味着左半球在加工情绪时不太有效，因为情绪往往是身体内复杂的、模糊的、多方面的感官体验。左脑主要关心的是对事物进行分组、分类。为了达到这个目的，它不得不忽略独特性，专注于可概括的特征，以便为事物贴上标签，加以理解。刻板印象和其他形式的分类就是这样产生的。这种情况可能会妨碍我们对个体的共情。如果我们通过左脑看待世界和人，他们就会变成被分析、贴标签、控制或利用的客体，这是为了让我们能够"掌握"他们的性质，并获得贴标签带来的确定性和满足感。透过左半球看待人和事，包括我们的孩子，会改变我们对他们的看法。

左半球形成的自我意识，会将自我看作一个独特、自主的存在，有着一套规则和期待，告诉别人"应该"如何对待你，你"应该"过什么样的生活。这种自我意识，与针对你自己的、有意识的、专注的意志有关——你认为自己应得或想要的东西、你需要的东西、你想要的生活、你的愿望、你的志向、你对舒适和自主的需求、你的目标，以及所有那些在未得到满足或遭到违背时会给你带来情感不适的东西。这种自我意识在教养子女时非常无用，因为为人父母就意味着你会不可避免地与另一个完全依赖你的人的情绪和体验交织在一起，而且这种状态会持续多年。如果你允许自己接纳并单纯地体验这种生活，以及由此带来的所有自然情绪和身体不适，教养就会立即变得容易。

右半球是你的内隐、社会性、情绪大脑的所在之处

由于右半球与身体相连，能够接收来自肠胃、心脏和其他器官的所有信号，所以它与我们的直觉、本能和情绪联系在一起。右半球能让我们感受和加工来自周围环境的社会性与情绪信号（包括面部表情），这些信号是我们与他人和周围世界建立联结的基础。

右脑天生会对任何出现的事物保持开放的态度，而不会急于分析或假设。由于右脑能够欣赏事物的独特和新异之处，所以它能在某件事情发生时接纳全部的体验，而不评判呈现在眼前的事物，也不需要参照它已知的事物，解释它看到的东西。有一个例子能说明这种能力有时会受到影响。我见过许多父母和企业客户，他们会从左脑的视角看待问题，无法理解和接纳这一事实：在相同的情境下，有些人可能会产生与他们完全不同的情绪反应。

右半球与身体或心理上的奋斗无关，而是与事物有关——事物的特征、给我们的感觉，以及与其他事物的关系。这与左半球非常不同，左半球只能从事物"应该"是什么样的角度来认识事物。我儿子常常站在左半球主导的角度上评论天气，逗得我哈哈大笑。如果他看了当天的天气预报，发现天气状况与自己的预期不符，他就会恼火地说："今天应该出太阳的！"他不明白天气是一种自然现象，它不会为了人类的方便和舒适而遵从人为的规则。

右脑的额叶部分负责共情、直觉道德行为、冲动控制及社会联结。左脑无法像右脑一样理解和加工他人面部的情绪信息。几乎所有情绪唤醒和情绪体验的加工都是通过右半球进行的，而有意识的分析、心理加工和情绪控制则是由左脑主导的。诸如恐惧、羞耻、悲伤（有趣的是，悲伤与共情能力有关）等大多数消极情绪及脆弱感是右脑的优势功能，但愤怒除外，有证据表明愤怒是左脑的优势功能。也有证据表明，与实现目标有关的快乐和愉悦主要来自左脑的激活[15]，还有些轻微的积极情绪可能与左脑的激活关系更密切，但这个领域内有一些争议和分歧，所以我们不能确定。有意识的、"与我有关"的情绪可能是左脑的优势功能，这也包括不切实际的乐观、对自身的夸大幻想或过度自信带来的情绪，这些情绪可能影响一个人的逆商和快乐。

左右脑看待问题与挑战的方式不同

我们如何看待、解决问题，也取决于我们如何使用大脑的两个半球。左半球能参与思索，而右半球能帮助我们理解左半球得出的结论。左半球重视规则和概念，例如，它会用抽象的方式思考任何问题，用"应该"或"能够"怎么样的视角来思考；而右脑则重视真实的感觉体验。左脑不喜欢模糊的信息，它会编出看似可信的叙述，将那些呈现在它面前的信息改造成现有知识中的某些可预测的模式。左脑会操纵事实，制造假象，从而填补自己对事物认知的空缺，却看不见自己在这样做。它堪称自欺欺人和妄想的大师。虽然左脑可能很聪明，但它不一定是诚实的，尤其是在有关它自己以及对错误负有的责任方面。

在审视问题、思考解决方案的时候，右半球能给出几种可能的方法，并且在发现可以接受的解决方法之前，对各种选项都保持开放态度；而左半球则不一样，它会坚持似乎能够验证其既有假设的观点。左半球会否认或抛弃不符合它看法的信息，这就叫"证实偏见"。左半球倾向于不切实际的乐观，也许正是因为如此，它无法有效应对沉重的压力。右半球对于自己以及自己不知道的事情可能持有现实的看法，而左半球在评估自己的时候却有一些妄想和积极的偏见。与右半球不同，左半球不能很好地应对变化、模糊性、灵活性、情绪和直觉，这些正是独特而不可预测的孩子给我们的生活所带来的东西，也是他们需要从我们这里得到的东西。

如果你从左脑的视角看待世界，你就会把事物看作需要被明确理解的客体，包括你的孩子，而你不能通过右脑对右脑的方式，间接地感知孩子的感受与想法。左脑会让你控制你的世界（和你的孩子），而右脑会让你与他们建立联结。这两个过程可能会在教养关系中发生冲突。我们（和我们的孩子）现在可能更善于讨论并分析我们的情绪，但我怀疑，我们是否正在失去注意及体验情绪给我们带来的真实身体感觉的能力。

表 3-1 总结了大脑左右半球之间的一些差异。

表 3-1　大脑左右半球的差异

左半球的特征	右半球的特征
• 左半球看到的是部分 • 注意力是小范围的，善于审视 • 根据事物"应该"如何来评判自己所看见的东西 • 希望信息或事物能够归入有意义的系统或模式——对事物有先入为主的看法	• 右半球看到的是整体 • 注意力是开阔、开放、持续的 • 以开放的态度看待正在发生的事情 • 不加评判地体验事物 • 能够欣赏独特性，不需要将看到的事物归入一个系统、模式或类别
• 总是要掌握、期待、控制、努力、追求成就 • 容易产生不切实际的乐观和自我欺骗	• 重视"存在"、联结、接纳新事物，对事物的原貌持开放态度 • 能够展望未来，有新颖的想法
• 喜欢确定性、规则、分类和标签 • 可能倾向于"非黑即白"的思维 • 易受证实偏见的影响，因为它希望让所看到的东西与它想要或期望看到的东西相吻合	• 能看到事物、人、自然世界内部的及其之间的联系 • 能容忍模糊性和不确定性 • 能持有并接纳多种解释 • 能够应对复杂性，包括悖论与矛盾
• 与身体感觉没有直接联系，对事物缺乏"体感"——只能从言语、分析的角度去理解事物 • 不能很好地理解面部表情、情绪和社会性信号 • 不是很擅长共情，不过拥有认知共情的能力（能够知道他人过得好不好，也可能知道他人会有什么感受——这与被他人触动是不同的）	• 与身体感觉关系密切 • 在加工情绪信息、面部表情、社会性互动、共情等方面占据主导地位 • 喜欢真实的、活生生的体验，而不喜欢抽象的、分析的信息加工过程
• 只能明确地、从言语的意义上理解事物 • 不知道自己不了解什么	• 能够以直觉的、非言语的、内隐的方式理解事物 • 能够感觉到自己不能完全理解或知晓的事物，拥有智慧

让两个半球一起工作

想一想左右半球的差异对于现在我们与自己身体的关系有

何启示。我们的身体似乎不再是"我是谁"中不可缺少的一部分,而是一堆任由我们评判、控制和改变的部件,以便符合我们所内化的规则:身体应该有什么外表,应该有什么表现。体象障碍患病率的攀升,自拍、整形手术、狂热健身趋势和饮食习惯的兴起,年轻男性对提升个人表现的追捧,以及年轻一代中一系列其他问题的大量出现,都证明了我们通过左半球视角来看待自己会发生什么。

在年轻人当中,体象问题日益严重,很多人都无法接纳自己的身体,也无法与身体保持联结,反而更多地关注他们的身体能够为自己做些什么,这真是一个悲剧。身体已经被客体化到了可以不断修补和改变的程度,以便符合完美主义的标准,就像人们对待机器一样。这种做法否认了人体的真实性——人体本是多样、不断变化、极其复杂、凹凸不平、长着毛发、有体味、不可预测的,充满了所谓的缺陷。如果我们与一个人有着深厚的联结,并尊重他,把他看作一个完整的、具象的情感实体,这一切就都不重要了。只有当我们透过左脑的视角,将人或身体客体化,我们才会为那些孤立的细小特征而感到厌恶或焦虑。然而作为整体里的部分,这些细小的特征是微不足道的。

我们知道,自我批评对于儿童和成年人的焦虑和抑郁有着一定的影响。这种行为也源于左脑的这种倾向:用无休无止的"应该"和"必须"的标准来审视自己,而不能简单地接纳自己是一个独特的、复杂的、有感受的、活生生的人。孩子似乎越来越多地受到他们认为的"自己应该做什么"的影响,而忽视了他们对于事物的真实感受。作为父母，我们需要明白，我们为孩子制定的规则可能会逐渐使他们忽视自己的内心需求和感受。

左脑那种令人惶惶不安的审视，对于人际关系而言是极不健康的，无论是对于我们与自己的关系，还是我们与伴侣或孩子的关系都是如此。如果你将事物的整体分解开来，加以分析，你就会失去与它的联结和对它的直观感受。爱就是一个很好的例子。你越是分析爱，用理性的思维看待爱，你就越无法感受其发自内心的温暖。你不可能通过阅读一本关于情绪的书，就变得更加感性，尤其是在你受左脑主导的情况下。即使你学会了伪装情绪，它也不会给你带来什么好处，因为人类对于发自肺腑的情绪感受最为敏感。这些情绪来自身体，会经过右半球进行非言语、内隐加工。

如果听起来我好像是在说右脑优越、左脑低劣，那这就与我的初衷相去甚远了。我们知道，我们需要两个半球协同工作才能有效地发挥身心功能。不但如此，左右脑的生长都可能会受不利因素的影响，导致它们无法有效发挥作用。例如，如果右脑发育不健全，就可能会导致情绪调节、共情甚至道德方面的缺陷。右脑过度激活的父母有可能难以享受教养的乐趣，可能会对孩子过度防备、保护，也可能排斥自己的孩子。抑郁、受威胁和焦虑的感受源于右脑占据不平衡的优势地位。[16] 我们会在后面的章节谈到右半球在情绪调节中的作用，但现在我想说的是，我们需要大脑的两个半球一起工作，这样我们才能成为身心平衡、充满关爱、明智的父母。

应该让右半球占据优势地位吗

回到对于大脑右半球的广泛讨论上来。伊恩·麦吉尔克里斯特认为[17]，在理想情况下，我们应该让右半球引领我们，这样我们才能有远见、有智慧、建立联结、放眼全局；我们也需要左半球作为强有力的后盾，去实实在在地行动、分析，并创造条件，让我们努力追求的东西得以实现。但是几千年来，再加上近来消费主义的兴起、科学技术的进步，各种迹象都表明，我们对待世界的方式越来越以左脑为主导。教育系统，尤其是我们对口头言语、外显学习、规则、细节、分析和机器的关注，让我们学会了掌控我们的体验，所有这些因素都强化了左脑主导的生活方式。掌握与操控世界的能力，已经按照我们的目的，为我们带来了巨大的利益，并且为人类取得了其他方法所不能及的进步。但考虑到我们对这种生存方式日渐依赖，这种方式也不是没有后果的。

我们越是关注成就、舒适、控制、确定性以及快乐，就越不关注联结、共情和智慧。这主要是因为我们忙于做事，努力奋斗，无暇真正注意任何事物，尤其是我们内在的感觉——这正是情绪与联结的语言。令人担忧的是，左半球控制了我们大部分言语能力，进而控制了有意识的思维过程，于是获得了对右半球的支配地位。随着右半球的退让，它可能会退居二线，最终陷入沉默，不为人知。

我们当中有些人的教养风格由左脑主导，而另一些人则受到了右脑的过度影响。有些人可能会发现自己在这两者之间摇摆不定：时而刻板，时而放任；时而过于宽容、善解人意，时而过度强势、动辄评头论足。如今，我们越来越缺乏左右半球之间的平衡。这对我们的身体、心理和环境健康产生了深远而重大的影响。这种不平衡的左右半球优势正在改变我们的教养方式，进而可能改变我们孩子大脑的发育方式。随着时间的推移，这将改变人类的本质。我们只需要思考一下机器和技术在当今生活中所扮演的角色，就能看到这种转变对我们的人际相处造成的无尽种可能的影响。在下一章中，我会概述我对大脑半球失衡会如何影响我们教养的能力的看法，以及为什么这个问题对于孩子十分重要。

在所有这些有关教养的问题中，最让人担忧的就是，如果我们用左脑主导的模式来与孩子相处，我们就会认定他们是有缺陷的，否认他们真实的样子。如果我们觉得，他们没有按照我们所认为的"应该"去做事，我们就会愤怒和沮丧。育儿书籍也在无意中助长了这种现象，因为你一旦读到或想象到某种结果，无论是你为人父母的成果，还是孩子取得的成就，那么每当事情不如所愿，你就会觉得好像哪方面有了缺失或缺陷。例如，如果你在阅读本书的过程中，开始认为你家的教养应该是心平气和、相互联结的，而你的孩子"应该"听你的话、尊重你、能够调节情绪，那么无论你的初衷多好，你的教养方式都会陷入左脑的主导，而非由右脑主导。

无论何时，都没有任何理由让孩子改变其本来的模样。如果他们知道如何能表现得更好，而他们体内的激素、化学物质、神经系统和大脑也能支持这种更好的状态，那他们就会采取更好的行为。我想说的是，如果你试着接纳孩子、自我和家庭生活当下的样子，而不仅仅因为你知道改变是可能的，就要求这一切都发生改变，那么你就会自然而然地用联结的方式养育孩子。那种执着于控制我们的体验，根据头脑中一系列"理想"状况来评判这些体验的固定思维，源于左半球看待世界的方式。开放的教养方式则要求你不再要求孩子变成某种特定的样子，而是培养他们情绪调节的能力，对他们满怀关爱，无论他们是否符合你或他人心中的标准。我必须说清楚，这不是一种思考或说话的状态，而是一种感受的状态。一旦你能真心实意地做到这一点，孩子就会开始冷静下来，倾听你、尊重你。

练习：与你的左右半球建立联结

首先找一个舒适的位置坐下，这个地方可以让你安静地待上几分钟，不受任何干扰。坐着的时候，双腿和手臂尽量不要交叉，背部伸直。把闹钟定为 7 分钟。一开始你可能会觉得这项练习很有挑战性。如果是这样，也请不要放弃或感到灰心。这项练习其实没有对错之分，你每做一次，都会建立神经通路，这样，未来就能做得更好——请记住，神经可塑性就建立在重复的基础之上！

1. 闭上眼睛，觉察呼吸在体内的进进出出。在接下来的五六次呼吸中，试着注意呼吸的感觉，不要做任何评判或努力。

2. 在吸气的时候，让气息来到眼睛上方、前额两侧的位置。我说把气息送到那个位置，是指在吸气的时候，把你全部的注意力都放在那里。尽量不要迷失在对呼吸的想象里，而要专注于呼吸的感受。

3. 在呼气时，尽量把气息送到相同的位置，但要注意在每次呼气时放松、放缓，让呼气的时间比吸气的更长。注意你更容易把注意力集中在左侧还是右侧。一旦你习惯将注意力放在眉毛和额头的后面，就可以进行下一部分的练习了。

4. 继续把空气吸入相同的位置，但是在呼气时，试着将全部的注意力集中在大脑的右半球上。如果你能把注意力放在整个右半球上，那就很好。如果你只能把注意力集中在额部，那也没关系。记住让呼吸保持轻柔、放松、缓慢。逐渐让脸和身体放松，释放紧张感。至少持续两分钟。

5. 现在重复第4步，把注意力集中在左半球上。

6. 现在，在吸气和呼气时，将气息同时送到左侧与右侧，尽量在呼气时联结并注意你的整个大脑。

7. 尽量每天都做这项练习，或者第2章最后的练习，直到你读到新的练习为止。如果哪项练习让你觉得特别平静，特别有治愈的效果，就多做那项练习。遵循让你感觉最舒适的做法，不过要记住，有时你最需要的不一定是让你最舒服的东西。

反思：用这些问题来引导你去思索，你通过左右半球关注世界的方式改变和影响了你的教养风格

存在和体验（右半球）与成就和控制（左半球）：

- 你和孩子相处的时候，有多少时间被花在你认为应该和他们一起做的事情上（带他们出门、玩游戏、喂饭、给他们读书），而不是与他们安静地联结（坐在一起、放松、倾听、拥抱、延伸交流）？
- 你有多少次允许自己只和孩子"在一起"，而不忙于评判或纠正他们的行为？
- 你有多少次真正地被孩子触动，仅凭直觉感受到他们内在的情绪和需求？
- 你是否能通过眼神交流、面部表情等非言语方式与孩子交流、分享情绪体验？
- 你有多少次让孩子自由地奔跑、玩耍，而不总是想着清洁和时间安排？
- 你们有多少次全家人一起自发地做事？你有多少次允许孩子未经计划就去与朋友、邻居等人玩耍？
- 你花了多少时间去接触与成就和消费无关的事物，比如艺术、音乐和自然？请注意，我的意思是，你做这些事情的原因，不应该是你认为自己必须做，或者害怕错过某种体验，而应该是真正被这些事情所触动。
- 如果孩子做了让你或别人不高兴的事情，你能否后退一步，从孩子的角度看问题，而不是一上来就责备他们，或者草率推断他们行为的原因？（平衡左右脑。）

- 在你们的教养关系中，有多少精力放在让他们遵守规则上，例如饮食规则、礼仪、时间观念、睡觉规则、社交规则？如果他们不愿或不能遵守这些规则，你在多大程度上能够灵活行事？
- 你有时是否会发现，自己过度执着于控制孩子在生活中可能面临的结果，以至于在你无法预测事情的结果时，你就会变得焦虑？
- 你是否经常错过关注孩子情绪和感受的机会，却经常关注他们的言行是否符合你的是非观？
- 你是否经常发现自己难以理解孩子，认为孩子不可理喻、难懂、难以控制？

本章重点

- 在亲子关系中,有三个建立真正联结的必要条件——开放的陪伴、情绪调节、情绪安全感。

- 由于我们的大脑关注世界、与世界互动的方式,我们有失去联结的风险。要了解如何扭转这种局面,我们就需要了解大脑的运作,以及如何找到平衡感、整合感。

- 我们大脑的主要任务是解释我们的体验,并且对这些体验产生有组织的反应,从而保证我们的安全,并且维持体内的平衡状态。一般而言,我们天生就喜欢积极的体验,会回避有威胁或消极的体验,或者保护自己免受这些体验的伤害。

- 我们的大脑由约 860 亿个神经元组成,每当我们做或想某件事时,就有数以百万计的神经元相互作用。神经元可以连接在一起,形成思维或行为的习惯性模式。每当我们面临似曾相识的情况时,这样的模式就可能出现。但是,我们也能有意识地利用我们的头脑,把注意力导向某些想法和行为上去,以便为我们带来想要的改变。大脑根据经历而改变的能力被称为神经可塑性。

- 我们的大脑由三个层级组织而成,它被分为两个半球,一个在左边,一个在右边。大脑的两个半球参与了我们的大部分心理活动,而它们会让我们用不同的方式参与这些活动,因为它们的功能就是对我们周围的世界给予不同的关注。这一点对于教养关系有着深刻的影响，尤其影响了我们能否在教养中做到开放的陪伴。

- 左半球能让我们给予事物狭窄的、精确的关注，将我们看到的东西与我们认为事物"应该有"的样子相比较。左半球与掌握、控制、评判、分析、分类、贴标签有关，它通过这些方式操纵它遇见的东西，从而理解并利用这些东西。以左脑为主导的教养可能会导致僵化刻板，失去大局观。

- 右半球会用开放、接纳的态度关注正在发生的事情，没有先入为主的想法或评判。右半球与身体感觉有关，在加工情绪、社会性信号、共情的"体感"方面占主导地位。右半球能感知事物之间的联系。在健康运作的情况下，右脑有利于人们拥有远见、智慧和洞察力。用心的联结主要来自右脑的开放状态。

- 在教养方面，我们中的一些人可能主要受左半球的影响，一些人主要受右半球的影响，还有些人可能在两者之间来回转换。良好的教养需要左右半球之间的整合与平衡。在理想情况下，右半球要稍稍占据主导地位。

- 我们当中的许多人在生活中倾向于让左脑占主导地位。这对我们的心理健康、幸福感、意义感和目标感都有影响。

第 4 章

大脑的两个半球如何影响你的教养能力

我们常常把孩子做的几件事归结为人格特质，或者作为对未来的预测，这可能会影响他们对自己的看法。如果孩子感觉被评判、被误解，他们就会心怀愤怒、怨恨，感觉与我们失去了联结。这会让他们不太愿意听我们的话，也不再愿意取悦我们，这样一来，教养就会变成一场艰苦的斗争。

尽管这些关于大脑和左右半球的信息可能很有趣，但我们阅读本书的主要原因是想更多地了解如何养育孩子。那么，我们看待世界的方式究竟如何影响了我们的教养习惯？

简而言之，左半球关注事物的方式主要是"掌握"，即谈论、分析、评判、追求成就、控制和计划；右半球大体上则关注"存在"，即感觉、感受、联结、直觉。左半球产生期望（以及期望落空时的愤怒与沮丧），而右半球让我们观察和接纳人和事，接纳他们当下本来的样子。真诚、用心的联结只会源于（协调的）右脑所主导的开放状态，所以我们需要在教养时以右脑为导向，帮助孩子培养出那些重要的神经连接，以促进情绪调节的发展。更重要的是，我们的教养需要以右脑为出发点，为教养关系建立真正充满爱和关怀的基础，而这就是我们的孩子获得幸福、逆商和满足感所需要的东西。

亲子联结会自然产生吗

你可能会想，如果联结对我们的精神和情感生活如此重要，那它肯定是自然产生的吧？请想一想，在人类演化的大部分时间里，我们没有口头语言，只能依赖身体里的情绪和直觉的语言。在那个时候，建立用心的联结很可能比现在更容易。但是随着人类各项美好的高级能力的发展，如抽象思维、口头对话、提前计划，以及处理不以真实感觉或当前事件为基础的事情等能力（如脑海中没完没了的"待办事项"），我们满脑子都是"可能、也许和应该"的想法，我们越来越难以活在当下，不去评判、分析、控制和担忧。这就是冥想（比如正念）越来越受欢迎的原因。正念能教我们做大脑在几个世纪前就会做的事情，但在这个永远忙碌的世界里，这些能力消失了：简单地活在当下，不加评判或努力。我们需要重新学习如何让我们自己和孩子平静地活在当下，不是所有时候都要这样，但至少要在某些时候做到。因为只有在开放的状态下，从片刻的平静里，联结才能产生。

餐桌礼仪：左脑或右脑主导的教养案例

我们随意地举一个餐桌礼仪的例子，来说明左半球的刻板教养可能会如何将我们引入歧途，以及我们该如何寻求更好的平衡。对于一个五岁的孩子来说，其自我意识尚不成熟，这是可想而知的。她坐在桌旁，对着面前的一盘食物兴奋不已。她饥肠辘辘，渴望吃东西，她缺乏自我控制，而这不是她的错。她立即用手抓起食物，开始大嚼特嚼。你此刻心事重重，对什么都想批判一番，见了孩子这番吃相，立即呵斥她，要她闭上嘴巴，把脚从椅子上放下去。她感到有些惊讶和窝火，但她闭上了嘴巴。

几分钟后,她张开嘴巴、大声咀嚼,一些食物残渣沾到了她的脸颊、下巴和衣服上。你恼火不已,开始厉声斥责她,甚至还可能用了"恶心"这个词。不管你是否注意到了,你的左侧嘴角可能向上翘起(厌恶的表情),而且无论你怎样隐藏,你的语调里都会带着刺耳的声音。她感到很羞愧,因为你在评判她。在那一刻,她不会感到与你的联结。毕竟她只是在品尝食物,享受美食。她是活在当下的,听从了身体发出的"吃东西"的信号,并没有考虑吃饭时"什么能做,什么不能做"的抽象、难懂的规则。

如果你对孩子做出这样的反应,孩子在你心目中就成了一个被控制的客体。在那一刻,你与她对食物、对她自己的感受之间没有任何联结。你可能没注意到,在你骂她的时候,她的脸耷拉下来了。也许你不会注意到任何事情,除非她大声哭喊,对你的话做出夸张的反应。此时你是否感觉到了孩子的感受并不重要,重要的是你需要让孩子服从你,因为她没能达到某种理想的标准。这是一个简单的例子,说明了左半球主导的教养会造成不必要的痛苦或联结的破裂。如果亲子间有一种强烈而持久的温暖、理解和亲密感,我们的孩子就能容忍许多这样的不快。然而,如果你们之间的纠正、控制和误解多于接纳和温暖,你们的关系就会失去平衡,孩子就可能产生下面任意一种行为:防御与违抗,或者被动与冷漠。这两种行为都无助于培养我们现在所需要的至关重要的情商技能。

然而,如果你用整合的、协调的大脑去教养孩子,那么在完全相同的情况下,你对孩子的反应可能会完全不同。你可能一点儿也不会觉得恶心或生气，而是语气轻快地提醒孩子在吃饭时闭上嘴。你可能依然想发火，但你很快就会注意到最初的恼火和厌恶反应，并在对孩子发泄情绪之前闭上嘴巴，放松身体（身体会在无意间绷紧），在心理上后退一步，所有这些反应会自然而迅速地发生。你可能会看着孩子的眼睛，感受到她是一个有血有肉的人，她只是一个小小的、饥饿的、活在当下的孩子。你的内心可能会有一种感觉：孩子并不是天生就知道这些规则为什么重要，也不能随时记住所有这些规则。通过善意、自我觉察的态度，你可以教会孩子为什么这些规则很重要，从而帮助她培养记住规则的能力。如果你能保持好奇的心态，而不加评判，你就可能会问她，为什么我们要坚持让大家在吃饭的时候闭上嘴巴。

归根结底，我们为什么要规定我们在餐桌上应该做什么，不该做什么？我们不要忘记，在我们演化的大部分时间里，我们都身处野外，用棍棒猛击对方的头部，从而争夺食物。如今，只过去了相对很短的一段时间，我们却要坚守严格的规则，这些规则几乎剥夺了我们拥有身体感觉或情绪的权利，有时也剥夺了我们随着这些感觉和情绪而行动的权利。我相信，我们的大多数社会规则，比如吃饭时闭着嘴，可能主要是为了表现对他人的关心，毕竟嘴里嚼了一半的食物在他人看来不太雅观。

社交礼仪原则的建立往往是为了让我们避免体验到那些可能让我们自己和他人恶心、受伤或难受的事情。但随着时间的推移，我们已经淡忘了这种关心他人的意图，用一种坚定的方式内化了这些规则，常常到了不合常理的地步。餐桌礼仪现在成了某种象征：缺乏餐桌礼仪就是不礼貌的标志，而礼貌本身就是更广泛的社会地位的标志。所以，这些规定的制订是出于关心他人，但我们现在已经忘记了这种目的，并将规定刻板地强加于我们的孩子身上，丝毫不关心孩子。在有些文化中，食物是一种用来享受的东西，你可以自由地表现自己的享受，不必承受任何压力或审视。我不是在提倡完全抛弃礼仪，只是希望把要求稍稍放松一些，让孩子能够充分地使用他们的触觉、嗅觉和味觉。

如果你希望孩子用关心、共情和理解的态度来对待他人，那么重要的是通过善待孩子来帮助他培养这些大脑通路，而不是期望孩子内化应如何对待他人的无数规则——那样一来，他们以后可能会死板地遵守这些规则。当然，你不但要表现出对孩子的关心，也需要强调这些规则，而且可能还必须经常强调，直到孩子把规则内化为止（这需要耐心！）。记住，这里的关键就是平衡。

用好奇心来教养，而非评判

如果我们让左脑主导教养，就会对孩子抱有某些期望，却不接纳他们是复杂的人，他们有着自己的特质、需求、缺点，以及与我们一致或不一致的想法。我们会把他们视为自己和他人眼中的客体，应予以评判、影响甚至控制，应避免他人可能对他们或我们做出消极的评判，或者要避免由于他们不按我们想的那样发展,让我们体验到不适的情绪。我们希望孩子以特定的方式吃饭睡觉,因为我们读的书里说孩子有能力做到这一点。如果孩子不符合我们的期望,我们就会想方设法地诱使他们做出这些行为。我们很难记住这一点:即使我们发现某件事是可能的,也不意味着这件事必须、应该或一定会发生,而这正是左脑主导的教养会带来的想法。

想象你生来就戴着一副黄色的眼镜:你看到的世界都是黄色的,而且永远只能以这种方式看世界。你不会知道世界是多么丰富多彩。用一个特定的参照系来看待孩子也是如此:一旦我们给他们贴上标签,评判、审视他们,对他们评头论足,我们就会期待他们做出特定的行为;除此之外,由于证实偏见的存在,我们更有可能根据我们既有的假设和判断来解释他们的行为。如果孩子的独特性与个性不符合我们希望或需要在孩子身上看到的东西,我们就会难以接受。有时候,比起接纳教养过程中可能会有混乱和不确定性,给孩子贴上标签,知道我们能期待他们做些什么会更容易。

社会比较会破坏联结

我们现在看到的所有育儿信息都强调了社会比较,这是一件我们天生就会做的事情。我们会拿自己的孩子和其他孩子做比较,如果他们没有表现出相似的特质或行为,我们就会感到震惊或沮丧。因为其他孩子在做某些事情,我们会担心自己的孩子会错过一些机会。更糟糕的是,由于社交媒体和旨在"联结"我们的科技的兴起,我们现在能知道世界各地的每个孩子都可能在做些什么。如果我们让左半球主导教养，我们就只在"行教养之事"，这会在教养关系中不断导致消极后果与压力的循环。我们完全忽视了重点，那就是孩子健康成长最需要的东西是右半球主导的开放、关怀、温暖和接纳，再辅以左半球主导的规则、期望和问题解决方法，所有这些因素要处于微妙的平衡之中。正是这样的抚育才有助于培养大脑中的重要部分，带来我们迫切想为孩子寻求的积极结果。

误解导致愤怒与隔阂

孩子极度沮丧、愤怒或悲伤的一个原因是，我们错误地将他们的行为归咎于他们觉得没有道理的原因，或者未能准确理解他们的意图。如果我们根据某些先入之见（无论是对于一般孩子的，还是对于这个特定孩子的）来解释他们的行为，并根据这种成见来看待他们，不管其他同样合理的解释，这样的事情就会发生。我们大多数人都会意识到我们常做这样的事情，而且我们常常导致消极的后果。例如，一个孩子只是在寻求安慰，却被人贴上了"黏人"的标签，而他这样做，只是因为他无法调节自己的内在状态；一个说谎的孩子被贴上了"狡诈"的标签，但实际上他可能已经知道，说真话会导致父母的强烈反应，他很害怕，想要不惜一切代价避免这种反应。这种倾向是由这个日益受左脑主导的世界所培养出来的，但在我们一味地忙碌、紧张或情绪失调的时候，这种倾向也会加剧。

孩子感受到这样的误解时，他们就会愤怒和怨恨，因为这种标签是不公平、不准确的，而且你本来应该站在他们的一边。

所以当你评判他们的时候,你和他们之间的联结就破裂了。一般而言,这样的评判会把某件事情上升为更具普遍性的习惯或人格特质,例如:"你真没用!你为什么不能像你姐姐那样?让你帮忙的时候,你总是帮不上忙!"当然,这个孩子可能有一些人格特质,让他不太愿意帮忙,除非自己能得到一些好处,但也可能是因为他只有6岁,无法控制自己想做一些更有趣的事情的冲动。也可能是他正忙于别的事情,或者只是当时不想帮忙。对于一个成年人来说,不想做某事可能不足以成为一个避免做事的理由,但对一个大脑不成熟的孩子来说,这个理由就很有说服力!我不主张在这件事上妥协,但我们需要更多的理解,更少的评判。更有建设性的做法是,要让孩子知道互相帮助可以让我们的家庭生活变得更好。

这种来自错误标签、批评和消极评价的联结破裂,往往是所谓"不良"行为的成因。在过去的一年里,我注意到有几次我的孩子在顶撞我,教养开始变得像是一件苦差事。我常常为了一些事情陷入消极的、爱评判的心态,这种心态很微妙,也很持久,而我通常毫无意识,直到孩子的行为把我的这种心态反映出来为止。在我忙碌、睡眠不足的时候,或者当有些近日的工作和社交活动在消耗我的精神和情绪能量时,这种心态就会悄悄地出现。一旦我脱离了正念、关怀的状态,陷入心事重重、不重视孩子的状态时,孩子的行为(坦白地讲,其实跟平常一样)就会显得比平时更烦人、更消极。在一周前,我可能还认为他们吵吵闹闹只是因为小孩喜欢玩闹、兴高采烈,但是在压力更大、心事重重的时候,我可能会觉得他们无法无天、惹人讨厌。他们没变——是我变了，至少是我的内心状态改变了。当他们意识到这种改变，听到我批评他们的时候，他们就会觉得与我失去了联结。如果这种情况持续几天，他们就不太愿意帮忙和倾听了。

评判会改变自我意象和自我接纳

把一件事（比如餐桌礼仪上的疏忽或一时的自控力不足）总结为可以概括的评判，可以塑造孩子对于"我是谁"的感知，为他们以后的行为设定场景，因为这种感知会成为一种自我实现的预言。

如果一个孩子反复受到批评，他就会内化这种自我观念，将自己看作"有缺陷"的孩子。这种观念不是言语记忆，而是一种他对自己持有的内在羞耻感。一旦他相信这种缺陷就是他的本性，他就不再觉得有必要取悦你，因为在他看来，你肯定不赞成他的行为，这几乎是不可避免的。他会变得喜欢争辩、叛逆，因为他常常感觉被误解，并预料你会这样做。他可能会对你说的话得出消极的结论，即使你并没有批评的意思。这种情况甚至可能导致孩子养成一种习惯，努力地追求完美，或者需要认可，从而避免消极的评价。教养需要一个不加评判的空间，往好里说，给孩子贴标签是没有用的，往坏里说，这样会损害你们的关系。我们的孩子需要得到尊重，被看作复杂的、不断变化的、会犯错的、独一无二的人，而不需要被看作要被观察、批评、赞扬和控制的小小客体。

即使给特质和特征贴上积极的标签，比如"可爱""讨喜""漂亮""擅长运动",也是一种客体化和泛化。因为孩子长得"可爱"而想去拉他的感受,与爱的联结的感受是不一样的。当然,有时想贴标签是很自然的,因为我们需要用一些方式来谈论孩子、想孩子,需要标签提供的便利,但我们必须注意如何使用这些标签,因为它们常常不能反映现实。事实上,每个人都是各种特质、价值观、态度、技能和习惯等要素组成的极为复杂的集合体,其中许多要素在我们的一生中都在发展和改变。我们有太多的方面,无法被评判、贴标签,这些方面也无法像在我们被贴标签时那样保持静止不变。我们可以评判一种行为,但为一个完整的人进行分类、贴上标签,不但是没有用的,甚至也不够准确。更健康的做法是谈论孩子的行为,而不是他整个人。这样一来,你就能减轻他们的压力,让他们能够选择做自己,而不感到恐惧或羞耻。但请记住,即使是频繁的批评或行为分析,也会导致联结破裂,而且孩子经常会把对他们行为的评价泛化到整个自我。

教养需要灵活性和开放的心态

我们的孩子是情绪化的人,因为在他们生命的最初几年里,他们主要受右脑的主导,这就是为什么他们的情绪常常爆发。我们的左脑为孩子的行为创造了各种标签和解释,因为我们宁愿对他们的行为有一些解释,也不愿意生活在没有解释的模糊性里。我们已经习惯于控制我们的世界,以至于难以理解随机和自发的概念,而孩子在早年间可能做出的许多行为都具有这样的特点。我们根据自己有限的知识编造了一个关于孩子的故事（通常只会稍稍涉及与良好品质有关的例证），因为我们不知道自己的无知。我们对孩子的这种完美主义的期望可能会落空，因为对孩子而言，一切皆有可能，一切都是难以预测的。无论我们的生活多么忙碌、有多少挑战，我们都不应让孩子背负给我们提供慰藉和确定性的重担——我们那样做只是因为我们不知道他们以后的生活会变成什么样，无法处理由此而来的压力或焦虑。

如果我们处于极端的左脑模式，我们就会执着于控制、追求完美、可预测性、评判和舒适，而不会对随机性、人类的弱点和模糊性持有灵活和欣赏的态度。有些育儿书籍在无意中鼓励我们用左脑的方式与孩子互动。即便这些书给了我很多好的建议，但从我的亲身经历来看，我会不可避免地过于注重与孩子一起"做"事，或者寻找做的这些事情发挥作用的迹象，以至于牺牲了教养过程中的联结。例如，我会执着于照料婴儿的例行事项，以及管理儿童的标准行为技术。所有这些东西都是笼统的，我们可能忽略每个孩子的独特性、他在当时的感受，以及问题行为产生的情境。这些技术大多都建立在心理学理论的基础上，这些理论如果脱离了情境，就没有任何意义，因为具有良好解释力的理论成千上万（我没有夸张）。当你读到某个理论，或者在当下实施某个脑海中恰好想起的理论时，你不可能知道，也不可能想到这一点。与其思考"我该怎么做"，我们需要首先关注"我有什么感受"这个问题，然后才能开始控制行为。这也是我们需要鼓励孩子多做的事情，因为这样能让他们接触"我是谁"的感觉。

我承认，我曾十分迫切（和固执）地想让我的大儿子一觉睡到天亮，这样我就能在回到工作岗位上时，至少还能感受到有生孩子之前一半的本事。其结果是，我从每天晚上6点起，就失去了体会孩子感受的能力。我读到过一些关于刻板的书籍，书中列出了应该做到的例行事项等内容。这些书让我们自然而然地觉得，只要时钟显示时间已到，婴儿就应该去睡觉。这种观念必然影响了我和儿子的关系，因为我会雷厉风行地做完哄他上床睡觉的例行事项，以免进入一天中可怕的"疲惫却无法放松"的状态。虽然我能成功地让他睡下，但随着年龄的增长，他变得对大部分时间规定都过于执着。每当面临最后期限，或者我们要按时去某个地方的时候，他都很难放松下来。在那段时间里，我和他完全反了过来，总是他在催促我，这样他就能及早去做某件事情。虽然我们大部分时间都很准时，但他还是认为我太懒散了，希望我能更认真地管理时间。正如智者所言：种瓜得瓜！

如何用自省、平衡的方法来管教孩子

如果你和孩子之间有真诚温暖的联结，你就会更容易接纳孩子是很容易犯错的。他会犯很多错误，在一生中经历很多困难的时期。如果放眼长远，你就不需要用贴纸图、思过角或其他指令性的方法来控制孩子的行为，尽管你有时可能会觉得这些方法很有帮助。我建议，如果你觉得一定要对小孩子用这些方法，请谨慎行事，但不要用这些方法来让孩子感到羞耻，不要在孩子难过的时候孤立他，也不要破坏你们之间的联结。

强制执行数不清的规则迫使孩子不断寻找规避规则的方法。与其为之感到沮丧，不如帮助孩子理解你所实行的规则的三个基本方面。

1. 为什么会有这些规则？如果这些规则被打破，别人会有什么感觉？

这是为了明确这条规则形成的根本原因，也是为了让孩子思考如果我们不遵守规则，其他人会有什么感受，以及这对大家会有什么影响。我们通常很容易忽视"为什么"，专注于吓唬孩子，或者含蓄地威胁孩子，如果他们不听话会发生什么。年幼的孩子往往会因为害怕而遵守规则，他们可能缺乏与你讨论这些问题的共情和推理能力。但随着孩子长大，请务必帮助他们理解这些规则为什么会存在，以及违反这些规则为什么会有后果。

例如，如果准时上学的规则导致你和孩子关系紧张，与其大吼、哄、控制或惹恼他们，不如问问他们为什么准时很重要。如果一个孩子上学迟到，会对其他人造成什么影响？如果有人迟到，老师和其他孩子会有什么感受？尝试向他们解释，让其他人等你、打断正在举行的活动或大家的注意，是不为他人着想的行为。帮助孩子想一想，如果每个孩子都在觉得自己准备好之后，而不是在规定的时间去上学，那会发生什么。

如果其他孩子随意走进教室，你的孩子会有什么感觉？生活将会陷入混乱，我们不能依靠彼此，也不能举行集体活动了（比如上学）！提醒孩子，我们强加给他们的许多规则，实际上是在为他人着想，这样我们才能以互惠互利的方式共存。

2. 要求他守规矩这件事，对于作为家人的你们会有什么影响？你们对彼此的感觉如何？

向孩子解释，如果你只能用哄的方式去让他做他不想做的事情，会给你带来什么感受，以及这件事情会如何给你们制造压力和紧张。问问他，如果你不得不一直告诉他、要求他、命令他做事，他会有什么感受。告诉孩子，如果他能认真对待你要他做的事（而且这是为了他好），你们俩的感受都会更好。注意，只有你的要求是合理的，不是为了过度的控制，而且你对孩子行为的态度通常是灵活的（比如，孩子不觉得你管他总是为了满足你的需要或愿望），这种方法才会有用。

3. 不遵守规则，会给你的孩子带来什么后果？

回到上学迟到的例子上。问问孩子，如果他上学迟到会发生什么？他会有什么感受？向孩子解释，这是他在做的选择，如果他选择迟到，他就需要准备好接受和忍受这样做的后果。

关于行为管理、管教与行为后果的说明

如果孩子年龄太小，不能理解这些事情，请你耐心和坚持。你可能暂时需要用哄和控制的方法来让孩子出门上学，等待他的成熟和成长。你甚至可能需要运用一些正强化技术，如贴纸图。然而，一旦孩子长大到能够理解不听话的后果，你可能就要给他一些严厉的爱了。要关爱孩子，但也要允许孩子面对违反规则的后果。例如，如果孩子拒绝听话，不愿按时离家，而你已经尝试了各种正强化技术，但无济于事，那你就只能向孩子解释，你只有两种选择了：一是强迫孩子听你的话，这是你不想做的，因为这样做会让人感觉不到爱和尊重；二是让孩子自己发现迟到的后果。告诉他，这是他的责任，因为他选择不听话，选择晚出门，所以他必须准备好承担这个选择的后果。尽量不要用威胁的语气——这不是为了惩罚孩子。你必须既慈爱，又坚定。你必须做好准备，坚持到底。你知道孩子（和你）可能受到评判，也可能受到某种程度的惩罚，你要能忍受这种不适感。

有时候，如果他不断重复你试图纠正的行为，而你已经用过了上面所说的慈爱的方法，那你就可能需要和他说好，下次这种情况再发生时会有什么后果。比如，剥夺他喜欢的东西，或者他认为是特权的东西。我并不提倡严格使用这种方法，但我的确明白这种方法有时对年幼的孩子很有用。而且，有确凿的证据表明，由于我们天生的消极偏见（negativity bias），惩罚（如失去某物）比奖励（得到某物）更能促进学习。[18] 有时你可能需要拿走一些东西，才能帮助孩子内化新的行为准则。你和孩子一开始是相互信任的，但如果你们已经达成协议，而他食言超过了两次，你就有理由向他解释，每当发生这样的事情，你对他的信任就会减少，要是没有足够的信任，你就不能给他做某些事情的自由，或者不能让他拥有某些特权。你可以谈谈他需要做些什么来弥补这种情况，并全力给予他支持。

如果你选择这种做法，请尽量让后果与情境相匹配。所以，如果你的孩子没有善待另一个孩子，你可能应该告诉孩子，你需要相信他能在他人身边控制自己的行为。因为这件事，原本计划在本周晚些时候玩耍的活动就只能被取消了。你也可以拿走一些他们重视和喜欢的东西，因为他们必须明白，在生活中，我们通常必须努力赢得我们的特权，做出糟糕的选择是有后果的。最好确保惩罚是合理的，对孩子是公平的。如果可能的话，应提前说清，让他们知道自己的行为可能有什么后果。

施加惩罚或决定行为后果时，要找到一个平衡点

惩罚绝不能让孩子觉得是对爱、认可和善意的收回——也不应该引起强烈的焦虑或压力。你不需要靠吓唬他来赢得尊重，当然你也不需要向他妥协。如果孩子哭泣不止，可能就说明你太过分了，你可能需要采用缓和一些的方法。然而，如果孩子叛逆、好斗，不能和你用眼神交流，可能也说明你太过火了——可能是语气，可能是说话的内容，或者两者兼有。你可以用友好的语气，但依然保持坚定和权威，重要的是你要一致地坚持约定的行为结果。要成功地做到这一点，你就必须在给孩子施加惩罚的时候容忍他的情绪。我经常对孩子说，当他想要的东西被剥夺的时候，我明白他的感受，我也很抱歉事情会发展到这个地步。我会解释说，我不喜欢这样做，但这事关信任。要让我相信他会听话，他就需要证明自己能做到。

我知道你以前可能听从过这样的建议，但当孩子在第二天、一周后、一个月后又做出了被禁止的行为时，你会感到十分失望。并不是这些方法没用，这说明了你孩子的大脑还不成熟。

除非你的孩子的神经系统有些异常，或者有一些妨碍注意、冲动控制、共情或自我调节的基础疾病，只要你给予孩子足够的时间，坚持不懈，这些方法就能起作用，你的耐心和努力也会带来回报。如果你与孩子拥有联结和温情的坚实基础，这些管教策略就更有可能起作用，而不会给孩子的自我意识以及亲子关系带来副作用。

倡导右脑主导的开放性陪伴

科学先驱艾伦·舒尔（Allan Schore）[19, 20, 21]的杰出研究表明，右脑能够使用内隐的、无意识的方式理解和加工情绪，无须分析言语或对话。这种内隐情绪系统是在童年早期发展起来的。舒尔[22]说："如果婴儿两岁前得到情感调谐的回应，受到足够的关爱、爱抚、刺激和尊重，右脑这个负责关系、情绪、社会性和躯体的半球就能更好地调节左脑的个人主义动机。"在这种被爱的过程中，亲子双方是自发的、互惠的、同步的。这个过程为人类其他的重要能力和积极状态（如创造力、好奇心、快乐和兴奋）奠定了基础，影响了你的孩子如何看待生命的本质与价值。

在唐纳德·温尼科特（Donald Winnicott）[23]的研究基础上，舒尔进一步解释道，我们可以认为母爱具有两种表现形式：安静的爱和兴奋的爱。这两种爱都能塑造孩子的神经回路，帮助孩子调节各种情绪激活和兴奋状态——从保持安静、专注或静止到情绪高度唤起。安静的爱出现在母婴之间无言地相互关注的时候，其特征是缓慢、深刻的亲密感。这是一种完全开放，甚至是脆弱的状态。哺乳、搂抱、摇晃婴儿、抚摸、注视对方、微笑地看着对方的眼睛——这些都是安静的爱的表现形式。此时婴儿和母亲感觉好像是一体的，母婴的大脑和身体达成了生理上的同步。兴奋的爱是一种更活跃的状态，此时母亲和孩子在同时关注某件事物，母婴的互动有一种充满活力和乐趣的感觉。母亲和孩子都对彼此表现出了主动的关注，从彼此的互动中得到了共同的乐趣。这两种形式的爱都会让孩子感觉到被认可——我是被爱着的，我被看见了，我是快乐和愉悦的源泉，我是完整的，我是活着的。

这种爱和联结的感受，是右脑主导的身体体验，不是左脑的理智反应。眼神交流和语速就是这种体验中的两个例子。如果我们主要通过左脑与人互动，我们就倾向于在对方说话时看向他们的嘴或其他地方；而我们说起话来只有一个目标，那就是纠正他人，表达观点或意见，改变他人的想法，或者只是为了把话说出来，好让我们继续思考其他事情。可能会有眼神交流，但这种交流是流于表面的，好像只是在看对方的眼睛，而不是在感受对方眼神的内涵。如果在右半球的主导下，我们用平静、协调的状态交流，我们就会直视对方的眼睛，可能会感觉到他们的需求或感受，这个过程会更多地产生"我们"的感觉，而不是"我"的感觉。请注意，这个过程发生在直觉、感觉的层面上，而不在言语的层面上。换言之，要感受联结，你不必说出你的感觉。这个过程体现在我们的面部表情、身体动作和语调里——而不仅仅在于我们的言语。

通过右半球，我们会变得开放起来，真正倾听和注意对方想要表达的意思。更重要的是，我们会了解他们对于自己想要传达的信息有什么感受，即使这些信息不符合我们的计划、期望和需求。我们开口说话时，语速可能更慢，语调可能更柔和，表现出更多的语调变化，并常常会有一种与对方同步的明显感受。我们内心深处不会有任何努力或抵触的感觉。在这样的时候，你会放慢速度；孩子既不是你的障碍，也不是因为在某些方面没有遵从你的期望而让你失望的人，甚至也不是扰乱你脑海中没完没了的"待办事项"的人。当你看着孩子的时候，你可能会注意到他眼睛里的光芒，他脸上的表情。在全身心地关注这些东西的时候，你就可能拥有被这些东西所触动的能力。被这些事物所触动，你的心口会产生一种温暖、关怀的身体感觉。因为你没有期待，对任何可能出现的情况都保持开放的态度，所以你很放松、平静、乐于接纳，这种状态会鼓励孩子产生一种相应的平静感。有效、有影响力的教养就建立在这种感觉的基础之上。这样会使孩子愿意听你的话。

放慢脚步，才能真正建立联结

良好的教养需要左右脑的结合，创造一种开放、平衡的状态。我们的目标是将高度的温情与权威相结合，但要以温情和共情为主导。花些时间想一想，你有多少次好好地看着孩子，与孩子说话，而没有在脑中想着其他的事情，没有催促、分析、纠正，也没有只听自己想听的话？要从右半球与孩子建立联结，你需要创造空间和时间，让你们看见彼此，产生共鸣，而不需要让自己感觉到有压力或有必要去控制任何事物。当我们的心灵平静而从容的时候,这种状态就会强烈地显现出来。

当你处于这种状态时,你就会知道,因为你那时会有一种心无旁骛的感觉;你的心率和呼吸会多变而放松;当你开口说话时,你会直视孩子的眼睛,而且语气会比忙碌时、心事重重时更加温柔。这会让你感到舒适、放松。你会发现,你可能会自然而然地把你听到的话用用心的方式反映出来,而不是为了表现共情而用机械式的技术来重复孩子说的话。真正联结的体感,不会因为我们说正确的话、做正确的事而产生,也不会在我们压力重重、忙碌或者与自己身体脱节的情况下产生。

我在想,我们现在是不是都太忙了,以至于无法暂停、平静下来,让这种以右脑为基础的联结自然出现?让人难以理解的是,只有当你不去强求的时候,这种联结才会出现。有时(也许我还做得不够),我会坐在沙发上,故意放下我需要做的事情和脑中的想法(注意,这需要一些练习)。我只是坐在那里,看着孩子们,让自己的脸放松下来,让紧张感消失。在那时,我会让自己忘记水槽旁的脏盘子,忘记在热热闹闹的晚餐时掉在地上的食物,忘记孩子第二天上学需要的东西,忘记收件箱里那些还没回复的客户邮件。我只是坐在那里,从容而安静,让自己享受简单的"存在"。这种状态的奇妙之处在于,孩子就像磁铁一样地被我吸引过来,这自然让我更愿意做这样的事情。他们会凑过来拥抱我,然后放松下来。他们会开始讲述白天发生的事情。我觉得他们似乎吸收了我的开放和平静感,因为他们需要这种感觉。有趣的是,如果我坐在沙发上,看似在陪伴他们，但我的身体很紧张、大脑很忙碌，他们就不会来找我——他们能感觉出什么时候是合适的。

我们当中的一些人在早年没体验过情感调谐，也没有得到过关怀的教养。对于这些人来说，可能很难在孩子身边放松下来，用这种方式建立联结。我写本书的主要目的，是帮助父母从"防御和压力"模式（甚至是"追求成就与愉悦"模式）转变为"平静与联结"模式，后者取决于右半球主导的大脑-身体联结，我会在接下来的几章里详细说明。在本书中，我很少会告诉你该做什么，而是会告诉你该**是什么样子**。因为，只要你能注意并安抚你心理和身体的内在状态，教养就会成为直觉，变得更容易。在这个基础之上，才能使用管理行为的教养工具与技术。

在接下来的几章里，我会向你展示我们的大脑如何影响我们的情绪调节，进而影响孩子在我们身边的感受。这会影响他们诚实对待和尊重规则的意愿，也会影响他们是否听我们的话。但在这个过程中，我们必须把联结放在首位，不是因为联结能带来我们想要的其他结果，而是因为它本身就有价值。

练习：与右半球建立联结，放慢速度（8分钟）

为了理解你的大脑，弄清它对你为人父母的作用，请花一些时间让自己的心平静下来，与自己的右脑建立联结。这件事对有些人来说可能更难，但只要坚持不懈，经常练习，你就会注意并感受到这个练习的好处。把闹钟设为 8 分钟。

1. 在一个安静的地方坐下来,深深地吸气,感受肋骨和上背部的扩张。呼气,释放上半身的紧张感。重复数次。
2. 现在,尽量让吸气和呼气轻柔而放松。尽量延长呼气,让呼气的时间比吸气的更长。
3. 想象你在每一次呼气时都在向大脑和身体注入友善和温柔的气息。
4. 在吸气时,将全部的注意力集中在前额两边眉毛上方的空间。
5. 在呼吸时,把注意力集中在右眼上方的脑区,尽可能向后,一直延伸到脊髓上方的大脑右侧区域,想象把气息送到那个区域。让呼气放慢,并且在呼气时试着感受自己的身体和大脑。
6. 几分钟后,试着在吸气和呼气之间数到 2 或 3。
7. 在呼气时,让脸舒缓下来,尤其是眼睛和嘴巴周围的小肌肉。让脸放松。
8. 现在呼气至整个大脑和头部,包括你的脸,然后试着慢下来,感受平静的感觉。如果你对孩子的某些行为感到沮丧或困惑,就试着在脑海中想着孩子的脸,然后问自己这个问题:"要解决这个问题,合理而平衡的方法是什么?"你可能找不到答案,但可以试着倾听直觉、挖掘智慧。通过练习,我们都能展现这种智慧。

9. 注意你在这项练习中的感觉。你能让自己身心平静下来、放慢速度吗？你是否发现自己被激怒了，或者试图抗拒？你是否感到了放松和平静？
10. 试着每天都做这个练习。只要有助于正念、与大脑和身体建立不评判的联结，任何其他练习都会有帮助。

反思

- 在接下来的几天里，花点儿时间注意一下你与孩子说话的语速，尤其是在你责备他们、有心事或者忙碌的时候。
- 注意你是否和孩子有眼神交流，尤其是在你陷入烦恼或沮丧等负面情绪的时候。你责备孩子的时候，是否会看着孩子的眼睛，注意他的感受？
- 什么时候你对孩子最不讲理，最挑剔？
- 注意你直接或间接地评判、批评孩子，给他贴标签的频率。
- 当你表现出接纳和好奇，而不评判孩子的时候，注意会发生什么。

本章重点

- 左半球侧重于"控制"和评判,而右半球会开启"存在"的状态,它侧重于感受、联结与接纳。用心的联结主要来自平静和开放的状态。在这种状态下,我们会接纳发生的事情,不加评判或努力。学会以平衡的方式关注周围的世界是很重要的。

- 一旦我们内化某种对于孩子以及他们"应该"怎么做的看法,我们就会变得爱评判,开始进行社会比较,一旦孩子不符合这些期望,我们就会批评他们。这样会促成证实偏见(看到我们希望看到的东西)。

- 我们常常把孩子做的几件事归结为人格特质,或者作为对未来的预测,这可能会影响他们对自己的看法。如果孩子感觉被评判、被误解,他们就会心怀愤怒、怨恨,感觉与我们失去了联结。这会让他们不太愿意听我们的话,也不再愿意取悦我们,这样一来,教养就会变成一场艰苦的斗争。

- 我们施加在孩子身上的多数社会规则都建立在一种基本的原则之上:为身边的他人着想,以便与他人和谐共处。但如果刻板地强迫孩子服从,我们就不再为孩子着想了,因为我们忘记了他们是会犯错的人,他们的大脑还不成熟。我们需要帮助他们理解这些规则存在的根本原因,以及为什么违背规则会带来后果。要从他人感受的角度,来帮助孩子理解行为的后果。要让孩子明白,他们在选择做或不做某事,而这些选择有着他们必须承担的后果。

- 有时候,尤其是对年幼的孩子,我们可能会用贴纸图等正强化策略,但不要依赖这些方法。

- 如果一定要惩罚孩子,不要孤立你的孩子(让他自己待着),也不要用让孩子感到过度羞耻的方式惩罚他。如果你决定通过剥夺孩子的某些东西作为惩罚,尽量让惩罚与情境相符,确保孩子理解你不是在伤害他的感受,或是在以某种方式报复他违反了规则。要向孩子解释,你必须相信他能够遵守规则、尊重边界,你才会允许他享有某些特权。

- 孩子最需要从父母那里得到的是以右脑为主导的开放、温暖、接纳和共情,辅以左脑主导的权威、规则、期望和实际的问题解决方法。与孩子建立联结以后,你就会自然而然地采用合理的、平衡的方法管教孩子。

第5章

建立亲子联结之前先理解情绪

如果我们能有效地调节情绪，那么在孩子处于情绪失调状态时，我们就能用我们自己的大脑帮助孩子共同调节情绪。直到长大一些后，孩子才能发展出复杂的情绪自我调节能力。即使在十几岁的时候，他们也很容易被情绪压垮。

在前几章里,我讲述了促进人与人建立联结(尤其是让亲子紧密相连的深刻而同步的联结)的三种关键状态。这三种状态就是开放的陪伴、情绪调节和情绪安全感。我简要地介绍了大脑的分层演化,以及它的左右两个半球,每个半球都会以不同的方式关注世界,而我们使用这两个半球的方式在变得越来越不平衡、令人担忧。

相互联结的教养源于大脑左右半球的整合:更多地侧重于右半球的开放陪伴、共情和接纳,再用左半球设立必要的规则、系统和边界——成人和儿童都需要这些东西来引导自己的行为。在本章中,我们要理解联结的第二个条件——情绪调节。我们将从基本的层面上探讨什么是情绪,什么是情绪调节,并在下一章深入探讨。

人与人之间的情绪能相互感染,你的情绪状态对孩子的情绪状态有着很大的影响,反之亦然。更重要的是,虽然你能平复自己的情绪,恢复内在的平衡感,但孩子的这种能力发展很慢,必须暂时依靠你来帮助他们调节情绪。这件事你做得多好,决定了他们成长中的大脑中自我调节回路的发展,为他们在自己的生活中如何处理情绪和关系奠定了基础。我希望，在看完接下来几章后，你会和我一样相信情绪调节对你的教养方式有着重大的影响，并了解为什么情绪调节对我们孩子的幸福如此重要。

你的教养方式是由你的大脑决定的

教养依赖于一些大脑的区域，这些脑区会影响我们对孩子的感受和反应，而这些反应会反过来影响孩子的心理与行为。休斯（Hughes）与贝林（Baylin）曾说过[24]："如果成年人能无条件地爱孩子，在与他们相处时感到快乐，密切地关注他们，深刻地理解他们，那么孩子的大脑就能在与大人互动的时候茁壮成长。简而言之，对于亲子关系和孩子的发展来说，没有什么比父母大脑的健康更重要了。"如果你关心孩子的心理和情绪健康，你就需要从自己做起，尤其是提高自己在"当下"注意和调节自身情绪、想法与行为的能力。

情绪调节是教养的一个重要部分，其原因很多，我将在本章加以概述。其中最重要的原因是，我们父母需要和孩子一起调节他们的情绪反应，直到他们能够自我调节为止。这就叫"共同调节"。我们共同调节的方式，塑造了孩子未来的大脑、心理和人际关系，因为我们人类的大脑就是被设计来塑造和适应我们反复接触的东西的。这种亲子的共同调节比看上去难得多，因为我们很多人都不善于有效地共同调节。很多时候，我们发现自己会受到早年经历的影响。那些经历让我们做出防御、控制、愤怒或焦虑的行为，而不能向孩子展现我们所希望的平衡、冷静、温暖的做法。

孩子会无意识地反映出我们内心对事物的情绪反应。有时，在特定情况下改变孩子情绪化行为最简单的办法，就是改变或更好地管理你自己在当时的感受。但我要强调的是，这个过程不会像许多育儿方法所强调的那样，发生在言语、行为的层面；你可以对孩子读、做、说那些正确的东西，但孩子只会注意到你身体和神经系统的内在状态，并对此做出回应，这就叫情绪感染。情绪感染是一种毫不费力的本能过程。当一群人或两个人的情绪因神经共鸣过程而同步时，就会产生情绪感染。当孩子观察到你脸上的某种表情，他们大脑中相似的神经元也会放电，进而产生相似的情绪。这是共情的基本机制之一。但我们也会通过其他机制来调节我们的内在状态，包括心率和呼吸，我会在后面介绍这些机制。

这种由右脑主导的直觉和内隐过程是很强大的，它发生在意识觉察之外。孩子对非言语的情绪信号非常敏感，成年人语调中看似微小的变化，或者我们自己可能都意识不到的面部表情变化，都可能影响孩子的压力水平。孩子能感觉到你的内在情绪状态，并做出回应，他们往往会用行为将你的情绪状态反映给你。为了更好地与孩子共同调节他们的反应，父母需要学习如何注意、解释和处理我们身体和神经系统内的感觉，因为这些感觉是我们交流的真正语言。虽然没有说出来，但这种语言很有力量。情绪在一个人的自我意识、人际关系和对事物的反应中起到了至关重要的作用，所以我们要从这里讲起。

什么是情绪

我们大多数人凭直觉都知道情绪是什么,但要为之下定义,可能难得出奇。该领域的一些专家对于如何给出最好的定义都达不成共识。**情绪是一个人生理状态的改变,以响应来自内外部环境的信息输入。这种改变会导致身体和大脑的一系列生物学变化,这些变化可能会让我们产生积极或消极的感受,并可能促使我们采取行动。**

情绪主要是身体和大脑状态的变化

情绪最初是你对大脑所发现的事物的一种反应。触发这种反应的东西可能是你周围环境中的某些事物,也可能是你内心产生的某些东西,比如想法。我们的许多情绪反应都是在我们没有意识到的情况下发生的。情绪通常包括心率、呼吸、肌肉张力、面部表情、眼神、语调、激素、神经递质、注意力和一般神经系统功能的变化。这些变化最初出现时,你通常无法控制,但你可能会注意到一些变化。例如,你感到愤怒时,就会心率加快,呼吸变浅,肌肉紧绷,眉毛内侧边缘朝鼻子下垂,嘴唇噘在一起。特定脑区的激活和某些神经递质的释放也会让大脑发生变化,使你进入"战斗"模式。

无论你是否注意到了,这些内在状态的变化不管多么微小,都可能让你想做某件事,哪怕只是充分注意或彻底忽略身边发生的事情。在这些内在状态的变化产生之后,你可以有意识地控制它们,但这取决于你的特定脑区之间是否发展出了适当的连接。这些脑区参与了情绪调节，我们会在下一章着重讲述这个主题。幸运的是，尽管这些神经回路在童年时期发展缓慢，但有很多方法能够培养更好的情绪调节能力，甚至在成年后也可以。

情绪体验包含三个关键元素

情绪体验包括身体感觉、感受和认知。身体感觉是指你身体和大脑内的生理变化，包括心率、呼吸、肌肉张力和多种化学物质的变化。那些化学物质的分泌会让你产生各种体验，例如胃里的刺痛和翻腾的感觉。一旦情绪开始产生，一系列生理变化开始出现，大脑和心理就会感知、反映并解释这些变化，神经科学家安东尼奥·达马西奥（Antonio Damasio）将这个过程称为"感受"。因此，感受是一种个人化、有意识的情绪心理体验。[25]恐惧、焦虑、兴奋、羞耻、恼怒、恐惧、敬畏、喜悦、失望、厌恶等都是感受的例子。

情绪通常伴有某种形式的次级认知加工，它以各种情境的图像、想法、解释、标签或者评估的形式出现。这种认知加工可能很迅速，不在我们的觉察范围以内。这些画面和想法，与情绪对我们的意义、我们自身和世界有关，来自信念或态度等心理习惯。这些心理习惯是由同样的情绪体验在过去如何发展的记忆所决定的。请记住，我们的想法和解释不一定建立在事实或证据的基础之上，而是由我们独特的个人因素决定的。以孩子为例，他们会体验到身体感觉，但可能在长大一些后才知道那是什么感受。在两岁以前，孩子不太可能会有伴随着情绪的想法，但随着年龄的增长，他们会开始有那些想法。

例如，你在排队的时候，如果有人插队到你前面，而你时间很紧，你的情绪体验三要素就可能会是：

身体感觉——肩膀和下面部紧绷，嘴唇噘起，心跳和呼吸稍微加快。

感受——恼火和担忧。

认知——"这不公平。有些人就是不懂规矩！我这下肯定得迟到了。"

有关他人糟糕行为的想法会让你感到恼怒，有关迟到的想法会让你感到担忧。

下面的例子讲述了孩子会如何体验羞耻的情绪。如果一个孩子突然受到批评，或者遭到粗鲁的对待，他就可能感到羞耻。这会导致身体里的强烈不适感，尤其是在心脏和肠胃周围，还会导致心率突然下降。根据孩子的年龄不同，他可能知道也可能不知道自己感到了羞耻。

这些感觉会让孩子产生以下几种反应：他可能想转移视线，封闭内心，这样他就感觉不到发生在他身上的事情了（僵住），或者为了维护自己而发脾气或大声说话（战斗），或者哭着跑开（逃跑）。如果没有人帮助孩子处理这些困难的感觉和感受，孩子就可能给这种体验赋予消极意义。这种意义可能是一系列他自己听不见的想法，围绕着"我是个坏孩子""我不够好"或"我不可爱"的主题。整件事会存储到孩子的记忆系统里，成为图像、身体感觉、感受和想法的融合。这样一来,未来有关批评的事件,甚至是对于即将到来的批评的提醒,都可能会引发类似的反应。这些记忆成了"对事件的意识",而不是可以轻易叙述出来的具体记忆。随着时间的推移,这些记忆会逐渐形成一种挥之不去的自我意识,但不是通常我们能够轻易觉察和表述的那种意识,至少需要有费尽心思的自我反思的习惯才能做到这一点。

情绪能改变我们对事物的感知

情绪能够塑造和组织我们的体验,也就是说,能够改变我们的反应和回应方式。正是因为如此,情绪能够影响知觉、记忆、注意和其他多种认知功能。[26]换言之,我们的情绪反应能改变我们的注意方式、我们对事物的看法,进而改变我们对事物的反应。你的身体情绪状态会让你用不同的方式回应你的孩子。例如,如果你处于紧张焦虑的状态,像孩子问问题这样简单的事情,无论有多么单纯,都可能被你看作对你心理空间的侵犯,你可能发现自己做出了恼怒的反应。然而,如果你感到放松、满足,你就可能把孩子的提问看作好奇心的表现,并为他给出详细而生动的回答,对他的兴趣加以鼓励。

不同类型的情绪有其标志性生理模式和诱因

情绪分为许多种类,其基调有积极、消极之分,如悲伤、愤怒、厌恶、恐惧、惊讶和快乐,大家认为其中有些情绪是具有普遍性的。每种情绪都有独特的、标志性的面部和生理特征[27]，由特定的神经回路负责。各种情绪不仅有独特的生理模式组合，触发它们的先前事件（即诱因）也不相同。每种情绪都有一个宽泛的主题，能告诉我们可能导致这种情绪的诱因。某个情境越接近中心主题，就越有可能唤起与主题相对应的情绪。

比如说，愤怒主要与没有达成目标时的受挫有关。著名心理学家保罗·艾克曼（Paul Ekman）说，愤怒的主题是"有人在妨碍我们想做的事"。愤怒也可能是一种自我防御，即我们意识到自己受到了身体或心理上的攻击，因而怒火中烧。许多人对批评或感知到的排斥会产生相当强烈的防御反应，有时甚至连自己孩子的批评和排斥也不例外。如果孩子意识到我们对他们的批评或对待是不公平的，违背了他们对于照料和支持的期望，他们也会变得愤怒和叛逆。从根本上说，愤怒可能是一种防御反应，不仅是针对我们的目标受到干扰的防御反应，也是针对身体或情绪上的脆弱感的防御反应。如果孩子认为有人不让他们做想做的事，得到想要的东西，他们就会经常体验到强烈的沮丧或愤怒。这不意味着你的孩子"坏""淘气"或"失控"，而可能意味着孩子难以忍受失望的情绪，或无法达成自己目的时的沮丧。这表明他需要你的帮助，学习如何在这种情况下让自己平静下来。

各种情绪可能同时出现

虽然情绪有不同的诱因和模式，但它们并不总是单独出现。各种情绪可能同时产生，因此，要在所有这些强烈的感觉中保持冷静、理智就更为困难。例如，愤怒可能伴随恐惧甚至悲伤而产生。2011年，一项针对孩子在发脾气时发出的不同声音的研究表明，**愤怒**（尖叫和喊叫）与**悲伤**（哭泣、抱怨、发牢骚）会在发脾气的时候接连不断、一阵一阵地出现又消失，因此两种情绪各自的声音特征似乎是同时出现的。[28] 这个结论很有启发性，因为大家通常认为发脾气是愤怒的表现，但实际上，发脾气是和悲伤交织在一起的，有些父母可能不会注意到这一点，也不会对此做出回应。我们的内在感受、我们的外在表现以及他人为我们的情绪表达所赋予的意义之间往往是脱节的。作为父母，我们每个人都把自己的内心故事带到了教养过程中，常常根据我们自己的情绪状态、信念和对世界的期望来解释孩子的行为。虽然这种教养过程存在缺陷，但我们并不能轻易看出这一点。正是这种对孩子的感受"草率下结论"的做法，最常导致我们之间的联结破裂。

情绪不同于心境

情绪与心境不同。情绪往往是短暂的，但心境通常会持续很长一段时间。例如，你可能体验过一次恼火的情绪，但如果你在一段时间内反复体验这种情绪，那你就可能陷入了恼火的心境。情绪通常会持续几秒到几分钟，但某些情绪，比如悲伤，可能会在较长时间内一阵一阵地产生。心境可能会受饥饿、睡眠时长和质量、营养、负性生活事件及其他一系列因素影响。处于特定的心境可能触发特定的情绪。

我相信，父母都知道心境对我们的情绪反应会有什么影响。

我就知道，经常睡眠不足（哪怕只是少睡几个小时）会让我进入不耐烦、坐立不安的心境，损害我包容孩子的能力。对于孩子的行为，即便存在同样合理、更有爱心的解释，我也更有可能消极地解释他们的行为。不过，锻炼与冥想可以让我的情绪平静、稳定下来，让我感受到对孩子的开放、温暖和接纳，即便他们吵吵闹闹，或者做出我在其他情况下会称为"难以应对"的行为也依然如此。我当时的感受会改变我对他们行为的解释，进而改变我的反应。

情绪加工主要发生在右半球

到目前为止，我们已经明确了情绪是大脑和身体里的一系列生理变化。我们在大脑中感知并反映这些变化，从而产生感受。不要忘记，只有右半球与身体感觉有关，它在情绪加工中起到了主要作用。希尔（Hill）简洁地指出[29]："右脑在原始的、自动化的、无意识的情绪加工中占主导地位。左脑用文字进行次级的、有意识的加工。右脑则首先加工情感（情绪）信息。"这一点对于教养非常重要，因为我们的许多反应都受到了我们对亲子间的事件的内隐加工过程的影响。这些反应受到了我们自身童年经历的深刻影响，存储在右半球。

对于有些父母来说，他们之所以产生某些反应，可能是因为他们在教养时过度以左脑为主导。你可能还记得第3章曾讲到，左半球倾向于为事物赋予意义，它在多数情况下都是为自我服务的，其目的是将它接收到的信息与它已经知道或想要看到的东西相比较。例如，如果你有一种信念，即孩子或人们工于心计、很狡猾，你就可能把孩子难以管束的行为看作他们在试图打败你的信号，而不是一个不成熟的大脑在尽力用它所知的最好办法去处理事情的结果。这意味着你没有用开放的接纳心态对待发生的事情、观察孩子、对孩子共情，相反，你对于孩子为什么会有某种行为的想法做出了反应，并且可能感到了愤怒或沮丧。然而，如果你过于以右半球为主导，两个半球之间没有足够的整合，那你就可能对孩子产生过度的共情，也可能在孩子感到不舒服时，产生过多的焦虑和担忧。

在这一章和接下来的几章里，我们会深入探讨在生理水平上调节情绪的科学原理，然后会讲述想法、信念、解释和分析等认知成分。我们必须首先探讨右脑的内隐情绪加工，因为联结和安全的情感关系所需的直觉与共情，正是在这个过程中产生的。此外，由于右半球与身体和神经系统联系紧密，情绪调节的主要控制回路就位于右半球。重要的是，你无法通过阅读、思考或行动找到这种联结状态，这种状态源于开放的陪伴和情绪调节。你必须学会如何感受这种状态，在身体内部寻找它，因为，正如达马西奥所说，"情绪在身体的剧场里上演"。

情绪调节是什么

想象一下你正在观看一场管弦乐队的演出。乐队的成员被召集来演奏他们的乐器，却没有得到关于任何演奏内容的指导。指挥举起手，他们就开始演奏，刺耳的声音此起彼伏、毫无章法、相互压制，最后陷入混乱。指挥也毫无用武之地，因为他不知道每个人在演奏什么，也无法让他们和谐地演奏。

但是，请想一想管弦乐队在演奏同一首曲子时能发出来的声音：各种乐器演奏完全不同的音符，但能在音调和节奏上产生共鸣；由于乐手之间的同步，这样一首复杂的曲子也几乎变得简单起来了。产生情绪调节的反应需要大脑－心理－身体的情绪回路一起协同工作，就像管弦乐队里的乐手一样。反之，情绪失调则会带来纷杂与混乱。那么，究竟什么是情绪调节？这种复杂的调节过程是如何在人类身上发挥作用的？

你是如何调节情绪的

在面对困难或有挑战性的情况时，你是否对自己的应对能力怀有一定程度的信心？你是否容易感到不堪重负，要么不恰当地表达情绪，要么压抑情绪，希望它自行消失？你是否愿意感受全部的情绪，哪怕你怀有强烈或消极的情绪？你是否更喜欢用忙碌、玩乐、否认或其他方法来把情绪排除在意识之外，从而屏蔽情绪？你能否承认、容忍、反思自己和他人强烈、难以应对的情绪，如愤怒、悲伤、羞耻、失望和脆弱感，而不急于改变情绪或让情绪消失？

你可能不知道该如何回答这些问题，但你是否习惯性地压抑情绪，或是否允许情绪出现，可以从你经常体验到的情绪范围（既包括积极情绪，也包括消极情绪）中看出端倪。如果你能注意到自己被情绪所触动，但身体层面的感受（例如，看着孩子或伴侣的眼睛时心脏周围的暖意和扩张感，肠胃里翻腾的感觉，烦恼时胸腔和喉咙的紧缩感）不会让你乱了方寸，你就拥有了情绪调节的基础。上述问题的答案可能会让你意识到自己调节情绪的能力，但究竟什么是情绪调节？

情绪调节是指运用恰当的情绪，以你能应对和容忍的情绪强度，用符合情境需要的方式，建设性地、灵活地应对事件的能力。

情绪调节的阶段

有效的情绪调节包括不同的阶段和策略。我在这里列出了对教养而言最关键的要素。

1. 注意并接纳情绪。

这包括觉察我们身体和心灵中的情绪和感受，不加评判，也无意让情绪消失或立即采取行动。其重点在于不要用次级情绪对最初的情绪做出反应，例如对我们自己的感受产生焦虑情绪。这是与回避截然相反的状态。回避包括试图逃避、否认或压抑情绪。研究表明，这些做法都是无益的，在某些情况下还会放大消极情绪。

2. 安抚情绪。

这是指平复或控制我们内在情绪状态的生理感觉的能力。例如，减缓心率、缓解肌肉紧张，通常需要自我安抚和关怀。这个阶段可以和阶段 1 一同发生。

3. 反思情绪。

这需要挑战产生或维持无益情绪的歪曲思维模式（如自我批评、灾难化思维以及没有事实根据或逻辑基础的概括化思维模式）。这也包括解决问题，处理可能导致非建设性情绪的原因。我会在后面的章节里介绍有助于促进健康反思的策略。

4. 采取行动，处理情绪。

这样做可以避免分心。你可以向他人寻求帮助和安慰、大方地与那些导致我们情绪的人分享自己的感受、制订计划以按时完成任务、向某人道歉，并采用任何其他调节情绪的方法。请注意，分心可能是有益的，但前提是接纳和注意你的感受，而不是试图回避。

我们处理自身情绪反应的能力，取决于我们负责健康情绪调节的大脑回路的发展。我们现在知道，大部分回路的形成深受我们三岁前的经历的影响，取决于我们母子互动的类型和质量（请注意，我之所以用"母"这个词，是因为母亲通常是早期阶段与婴儿互动最多的人）。我们大多数人在如何调节情绪方面有一个大体一致的模式，尤其是在我们的人际关系中。但需要注意的是，这种模式可能会受到困难生活事件及暂时状态（如疲劳和压力）的影响。

无论是对于父母还是孩子来说，有效的情绪调节对于我们的关系、成就、逆商和幸福都是至关重要的，这一点我再怎么强调都不为过。在探讨为什么平衡的情绪调节对教养很重要之前，我们有必要花些时间来理解它是什么。在你阅读接下来的几章时，如果你发现你对自己的情绪调节能力产生了消极的反应，请尽量对自己乃至父母保持关怀。心理学家保罗·吉尔伯特（Paul Gilbert）花了几十年时间研究关怀的科学，我发现，记住他提出的充满关怀的名言很有帮助。他说，我们都在竭尽所能地运用我们此时拥有的大脑，我们的大脑是由早年经历所塑造的，我们别无选择；而这些经历对我们父母的影响，就像对我们的影响一样巨大。

也要记住，由于神经可塑性，我们能够在一定程度上改变和重塑我们和孩子的这些神经回路。老实说，由于童年早期的创伤，我的自我调节能力就相对不太稳定，但我已经能够做到平静、温暖和平衡的教养。当然不是所有时候都能做到，但通常都能做到。所以，请不要因为你接下来读到的内容产生内疚、焦虑、自我批评或否认等情绪，而要试着接纳神经科学和亲子依恋领域广泛研究得出的事实。如果你觉得这对你和孩子而言都是最好的，那就下定决心做出改变。

练习：开始培养情绪调节技能（8分钟）

这项练习能帮助你培养注意并安抚自身情绪的技能。请在开始之前通读这项练习，这样你就知道自己需要做什么了。你可能会觉得有些指导语看起来很奇怪，但请保持开放的心态，尽量跟着做。这些练习的基础，是我在本书中向你们介绍的科学知识，以及该领域内备受尊敬的科学家和实践工作者所提出的技术。我的大部分呼吸练习都会要求你在吸气时专注于前额后面的空间。我这么说的意思是，尽量把你全部的注意力放在那个空间上。请用鼻子呼吸。

首先找一个安静的地方，这样你就不太容易分心或受到打扰。把闹钟定为8分钟。保持身体直立，用舒服的姿势坐下，双臂和双腿最好不要交叉。你可以闭上眼睛，这样你就能真正专注于自己的身体。在呼吸时，花一些时间感受自我和内在的感觉，无论那种感觉是什么。

1. 放松：深吸一口气，将空气吸入额头中部后面的空间，然后呼气，将气息送入身体。呼气时，让自己的身体舒缓、放松。在吸气时，允许腹部和上背部随着呼吸扩张，然后用任何让你舒服的方式把气深深地呼出来。尽量不要紧绷身体，因为那样就太用力了。重复5次以上。

2. 感受：现在继续向上吸气至你的额头中间，但要把气息呼出到你的心脏和它周围的空间。把你全部的注意力放在心脏周围的空间，以及那里的感觉上。试着不带任何评判地去注意心脏周围的感觉。重复3~5分钟或更长时间。

3. 注意：将注意力延伸到你的腹部和肠胃区域，注意你是感觉放松还是紧张。将气息呼入整个上半身，感觉气息从你前额后部向下进入你的心脏和肠胃。

4. 让你的内在状态放松、放缓、平静下来。看看你能

> 否用呼吸来让身体舒缓、放松下来，从面部一直到肠胃。将气息呼入心脏和腹部，让呼吸放缓、延长，直到没有一丝残留气息为止。请尽量不要绷紧身体，这是一项非常轻柔的练习，目的是缓解肌肉紧张，并有意放缓呼吸。看看你能否允许感觉的出现，并保留其原本的样子，不要试图屏蔽任何感受，不要对任何事物做出反应，甚至也不要对发生的事情做评判、贴标签。记住，情绪就像起伏的波浪——让它们自然地过去。
> 5. 试着将善意和温暖呼入你心脏周围的区域，用这种感觉来安抚和抚慰你的内在状态。注意这种感觉，并根据你可能有的需要调整练习。

尽量定期做这项练习，因为你已经知道，神经可塑性使改变成为可能，而神经可塑性建立在重复的基础上。无论是这项练习，还是本书中的其他练习，你练得越多，它们就会变得越容易，你也会越来越享受，并从中获益。

本章重点

- 如果我们能有效地调节情绪，那么在孩子处于情绪失调状态时，我们就能用我们自己的大脑帮助孩子共同调节情绪。直到长大一些后，孩子才能发展出复杂的情绪自我调节能力。即使在十几岁的时候，他们也很容易被情绪压垮。

- 我们的神经系统有一种快速的、无意识的能力，可以读懂另一个人的内在情绪状态。情绪在人与人之间具有感染力，所以你的情绪状态会对孩子的情绪状态产生影响。孩子很擅长解读非言语信号，这些信号表明了照料者对他们的情绪反应的程度。

- 情绪是你内在生理状态的改变，以响应内外部刺激。这种刺激可能是你脑海中产生的想法，也可能是对他人面部表情或语调变化的无意识感觉。这些身体和大脑的变化能让你准备好对触发情绪的情境、人或事物做出反应。

- 情绪体验有三个组成部分：①身体感觉；②感受（大脑赋予感觉的解释和标签）；③认知（伴随感受的想法、图像和心理加工过程）。

- 情绪加工过程主要发生在大脑的右半球，关于体内生理变化的信息（心率、呼吸、肌肉张力）首先会在那里传递。

- 情绪调节是指你用恰当的情绪，以你能应对和容忍的情绪强度，用符合情境需要的方式，建设性地、灵活地应对事件的能力。

- 有效的情绪调节包括四个要素：①注意并接纳情绪的生理感觉；②安抚和安慰情绪；③管理或挑战有关情绪的想法；④采取建设性的行动。建立在否认、压抑和其他形式的主动回避基础上的情绪调节策略往往不太有帮助，在某些情况下会放大消极情绪。接纳情绪而不与之抗争，通常是培养情绪复原力的健康方式。

- 我们调节自身情绪的能力取决于我们负责有效调节的大脑－身体回路是否得到了发展。下定决心、定期练习，我们就可能改善我们调节情绪的方式。

第6章

情绪调节与情绪失调

情绪是人类基本和固有的一部分。无论情绪让你多么不舒服,它都不是可怕的东西,而是一种应当被倾听和回应的信息来源。情绪经常能告诉我们自己重视什么,需要什么,我们是谁,我们害怕什么。但请记住,识别情绪并表现出恰当的共情,与认同情绪的原因和后果是截然不同的。

健康的情绪调节包括真实地感知、容忍并安抚自己的情绪反应，而且安抚的方式还要对所处的境况有所帮助。首先，这是一个生理过程，你要能够面对自己的身体感觉，然后才能决定如何处理它们。当你有效调节某种情绪时，你能感到那种感觉在身体中出现，但不会被这些强烈的内在变化压垮。能够有效调节自身情绪的人相信自己能注意、管理自己的情绪，并做出恰当的反应。不仅如此，他们还能将自己内心的情绪和身边其他人的情绪分化开来，这是年幼的孩子很难做到的。他们能够识别和容忍多种情绪，而不会立即做出反应。最重要的是，他们能够请求他人帮助自己调节情绪（用恰当的方式），因为他们从早年的关系中得知，他们信任的人会尊重、认可和安抚他们的情绪。

如果我们能有效地调节情绪，我们的注意力、逆商和适应能力都会处于最佳状态。在这种状态下，正如丹尼尔·希尔所说，"我们头脑机敏，所有心理资源都能为我们所用。"[30] 做到这一点的关键就是，无论我们感觉多么不舒服，都要能够时刻留意自己的反应，活在当下，关注眼前的问题。这也是我们能在压力面前拥有信心和逆商的关键。这种类型的逆商与不切实际或过度乐观的想法（无论是对某种情况的，还是对自己的）所带来的积极态度不同。

如果我们不能有效地自我调节，我们的感受就会要么太多，要么太少。这主要是因为我们觉得情绪让人很不舒服，而我们不知道如何管理情绪，让我们回到内在的自然平衡状态。重要的是要记住，**我们害怕的往往不是触发情绪的情境，而是我们对情境产生的情绪反应可能带来的不适感**。我们害怕我们的情绪和随之而来的不适感，因为那些感受让我们觉得脆弱或"失控"。例如，焦虑会大大提高心率，可能会让人感到非常不安。许多人会对焦虑产生第二层焦虑。

健康的情绪调节需要对身体的觉察

情绪调节主要是由右脑介导的过程，其需要对身体的觉察。丹尼尔·西格尔将这种能力称为"内感受"(interoception)——觉察身体内部及不同身体部位的感觉的能力。我指的不只是疼痛、瘙痒等感觉，而是神经系统活动的变化，以及心脏和肠胃发出的微妙信号。器官、皮肤、肌肉、骨骼和身体的其他部位遍布着微小的感受器，它们会收集有关这些身体部位现状的信息，并将其传递给大脑。有些人比其他人更容易感知到这些感觉，而后者在极端情况下，可能对他们内在的感受一无所知。你能否做到这一点，取决于大脑某些部位的功能是否良好，其中包括脑岛——大脑的这个部分可以描绘出身体感觉的"地图"，识别感觉是从哪里来的。

要学习如何有效调节情绪,关注这四个领域是有帮助的。

- 你的心率在变快还是变慢。
- 你的呼吸变得深而慢还是浅而快。
- 身体各部位的肌肉张力,尤其是面部肌肉、心脏和胸口周围、脖子和肠胃的张力。
- 大脑-身体化学物质,比如让我们身体不同部位产生不同感觉的神经递质。

当你处在"容忍之窗"内时,才有相互联结的教养

要理解情绪调节如何发挥作用,借助"容忍之窗"模型(Window of Tolerance Model)[31,32]是一个很好的方法。

在一天里,我们所有人的神经系统激活水平都会自然波动,这取决于我们某个时候在做什么或者需要应对什么。我们可能是活跃的、精力充沛的,也可能是放松的、平静的。你的"容忍之窗"代表了你在不情绪失调的情况下能够忍受的生理(身体)激活范围。如果你在"容忍之窗"内,你就会处于一种**平静而清醒**的状态,你能体验各种不同强度的情绪,而不会被情绪压垮。你可能会体验到一些强烈的情绪状态,将你推向"容忍之窗"的边缘,但不会让你情绪失调。例如,孩子慢慢吞吞地系鞋带,而你已经要迟到了,那你就可能感到非常沮丧,但不会发脾气;你甚至可能感到很恼火,但不会纠结于此、大发脾气,或者高声训斥孩子。

处在某种情绪的"容忍之窗"内时，你能够运用你全部的心理能力，真实地"感受和处理"那种情绪。你是清醒的，活在当下，完全能够理解正在发生的事情；你不会频频走神，你的心率既不会太快也不会太慢。在这种状态下，多个与情绪调节有关的脑区能够以相互连接的方式合作，共享信息、相互交流，这样你就能灵活应对任何发生的事情。你能够分化自己和他人的情绪，保持客观的视角。你的头脑相对清醒，可以思考身边发生的事情，并且对新的信息和可能性保持开放的态度。尽管你可能不知道，但这种状态在很大程度上取决于你能否很好地调节心率和呼吸，因为当你的身体反应处于协调状态时，你的"理性"思维大脑就会保持活跃。

然而，不管你是否注意到了，当你被身体里的感觉和情绪反应，以及伴随着的心理活动（想法、解释、评判）压垮时，你都会离开"容忍之窗"。你会忘记自己的目的，变得心事重重，像在"自动驾驶"一样对事物做出反应，而不能灵活地、有意识地调整自己的反应，适应所处的情境。你要么对潜在的威胁变得高度警觉，要么变得有些恍惚和忧虑，就好像你没有完全活在当下，无法看清事物。你可能发现自己语速很快，没有真正看着对方的眼睛，也可能发现自己想要回避感受，避免处理引起感受的情况。你可能会执着于解决问题、纠正错误，或者改变引起这种情绪的人，好让自己回到内心舒适的状态。你也可能发现自己没有什么情绪，几乎是疏离而麻木的，想要与他人或事情保持距离，以获得安全和平静。

离开"容忍之窗"会触发哪些问题

如果你的生理激活水平（心率、呼吸、肌肉张力和化学物质等形式）的变化超出了你的应对能力，你就会脱离大脑、心理和身体协同工作的状态，失去最佳的注意力和逆商，进入情绪失调状态。此时，不同的神经回路不再相互配合，而你就像被困在盒子里一样。这会让你无法建设性地思考、做出反应，甚至学习。由于我们倾向于维持一定的生理平衡水平，进入情绪失调状态会让人感到不舒服，这对孩子而言通常很难承受，并可能会让他们产生一种冲动，要么以某种方式释放情绪（有时其方式并不是建设性的），要么压抑情绪。

从下图中（见图6-1）可以看出，一旦你离开了"容忍之窗"，你的神经系统激活水平就可能上升到**过度唤起（高）**或下降到**唤起不足（低）**。在过度唤起的状态下，你的生理反应会更加强烈，超出了当时情境下的有益范畴，换言之，你的身体感觉（如呼吸、心率和肌肉张力）会增加、放大，可能达到很不舒服的程度。从演化的角度来讲，这种激活水平的升高是具有适应性的，因为这样能让我们攻击或逃离掠食者。然而，现在许多让我们进入过度唤起状态的情境并不需要如此强烈的生理激活水平。

在另一种情况下，当我们屏蔽自己的情绪、变得麻木时，就会进入唤起不足的状态，就好像僵住了一样。在这种状态下，心率和呼吸会变慢，身体的感觉也会变得迟钝、麻木，让我们觉得无力去建设性地应对问题。请注意，这一切可能在几秒之内发生，我们当中的许多人在当时都意识不到。我们也可能在过度唤起（高）和唤起不足（低）之间来回转变，这取决于触发情境，以及我们对特定情绪和当时总体状态的容忍度。请注意，这个理论模型既适用于积极情绪，也适用于消极情绪。不过消极情绪通常会引起更强烈的身体反应，因此其更有可能引起情绪失调。

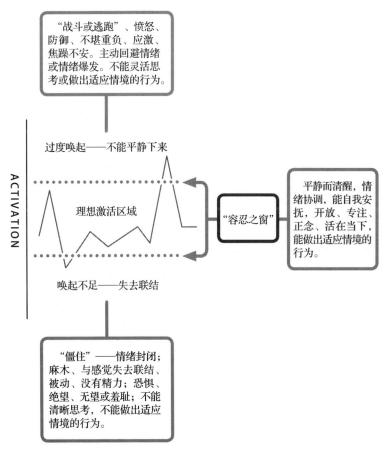

图 6-1 "容忍之窗"

注：改编自帕特·奥格登（Pat Ogden）、费希尔（Fisher）的著作《感觉运动疗法》(Sensorimotor Psychotherapy)。

过度唤起是什么样子

简单地说,过度唤起代表了情绪反应的升级,这种情况通常会导致我们想要采取某种行动来缓解不适。愤怒、惊恐、焦虑、焦躁、兴奋、期待、恐惧和尴尬都可能导致过度唤起状态。当诱因的威胁足够大的时候,你的"战斗或逃跑"反应就会占据主导地位,从而让你渴望通过口头或肢体反击来自卫,或者远离威胁。你可能很难放松下来,出现睡眠问题,感觉自己陷入了一种防御的、焦躁的状态。你可能对潜在的威胁变得更加敏感,其会导致过度警觉。有些人会通过采取行动来释放积累起来的情绪能量,如喋喋不休、大喊大叫、活动身体,等等。还有些人则通过远离他人、远离感知到的情绪反应诱因来缓解情绪。

在过度唤起的状态下,我们在释放情绪时,有时会利用身边的人作为我们情绪的"接受者"。我们可能会向他们卸下身上的负担,或者通过发泄或泄愤来摆脱我们身体内积累的不适感。但我们也可能做出与此相反的事情:远离他人,试图"控制"情绪,把情绪封闭起来。在这两种情况下,我们会进入一种"自动驾驶"模式,它让我们变得轻率、冲动,无法凭直觉知道我们对交流对象所产生的影响。

作为父母,过度唤起状态通常会表现为愤怒地喊叫,严厉地训斥孩子,甚至要求他们"走开"——我相信我们每个人都会在某时感受到,要防止这种反应升级为让我们后悔的事情是多么困难!如果发生了困难的事情,你会暂时离开"容忍之窗",

而孩子会意识到这一点并开始无意识地反映你的情绪反应（除非他已经学会屏蔽那些难以应对的情绪）。孩子的心理安全感会急剧下降，他会开始感到焦虑、害怕、不舒服。如果你的情绪反应不是太强烈，你只是稍稍走出了"容忍之窗"，那孩子在你身边可能只会体验到少许的不适。但如果你的情绪反应升级，孩子就会觉察到这一点，跳出自己的"容忍之窗"，发泄他自己的情绪，或者封闭内心，从而保护自己免受你的情绪对他的影响。

如果你有健康的调节回路，你就能在大部分时间里待在"容忍之窗"内；如果你离开了"容忍之窗"，但能在合理的时间内回来，那你就能很快平静下来，孩子就会感受到情绪上的安全和宽慰。如果你接下来能与孩子建立联结，用温情来解决问题，那这件事情就不太可能留下持久的影响。然而，如果你爆发了一阵强烈而无法控制的情绪，却不能进行反思、尽快冷静下来，或者通过修复联结、谈论这件事来与孩子解决问题，那这件事就会留存在孩子的内隐（非言语）记忆系统里。这种情况如果反复出现，就会在孩子的意识层面之下产生一种感觉，即情绪是可怕的体验，而他不相信别人能帮助他管理情绪。

唤起不足让人难以建立联结

唤起不足是指心率和生理激活水平的下降以及情绪反应的麻木，这会导致停滞、崩溃或封闭内心的感觉。如果我们感觉无力防止或阻止某些情况下的深深的不适感，就会出现这样的情况。这可能是由一种无望感所导致的。在无法控制或缓解的过度唤起持续一段时间之后，这种无望感就会出现。在极端的情况下，唤起不足还会导致"僵住"的反应，让我们的心率降得很低，我们可能会晕倒或呕吐，根本不会有什么感觉，就像"假死"一样。

这是我们和爬行动物都有的一种求生机制，其适应性价值在于，我们通过减缓生理过程，大大降低了代谢需求与能量消耗。然而，如前所述，这种自我保护形式在当今时代并不总是有用的，不过在有些情况下却有些益处，比如我们遭受了攻击但无力反击或逃离威胁的时候。在极端的情况下，这种唤起不足的状态就是心理学家所说的"解离"，其表现为"逃离"联结、情绪、我们自己的身体和身体感觉。无聊、悲伤和羞耻都是与轻度、中度唤起不足有关的情绪。忧郁、无望和想自杀的感受可能是比较极端的唤起不足。

我们当中那些容易唤起不足的人，没有学会如何安抚不舒服的感觉和情绪，所以彻底封闭内心并否认情绪成了一个安全得多的策略。经历过创伤的人，或者那些情绪没有得到理解、没有得到细心关爱的人，可能会有习惯性的唤起不足倾向。经常受到羞辱、批评或忽视的孩子，尤其是在情绪方面受到这样的对待后，可能会逐渐发展出封闭内心、与身体感觉解离的倾向。因为他们没学会安抚自己的情绪，所以逐渐变得害怕情绪。

在唤起不足的状态下，你可能会发觉你与自己或孩子的感受脱节或者失去联结，你可能会眼神呆滞、毫无表情，你觉得内心有些麻木，难以对他人"感同身受"。你可能难以真正关心其他事物，感到冷漠或无精打采（请注意，我这里说的是暂时的状态，而不是特质）。你甚至会感到疲惫、精力不足、反应迟钝。

在教养过程中，唤起不足或解离可能表现为缺乏眼神接触、不能理解孩子的情感需求和情绪反应，或者对此不感兴趣，在他们身边也不能感到快乐和愉悦，或者对他们只会感到疏离、有隔阂。在较为轻微的情况下，唤起不足可能表现为缺乏温暖和情感联系，比如父母一方患有抑郁症的情况。更极端的例子是父母的忽视，我说的忽视是指不但无法满足孩子的生理需求，例如提供食物、送他们上学，也不关心孩子的内在情感生活。

我们都有习惯性的情绪调节模式

我们中的一些人具有很大的"容忍之窗"，这使得我们能够容忍更强烈的情绪状态，而不会情绪失调。还有一些人，比如孩子，他们的"容忍之窗"可能很小，即使是某些轻中度的情绪状态也会让他们失控。情绪调节的模式中有一种自然的先后顺序。在通常情况下，我们会逐渐向过度唤起（高、"战斗或逃跑"）发展，如果那种状态让我们无法忍受，或者没能消除我们的不适，我们就可能转而向唤起不足（低、"僵住"）发展。你离开"容忍之窗"的速度取决于你情绪调节回路的强度。你感受到的情绪、面临的情境，以及你当时的情绪失控的难易程度，都可能随着你的整体状态而变化，例如你的压力或疲劳程度。在某些情况下，大家会习惯性地采用某种策略，是因为他们在童年时学会了这种策略，他们的大脑回路也形成了相应的连接。

我曾与许多客户一起合作过，他们倾向于压抑情绪，假装"一切都好"。但如果诱因没能得到解决或消除（由于他们经常不知道自己的情绪状态，不知道如何安抚自己，也不知道如何求助），他们的情绪就会彻底爆发，连自己都感到意外。这是因为他们不能识别和容忍自己的情绪反应，采取了压抑或否认的方法。从长期来看，这种策略并不奏效，因为当我们感到有压力或者产生其他情绪时，身体释放的化学物质并不会消失。这些化学物质会在不知不觉间不断累积，所以情绪爆发的临界点就会逐渐降低。有些人在过度唤起的状态下能觉察到自己的情绪，但他们既无法独立缓解自己的痛苦，也无法向他人求助。日益增长的徒劳感会让他们变得情感疏离、封闭，不再与人联结。这时，他们可能会感到抑郁或绝望，进入一种长期唤起不足的状态。

健康情绪调节的特点

以下是一些关于有效情绪调节的线索。

- 你体验到的情绪与你所处的情境是相符的。
- 你能够注意并容忍强烈的情绪，而不会陷入过度唤起或唤起不足的状态，除非你面临严重的威胁。在那种情况下，进入"战斗、逃跑或僵住"的状态是完全正常的。
- 当你离开"容忍之窗"时（这种事时有发生，是很正常的），你能很快地、相对容易地恢复正常。安慰和安抚情绪的能力在此时能派上用场。不过，在没有威胁的唤起不足状态下（例如无聊），你有时需要的是恢复精力，而不是安抚。
- 你可以在事情发生时或片刻之后思考和反思自己的情绪。
- 你可以寻求帮助或支持,以适当、合理的方式处理困难的情绪。

回避与补偿:无益的应对策略

如果强烈的情绪让我们感到不舒服,我们通常会发展出不健康的应对策略来帮助自己,其中有些策略就包括进入回避或补偿的状态。你可能会发现自己在回避某种情境,你知道这些情境会触发难以忍受的情绪;如果你已经努力避免,但那种情绪还是出现了,你就可能(在无意识中)让自己对那种情绪的身体感觉变得麻木。这两种情况都是回避的形式。

除此之外,你也可能发现自己在为某种你不愿承认的情绪做出补偿:也许是通过左脑主导的控制机制,如刻板的例行事务、锻炼或其他活动安排。这些活动要么能增强你的自尊感,要么能让你避免感受不舒服的情绪。许多严重酗酒的人可能是在设法调节自己的情绪,有时是试图在习惯性的情绪压抑状态下找到活着的感觉,也可能是想通过纵情享乐来麻木自己的情绪(遗憾的是,这并没有用)。有些父母可能会在无意中利用自己的孩子,来帮助自己远离某种关于自身的情绪。例如,他们可能会从孩子的经历中获得替代性的满足感,以掩盖他们对于自己过去或未来无法取得足够成就的恐惧;他们也可能过于依恋孩子,以此来防御他们对于排斥和抛弃的恐惧。用严格的规矩来养育孩子通常是一种补偿的形式，因为这些父母需要用控制的方法来避免不可预测性，他们觉得不可预测性会破坏稳定，是一种威胁。

你的情绪调节能力会影响你的孩子

健康的情绪调节需要对身体的觉知，这种觉知是借助强大、连接良好的大脑 - 身体回路（尤其是在右半球的）而形成的。情绪调节还需要思考和反思自身情绪和心理状态的能力，这种能力是由大脑的前额叶中部皮质实现的，这个区域就位于我们的额头后面。当我们离开"容忍之窗"时，我们就会失去心理和情绪的灵活性，倒退回混乱或刻板的反应中，而这种反应与我们所处特定环境的独特要求不相符。这是一种暂时的状态，在与他人互动的过程中可能经常出现。对于一些人来说，这种状态可能很快就过去了，但对于另一些人来说，这可能会持续一段时间。

在唤起过度或不足这两种状态下，你的共情和问题解决能力都会失常，你会变得心事重重、盲目莽撞、以自我为中心或者情感疏离。这两种情况都会改变我们在"当下"的状态，也会改变我们与人交往的方式。正是在这样的状态下，当我们处在情绪的"自动驾驶"模式里时，我们的孩子会变得很脆弱。他们之所以如此，是因为我们执着于自身的内部状态，无法注意他们的情绪，他们无法让自己回到平静和平衡的内在状态；是因为当我们处于情绪失调状态时，就无法给予他们太多的共情，所以我们倾向于用消极的眼光看待孩子的行为，不能为他们的行为找出更合理、充满关怀的解释。这会导致孩子和父母之间关系的破裂。

你的情绪有感染力，孩子也能感觉到

我们会在没有意识到的情况下反映出对方的情绪。我们的大脑和身体天生会检测彼此内部状态的变化，并通过面部表情的细微变化及语调和肌肉张力的变化，与彼此达成同步。因此，情绪就具有了感染力。当你内心感觉紧张时，你的面部和身体肌肉会反映出这种情绪，语调也会有细微的变化，孩子会通过右脑对右脑的交流感觉到这一点，但不会意识到这一切。当孩子感觉到你的情绪状态时，他会做出反应。因此，他的心率和肌肉紧张程度会随着你的上升或下降。无论你在孩子身边是否放松，孩子都会以内隐的方式感知到这一点。这就是内隐沟通的运作方式：发生在几毫秒之内，并且与口头言语无关。

身体言语比口头言语系统更快、更有力量，后者在人类演化过程中出现的时间较晚。这种情绪感染（或情绪同步）发生得很快，以至于你无法有意识地觉察或管理它。不过，你可能会意识到，你和孩子之间的情绪基调会在其发生之后产生变化。如果孩子在与你的互动中经常情绪失调，他们就会形成一种稳定的情绪调节模式，这种模式的目的就是帮助他们在与你的互动中感觉更安全。这种模式可能包括对你封闭自己的内心，或者黏着你不放，放大自己的情绪反应，以试图寻求安慰。最让人难以忍受的是，在你情绪失调最严重的时候，他们会把你的情绪反映给你看，让你更难以回到"容忍之窗"。这时，你就好像在逆流而上一样。

孩子对我们的反应，是我们自身内在状态的写照

如果你陷入情绪失调的模式（你通常不会注意到，等你注意到时，你通常已经做得很过火了），孩子的行为会把这种状态反映给你。这种事是难免的，每当我发现孩子变得喜欢争论、挑剔、发牢骚，或者有些难以相处的时候，我如果仔细审视一下自己，就会发现我的日程安排里有些事情变得越发紧迫，让我忧心忡忡，不太关注孩子。也可能是我最近睡眠不足，或者想给自己安排过多的事情。有时起因只是一件事，有时是因为我接下来几周要做的好几件事累积在一起。我可能根本没有意识到这些事情会让我感觉有压力，而且我似乎应付得很好，但我的身体暴露了一些心灵试图隐藏的信息，正是这种隐藏的语言在对孩子讲话。

这些信息会通过一些小事表现出来，比如我的语调和语速，我是否用"自动驾驶"的方式回应他们的话，以及我是否会直视他们的眼睛、放慢速度，全身心地与他们交流。这种信息还会通过更具破坏性的方式表现出来，比如我会变得对他们的言行十分挑剔、意见很多。这些信息还会改变我对孩子行为的看法，影响我对他们的行为给出善意的或消极的解释。我可能不会说这样的话，但这种差别就像是从"你有时会犯错，但没关系"变成了"你怎么回事？为什么养你就这么难？为什么你就不能改一改？别给我添麻烦，到一边儿去，给我点儿空间……"。他们会注意到这种充满压力和怨气的言外之意，无论

多么难以觉察，这都会让他们感到有隔阂、防御、羞耻或悲伤。每当这种情况发生时，我就需要注意放松，营造大脑、心灵和身体的整合状态。孩子们需要我的这种状态，才能在我身边感到快乐和安全。我知道，当我处在最佳状态时，教养就会变得更快乐、更轻松。此时孩子也会变得更友善、更温柔、更顺从、更愿意让我开心。

孩子需要学习如何管理情绪，以培养健康的自我意识

无论表面上如何，那些倾向于压抑情绪的人（无论是在过度唤起状态下忽视自身情绪，还是在唤起不足状态下陷入解离）都没有健康的自我意识，因为他们无法感受或处理自己的情绪，所以不能在深刻的、直觉的层面上真正了解自我。他们可能会依赖左脑的言语和分析功能来加工情绪信息，你可能还记得，这种方法是有弊端的，因为左半球与身体和周围的世界缺乏真正的体感联系。

如果不能感受、识别和认可情绪，我们就会开始依赖外部因素来建立自尊或认识自我。我们只能通过我们的行为、思考（而非自己的感受）来感知自我。我们常常不知道自己真正重视什么，什么让我们真正感到快乐，或者我们需要用什么来滋养自我，怎样才能过上平衡的生活。那些倾向于压抑情绪或唤起不足的人无法识别自己的感受，不知道感受的意义，所以他们只能在没有内在指南针的情况下踏上生活之旅。可怕的是，他们经常不知道自己缺少什么。情绪建构了我们的自我意识，所以学习识别和处理孩子的情绪是非常重要的。

年幼的孩子如何调节情绪

孩子并非天生就能有效调节自身的情绪,因为负责调节情绪的大脑回路往往在几岁之后才能发展起来。非常年幼的孩子对自己的情绪只有很小的"容忍之窗",只能以最基本的方式对情绪做出反应,比如吮吸手指、转移视线,或者通过哭喊来表示他们需要照料者来安抚他们的痛苦。孩子也难以将自己与他人的情绪分化开来,他们一开始并不知道自己的感受与周围人的感受有什么区别。这使得他人的情绪更容易引发孩子的情绪反应。他们很容易被情绪压垮,他们的本能反应是在遇到事情的时候,立刻通过过度唤起来释放情绪,除非这件事对他们的威胁太大,以至于引发了唤起不足的"僵住"状态。类似羞耻或脆弱这样的情绪尤其难以处理,任何被排斥的感觉也是如此。我们从脑成像研究中得知,感到被排斥真的能激活大脑的疼痛中枢。难怪无法安抚这些难以应对的感觉的孩子,会通过压抑自我或发泄情绪来保护自己。

当孩子情绪失调,进入过度唤起状态时,他们会比成年人更加缺乏抑制和自我控制能力,所以谩骂、尖叫、扔东西或因愤怒而哭喊,都表明了他们在没有情绪调节的大脑回路的情况下,试图处理自己的情绪。即使他们的情绪是积极的,比如在兴奋的情况下,有些孩子也会难以忍受这种强烈的情绪,他们可能会迅速进入"战斗或逃跑"模式。

当孩子进入中高度的唤起不足(低)状态时,他们看上去就像僵住了一样,对你说的话毫无反应,面无表情,目光呆滞。

年幼的孩子通常难以忍受无聊等唤起不足的状态，尤其是在他们不能四处走动、无事可做的时候。在这种情况下，成功的教养包括关注他们，为他们提供刺激，让他们回到"容忍之窗"内。你并不需要立刻这样做，但如果他们由于缺乏刺激而陷入严重的情绪失调，与孩子情感调谐的父母通常会自动地与孩子互动。

重要的是要记住，孩子并不想让你烦恼、恼火或尴尬（重点真的不在于你），也不想变得难以管教或表现不好。他们通常是在用他们唯一所知的方式来处理自己的情绪。这就是为什么在他们有各种情绪时（以及他们触发你的情绪时），你保持调节情绪的能力对于教养关系如此重要。尽管成功调节孩子情绪的过程可能是无形的，但这种能力是他们心理安全感的关键所在。

如果父母不能很好地调节情绪，有些孩子可能会封闭自己的内心。还有些孩子会学到，要让自己的感受被注意到，就要夸张地发泄出来；他们必须不择手段地吸引关注，并希望通过这一番折腾，父母能了解他们的感受，帮助他们缓解痛苦。关键是，不管孩子选择哪种做法，他们都会被内心的情绪状态压垮，而不能安慰自己，回到"容忍之窗"，他们会陷入过度唤起或唤起不足。随着时间的推移，这会成为他们管理情绪的习惯性策略。

我们为什么需要停止使用语言

大脑的两个半球在情绪调节模式的发展中起到了关键的作

用。具有言语和系统分析倾向的左半球，通常会在两岁的时候开始发展[33]，但在此之前，孩子会依赖右脑的非言语情绪加工能力。这一点很重要，因为我们总想鼓励孩子"用语言"来表达情绪。但是我们现在知道了关于右半球在情绪加工中的重要性的研究，我认为，哄着孩子放弃情绪的身体体验，通过语言表达来过早地与身体体验脱节，是完全没有道理的。我们之所以这样做，是因为这会让我们更容易理解并处理他们的感受，因为我们是以左半球为主导的。在下一节中，我会讲述如何让孩子充分感受自己的情绪，而不是草率地设法分散他们的注意，甚至是帮助他们解决问题、寻找办法。

即使对于左半球功能更发达的成年人来说，左半球的理性言语分析也只能帮助我们调节轻度到中度的情绪状态。无论我们左半球的功能有多强大，只要我们在强烈的情绪下离开"容忍之窗"，占据主导地位的就是右半球，因此我们必须理解如何用非言语的方式处理情绪，让这个过程以自然的方式进行。为了扭转这种让孩子冷静、理性分析情绪，独立自我管理的趋势，我们首先需要允许孩子在身体层面上感受和容忍情绪。作为情绪管理的第二阶段，用语言把事情说出来，是很有用、也很重要的，但只有当情绪强度降低，孩子在生理上得到安抚之后才有作用。这样孩子才能学会容忍情绪的身体感觉，感受到与自身的真正联结。

这个过程可以在不说话的情况下完美地进行。这个过程需要安静、空间和平静、放松的身体状态。我们其实不需要立即用语言、分析、安慰或其他任何方式来回应孩子的情绪爆发。

如果你处于以右脑为媒介的开放联结模式，这个过程就会自然发生。此时，这个过程会缓慢地进行，孩子会逐渐学会在你开始安抚他的情绪，或消除情绪的来源之前，忍受短时间的不适。你的孩子需要体验不适，而你必须促进这个过程，并管理自身的反应。在我养育第一个孩子的早期，我总是急于把事情说出来、加以处理，我很后悔。我给了他太多的共情，有些过了头，我总是急急忙忙地去安抚他，让他来不及学习忍受最轻微的挫折。由于我对他有着高度共情和联结（但分化不够），所以我经常能预见哪些事物会让他感到痛苦，甚至不允许消极情绪的发生。

情绪调节在实际情况中是如何起作用的

这里有一个简单的例子说明了孩子和成年人之间的情绪调节。就在上周，我遇到一个四岁的男孩坐在学校的走廊里默默哭泣，不愿意和妈妈一起上车。妈妈自然是想哄孩子上车，用上了所有她能想到的安慰的话。她看上去很平静，但眼睛里充满了心事——她心里在想别的事，她有事要做，但孩子碍手碍脚。他的姐姐越发不耐烦。毫无疑问，他们的妈妈知道整件事很快就会变得更加糟糕。小男孩和妈妈没有眼神交流，也不想和妈妈说话。他铁了心要坐在那里，像石头一样一动不动。我走过他身边时，停下来看了看他，我注意到他看起来很疏远，但也很凄惨——他显然已经离开了自己的"容忍之窗"，需要有人帮助他来调节情绪。他母亲解释说，他一到夏天就会非常想念学校,所以不想离校。

我停下脚步,蹲在他身边,看着他的眼睛,轻轻地说:"你很伤心,因为你真的很喜欢上学,而且你会想念学校,对不对?"我感到自己对这个孩子怀有一股温暖和善意,这种温暖和善意让我的语气也变得柔软了。他慢慢地抬起头看着我,点了点头。他妈妈高兴地大声说:"没关系,因为你很快就会回来的!"这位母亲很努力地想在儿子面前表现得积极、轻松愉快,但这与孩子的感受并不相符,他并没有回应。我用更柔和的语气平静地说:"你真的不想离开,因为你在这儿度过了特别美好的时光。"他看着我的眼睛说:"是的。"

我能看出,这个孩子已经停止了哭泣,更能够待在当下了。此时他回到了"容忍之窗"内,并且能够注意我说的话。我用轻快的语气说:"接下来的几个月一晃就过去了,然后你就又可以在学校里待上整整一年了。"他一句话也没说,就从椅子上跳下来,拉着妈妈的手走了。在短短几分钟内,他就从情绪失调状态回到了协调状态。真正帮助他做到这一点的,不是我说的话,而是我的脸和语调。与一个情绪处于协调状态的人待在一起,感受到被理解的感觉,让他的内在状态出现了这样的转变。当然,因为他不是我的孩子,他哭泣、耽误离校或者别人的眼光也不会让我分心,所以我更容易感到与他的联结。我们与自己的孩子也能够做到这一点,虽然不是所有时候都能,但只要做得足够多,能让孩子逐渐发展出健康的情绪调节技能就好。

如何有效地与孩子共同调节情绪

情绪是人类基本和固有的一部分。无论情绪让你多么不舒服，它都不是可怕的东西，而是一种应当被倾听和回应的信息来源。情绪经常能告诉我们自己重视什么，需要什么，我们是谁，我们害怕什么。但请记住，识别情绪并表现出恰当的共情，与认同情绪的原因和后果是截然不同的。情绪绝不会是错的或坏的，但我们表达情绪的方式可能对当前情境是有益或无益的。孩子需要明白，充分感受喜怒哀乐是没有错的，但他们不能随心所欲地表达情绪，丝毫不考虑对别人的影响。教孩子开放地感受情绪，坦率又恰当地表达情绪，能让他们培养出真实的自我意识，认识到自己的需求、愿望、体验、价值观是合理的，有时也是值得与他人分享的。

你可以影响孩子如何学习体验和表达情绪。你有两种施加影响的途径：其一是你在神经系统中的感受，可以让孩子从你的肢体语言中感受到；其二是你的言行。我们常常轻视或贬低孩子的情绪，因为我们会根据成年人的标准来做判断。我们有时会急于消除他们的感受，因为我们当时没有耐心去建设性地处理他们的情绪。也许是由于我们自己不太了解情绪，孩子的情绪让我们产生了不愉快的感受，因此我们也感觉不舒服。无论原因是什么，对孩子的感受给予共情回应的能力常常并不是自然形成的。当你的孩子处在消极情绪中的时候，要记住以下几点建议。要记住有注意与接纳、安抚和反思三个阶段。

注意、接纳和安抚

首先,让孩子和你一起用安全的方式感受他的情绪,同时用你自己的协调状态来安抚和安慰孩子,让他回到"容忍之窗"。要让这种方法生效,你就需要情绪协调——平静、放松、活在当下、专注、开放。记住,这是一个生物学上的状态,所以请进行几次缓慢的呼吸,专注于延长呼气,让面部和心脏周围的区域放松下来。

- 不要下意识地急于谈论情绪、安慰孩子,更不要通过分散他们的注意来消除他们的情绪(除非情况的确需要)。分散注意的策略可能包括给孩子平板电脑、食物或提供其他形式的娱乐,以转变他们的情绪状态。如果情绪很轻微,分心的技巧(如转移注意或幽默)可能会有帮助,但如果这种做法鼓励孩子过快地逃避自己的情绪,则没有益处。
- 不要试图通过轻视或漠视情绪的方式来控制或扭曲孩子的情绪体验。"拜托,没那么糟""你知道你其实没事"或者"你已经有过这样的经历,你没事"这样的话都是在轻视他们的感受。我们也常常漠视孩子的感受,比如说"别傻了,你反应过度了",或者用贬低的语气说"你有什么可不高兴的?这没什么!"或者"回你房间去冷静一下"。
- 提醒自己,一个人对事物有情绪反应是再自然不过的事情,虽然你可能拥有理性的头脑,可以改变和控制自己的情绪,但孩子的情绪"关闭按钮"还很不完善,他一定会感到很难受。他需要你的帮助和善意,而不需要你的评判。

- 更重要的是，如果孩子的情绪似乎失控了，你不需要做出强烈反应或者担心，因为情绪可以通过安抚、共情和一点点理性思考来平复。如果非常年幼的孩子（如学步期的幼儿）表现出极端的情绪，有时他们只需要让情绪自然过去。不过你可能需要更加努力才能避免被孩子的脾气所惹恼！
- 先把注意力放在自己身上，记住你是孩子调节情绪的"代理大脑"。如果他们没有发展出相应的大脑回路，就无法有效地自我调节。你与孩子的共同调节，有助于这些回路的生长和增强。
- 慢慢地进行几次深呼吸，放松肌肉和面部，试着待在当下。如果你感到焦躁或担忧，就延长并放松呼气，使其缓慢而柔和。这样能让心率平缓下来，让你回到"容忍之窗"。试着在心脏周围产生一种对孩子的温柔、温暖的感觉。
- 用眼神交流，花一些时间让孩子在你身边感受他自己的情绪，不要去隐藏、改变或控制他的感受。
- 如果感觉合适，可以试着温柔地抚摸、拥抱孩子，和孩子偎依在一起，或者只是放松而友善地待在孩子身边，从而安抚他。如果你真的心境平和、满怀关爱，你的声音柔和、温柔，孩子就会自然地被你吸引。请试着向孩子传达一种无言的感觉，让他知道感到难过是正常的，这不会把他或者你压垮，你会在这里帮助他、安慰他。所有这些都是在非言语层面上完成的。在这个阶段可以轻声说话，但通常没有必要。

反思

在理想情况下，一旦孩子回到了他的"容忍之窗"，你也给了他感受情绪、得到安抚的时间，你就可以开始教孩子认识并建设性地处理情绪了。有时，如果安抚阶段很顺利，就不需要口头表达、纠正或教导任何东西。不过帮助孩子学会给情绪贴上标签、换个角度看问题，有可能让他们平静下来，有助于情绪调节。

- 如果孩子开始平静下来了，你可能就要问一些问题，来了解导致情绪反应的原因。尽量保持开放的心态。无论你认为自己多了解孩子，你都会把自己的偏见和先入之见带到这个过程里，所以请试着放慢脚步，从孩子的角度来看待问题。你可能会听到一些让你想要批评孩子或者产生情绪的事情，但在这个阶段尽量不要表达自己的观点。

- 试着重述孩子的感受和他说的话，给予他共情。尽量真正"看到"和"听到"其中隐含的信息，向孩子表明你能从他的角度理解问题。在可能的情况下，你可以给这种情绪贴上标签，这样孩子就能逐渐拥有一套情绪词汇表。例如，你可以轻快地说："你在耐心等待，朋友却不愿意把球给你，你一定感到很恼火。"如果你处于平静、协调的状态下，声音温柔而放松，这种方法最为有效。如果孩子的情绪状态让你非常难受，而你的声音把这种难受表现出来了，孩子就不会平静下来，也不会很好地敞开心扉。

- 等孩子稍稍平静下来，感觉得到了倾听之后，你就可以处理这种情绪引起的行为和表达方式等问题了。要做这件事，有一种不会威胁孩子的方法，那就是问问题。这样你的孩子就能自己想到行为的后果了。比如"当你对朋友大喊大叫、推推搡搡的时候，你觉得他有什么感觉？""你觉得这样做能让他愿意听你说话、把球给你吗？还是说这样会让他生气？""你还可以怎么做？""为什么你觉得等上几分钟，等到轮到你的时候那么困难？"
- 请注意，你说话的语气会决定孩子是将你的提问视为敌意的、评判的，还是好奇的、中性的。如果你过于关注孩子的回答是否"正确"，那就不要提问了。
- 向孩子解释，我们对彼此说话的方式能改变我们在那一刻对彼此的感觉。当人们不生气或不难过的时候，通常能更好地倾听。如果问题解决过程变得激烈或情绪化，也要鼓励孩子寻求帮助。这可能包括向你或其他可靠的成年人求助，这些成年人可以替孩子进行干预。

无论你是否决定进一步尝试这些技巧，我都想最后强调一次，用心的联结是第一位的。如果打下了这种牢固的基础，我在本章和前面几章中与你讨论过的大多数标准做法都会非常自然地流动起来。随着时间的推移，再加上定期的练习和努力，我们都可以做到足够好的程度。不要忘记，就像所有事情一样，平衡对于教养来说是至关重要的。失去平衡，我们就会陷入僵化的状态，很容易突然进入威胁与防御状态。请始终牢记，我们的目标是"足够好"，而不是完美的教养。

你会知道何时教养是足够好的,因为你能感觉到。孩子的心态会逐渐开放,更愿意听你的话;家庭生活也会更加平静,不过不会一直是轻松愉快的。一旦你和孩子之间有了真正的联结,即使只是在一段时间之内,你的孩子也能容忍更大的关系裂痕。如果孩子在情绪上感到安全,相信你能很好地调节你和他的情绪,你们就会开始觉得彼此是伙伴而不是对手,最后会以一种真正互惠的方式喜爱和滋养彼此。

培养和锻炼情绪调节技能的练习:
学会安慰和安抚不舒服的情绪

请把上一章的练习做几遍之后再做这项练习。和我大多数的呼吸练习一样,我会让你把气息吸入额头后面的空间。我的意思是,把全部的专注力和注意力都尽量放在那个空间上。当我说"向心脏或腹部呼气"时,你要把全部的注意力放在那里,用呼吸来舒缓、安抚、放松那个区域。

首先找一个安静的地方,这样你就不太可能分心或受到打扰。保持身体直立,用舒服的姿势坐下,双臂和双腿最好不要交叉。你可以闭上双眼,这样就可以真正专注于身体内部。在吸气和呼气时,花一些时间来感受自身和内在的感觉,无论那种感觉是什么。

1. **回忆**:回想一个在教养过程中让你产生消极情绪的情境——在1~10分的范围内(10分是让你感觉最糟

糟的情况），尽量选择一件 6 或 7 分的事件。

2. **体验**：现在，让你在这件事中的情绪自然出现，一开始不要试图做任何事情——只要依次注意情绪的四个指标。

- 心率：上升还是下降？
- 呼吸：你注意到呼吸有什么变化？
- 肌肉张力：留意心脏、胸部、肠胃、脸部和喉咙周围的肌肉。你注意到了什么？有没有紧绷、收缩、沉重或轻松的地方？
- 化学物质或感觉：你感觉到了什么？哪里有感觉？

对于一些人来说，做到这些可能很难，但一定要坚持。不要让身体紧绷、紧张，也不要评判和分析这种情绪，更不要逃避到自己的思维里，让情绪停留片刻。记住，这只是身体与你交流的语言，不会压垮你，因为你知道如何通过控制呼吸来缓解这种感觉。尽量不要对这种感受做出反应。

3. **安抚与安慰**：你已经忍受了这种情绪一段时间，现在开始用呼吸来安慰和安抚自己吧。请相信你可以通过呼吸来降低心率，缓解肌肉的紧张。深吸一口气，将气息吸到额头中部后面的空间，然后呼气，将气息呼到身体里。让身体随着呼气放松。在吸气时，允许腹部和上背部随着呼吸扩张，然后用你觉得舒服的任何方式深呼吸。尽量不要绷紧身体，因为那样就太用力了。重复这个步骤五次以上。

4. **感受你的心脏**：现在继续向上吸气至额头中间，但呼气至心脏及其周围区域。把你全部的注意力放在心脏周围的区域和那里的感觉上。用呼吸来舒缓和放松那个区域。想象你呼出的气息是对身体的善意和关怀，将这种温柔的感觉送到胸口周围所有紧张的肌肉里。放慢呼气，让呼气的时间比吸气的更长。用腹部重复这个步骤。

5. **注意你放松的时候有什么变化**：把注意力集中在最需要安抚和安慰的身体部位。放松你的脸和脸上所有细小的肌肉。试着稍稍向上扬起嘴角，好像准备露出温柔的微笑。呼气至整个上半身，感觉你的呼吸几乎是从前额后面的空间向下来到了你的心脏和肠胃。注意任何出现的变化。

6. **启动你的心灵**：一旦这种情绪在身体里的感觉减弱了，就试着在呼气时默默地对自己说一些能让你感觉平静的话。你可以说"没事了，我能应付得来""我可以换个角度来看这件事"或者任何可以帮助你重新审视这件事、让你感觉更能控制自己反应的话。

7. **重复这项练习**：再重复一遍这项练习，直到你在回想这个触发情境时能感到相对平静为止。运用与孩子有关的触发情境进行练习对你有帮助，反复的练习会减少你在与孩子相处的真实生活中的激烈反应。

反思：是什么塑造了你的情绪调节类型

我们情绪调节模式的根源，在于我们的人际关系，以及我们与生活中的人建立联结的方式。你能发觉你父母在和你相处时使用的情绪调节策略吗？你知道他们在你小时候是如何理解你的情绪需求的吗？他们能够意识到你的感受吗？对于你的痛苦或不适，他们是否会过快地做出反应，或者给予过多的共情，并试图保护你（甚至过度保护）？还是说，他们会漠视情绪，鼓励你也这样漠视自己的情绪，从而试图让你变得坚强起来？也许他们对于谈论个人和情绪方面的事情感到很不自在，根本不谈论感受，只关注你做的事情，而不关注你的感受。也许父母没有意识到你的感受，但由于你已经具备了压抑情绪的习惯性倾向，认为那样很正常，所以认为上面所说的那些都是心理学的胡言乱语。无论你怎么想，我都希望你能和我一起在接下来的两章里了解自己作为父亲或母亲的"关系类型"，因为这两章讲的是"依恋"，以及我们在与他人（尤其是我们的孩子）的关系中所具有的标志性风格。

本章重点

- 健康的情绪调节包括注意、接纳、安抚、容忍自己的情绪反应,以及用适合当前情境的方式管理这种情绪反应。要成功做到这一点,你就需要能够忍受内在的感受,而不会感觉不堪重负,或者想要消除这些感受。

- 你的"容忍之窗"代表了你在情绪不失调的情况下能够忍受的情绪强度范围。

- 如果你离开了"容忍之窗",你要么是过度唤起(高),要么是唤起不足(低)。

- 对于父母而言,过度唤起可能表现为喊叫、焦躁、愤怒、焦虑、极度担忧、哭泣或想要远离孩子。在教养过程中,唤起不足会表现为对孩子的亲密、联结与兴趣程度都很低,并想要减少情绪表达。

- 孩子需要充分感受他们的情绪,才能发展出健康、完整的自我意识,因为要真实地了解自己需要先熟悉自己身体和情绪的语言。

- 孩子容易过度唤起,因为他们的自我调节回路没有发育完全,需要依靠我们来调节他们的内在状态。

- 在处理孩子的情绪问题时,请记住情绪调节的三个阶段——

注意与接纳、安抚、反思。在试图谈论问题和事情之前,要先让孩子感受他的情绪状态,并与他共同调节情绪。

- 如果孩子正处于"战斗或逃跑"的极端状态,或者正在发脾气,你可能只需要给他一些时间平静下来。与他待在一起,调节你自己的情绪反应是很重要的,这样你才能待在"容忍之窗"内。如果你能让心率放缓,产生一种关怀、温暖、平静的内在状态,孩子就能感觉到,他的生理状态也会开始与你同步。

- 一旦孩子平静下来,能够与你进行眼神交流,能够回应你的话,你就可以选择把事情讲清楚,帮助他理解发生了什么,为什么会发生这件事,以及他还有哪些不同的处理方式。

- 记住,情绪没有对错之分;我们应该关注因情绪而采取的行为对当前的情况是否有益。

第7章

依恋：情绪调节的重要性

年幼的孩子常常受情绪支配，没有真正的"关闭按钮"来帮助他们缓解不舒服的身体反应，这些身体反应会导致应激激素和其他化学物质在他们体内分泌。他们唯一的"关闭按钮"就是你。

你的情绪调节能力影响了对孩子情绪调节能力的培养。其中有很多原因，我会在这里概述。作为人类，我们已经演化了几十万年[一]。从生物学上讲，我们拥有了爱的能力，能够回应我们的婴儿，以滋养他们的身体、大脑和心灵。但正如我们所知，现代生活的各个方面，包括我们日益以左脑为主导的生活方式，都在干扰我们演化而来的、亲子间的自然而本能的过程。在这一章里，我会概述情绪调节为什么能通过一个叫作"依恋"的过程来塑造我们，以及这个过程是如何塑造我们的。依恋对于我们如何看待自己、如何在未来处理亲密关系都有着重大的影响。在下一章中，我会概述依恋的不同类型，以及这些类型在日常亲子互动中的样子。首先，我们来探讨一下依恋、情绪调节、教养关系，以及孩子的自我意识之间的联系。

依恋是我们建立关系的媒介

人类婴儿的大脑和身体在他们出生时很不成熟，因此他们十分脆弱，要极度依赖照料者才能生存下来。简单地说，如果

[一] 从早期智人开始计算。——译者注

照料者不关心婴儿的需求，与婴儿的互动也不足以触动他们，他们就可能忽视对婴儿的照料，从而导致婴儿死亡。这并非婴儿有意识知道的事情，但根植于他们的基因中，他们天生具有一个内置的感知系统。这个感知系统不仅会监测照料者是否在他们身边，还会监测照料者能否理解并回应他们的需求。

婴儿想要靠近我们的原因多种多样

靠近照料者对婴儿十分重要，以至于与主要照料者的分离会给他们的身体带来生理上的压力。婴儿会通过大哭来释放这种压力，哭泣的用途就是让照料者放下所有事情，去把婴儿抱起来。我们都知道，有时这种哭泣让人十分头疼，但与婴儿面临的、完全依赖另一个人（这个人还有可能不注意、不关心他的需求）才能生存的压力相比，这只是一个小小的不适。在过去的日子里，婴儿在早期教养中靠近父母是自然而然的，因为我们还没有那些将他们与我们隔离开来的设备。我们用吊兜把婴儿带在身上，因为我们别无选择；那时我们挤在一起睡觉，还不太关心空间、控制、独立与舒适；我们走路时靠得很近，依偎在一起取暖、寻求安慰……所有这些靠近的行为都增加了我们注意并了解孩子需求的可能性。

孩子需要靠近照料者和情感调谐，才能获得身体和情绪上的安全感，因为在出生时，他们的大脑中没有负责自我调节的部分。在难过的时候，他们自己不能有意识地让心率、呼吸、应激激素和肌肉张力回到平衡或舒适的状态。他们要靠你为他们做这些事。他们的需求和你对这些需求的反应，都是通过情绪表达出来的。因此，你的婴儿从出生起就能够注意你的情绪状态，并与你的情绪同步。

这种相互的情感关系建立和稳固的过程就叫依恋。多年来，研究者发现，我们可能都有一种依恋类型，它建立在我们与主要照料者的关系特征之上。请注意，孩子可能对父母双方表现出不同的依恋模式，父母对每个孩子可能也会如此。依恋不是一种特质，而是一种关系模式。这种关系模式可能在不同的人之间有着不同的表现，这取决于每段关系中各人的人格、气质、品格、不安全感及情绪诱因。有些人的依恋类型可能相当明显，可以在多种关系中被观察到。对于另一些人来说，他们的依恋类型可能不那么清晰。此外，依恋模式也可能会随着时间的推移而改变，所以这些并不意味着事情是一成不变的。但是反思你自己的模式，以及这种模式对于你与孩子相处的意义，仍然是很有启发性的。

依恋就是情绪互动

依恋是一种人类的基本驱力。婴儿在生理上就具有这种驱力。正是通过人与人之间情绪状态的互动调节，依恋过程才能表现出来，关系才能得以建立。[34] 依恋实际上是指主要照料者与孩子之间的**情绪互动**，也就是"情绪的匹配"。经过这样的过程，照料者和孩子的生物学系统就能达成同步，例如心率、神经系统活动、应激化学物质和面部表情的同步。当同步发生时，如果照料者处于"容忍之窗"内的协调状态，婴儿就会感到安全而舒适。因为情绪失调会让人感到不适，有效的共同调节带来的情绪安全感对孩子来说是极为宝贵的。这不是你必须"做"到的事情,而是一种由平衡的右半球所带来的共情和情绪开放性自然产生的状态。这也是一个大自然"精心设计"的过程,因此我们大多数人天生就能产生一些激素(如催产素)和其他化学物质,让我们与婴儿、与伴侣建立情感联结的过程变得既愉快又有意义。

请记住,这种情绪互动不会每时每刻都存在,那是不可能的,也会让人筋疲力尽。但它会在联结与失去联结的不断循环中出现。如果亲子间在整体上存在一定程度的真诚联结,亲子关系也主要是温暖的、一致的、开放的,这样的关系就能暂时经受住失去联结的严峻考验。如果亲子间失去了联结,可能是因为我们心事重重,不注意孩子的状态,也可能是因为我们无法在那一刻调节自己。不管怎样,我们都必须意识到这一点,并通过尽快建立联结来修复关系。当我们有一系列要做的事情、感到有压力或充满疲惫、经历抑郁或任何导致情绪调节回路不平衡的事情时,做到这一点是非常困难的。

为什么孩子需要父母的共同调节

那些让我们成功调节情绪的大脑区域会在生命最初的八个月左右开始发展,并随着时间的推移继续发展。所以当不依靠照料者时,孩子调节和安抚自身情绪的能力是很不完善的。在受到过度刺激时,诸如吮吸手指、移开目光等基本机制,仿佛能让孩子在生理层面上对情绪稍加控制,但由于与情绪调节相关的大脑区域发展缓慢,孩子们对大多数情绪的"容忍之窗"

都很小，这会导致他们常常哭泣、尖叫、大惊小怪、抱怨、大喊大叫，并做出那些有时会被我们称为"难管"的事情。

年幼的孩子常常受情绪支配，没有真正的"关闭按钮"来帮助他们缓解不舒服的身体反应，这些身体反应会导致应激激素和其他化学物质在他们体内分泌。他们唯一的"关闭按钮"就是你。你的孩子希望有这样的感觉：他能拥有充分的安全感，和你一起感受自己的情绪，你会帮助他调节情绪，这样他就能恢复他所需要的内在平衡。消极情绪对你和对孩子来说一样痛苦，但孩子安抚这些情绪的能力比你还差。考虑到他们和我们经常会失控，你能想象这会让他们感到有多脆弱吗？你可能会这样想："胡说。如果他们感觉很糟糕，他们就会表现出来。"但请记住，孩子常常会因为恐惧和痛苦而进入唤起不足的状态，甚至会僵住。

当我们培养出平静和接纳的能力时，情感调谐就会出现

如果我们放慢速度、停止说话、看着孩子的眼睛，根据我们在他们身边时的感受调节自己的反应，真正的情感调谐就会出现。早些年里，我对孩子的情感回应可能太多了，但我也遇到过很多父母，他们常常过早地与孩子的感受失去联结，总是急于对孩子说"停下来""没那么糟"或者"没关系"，这些话都会导致孩子在情绪管理方面过早地独立，以及日后养成压抑、否认、回避情绪的倾向。

现在，一些广泛的文化倾向影响了我们对情绪的处理。例如，我们英国人经常把情绪表达视为自我放纵、破坏和谐气氛，甚至是软弱的象征，而早早地提倡独立，这种倾向已经到了不健康的地步。我们会把孩子对于共同调节的需求视为脆弱的表现，我们认为这种需求会给我们的关系带来问题，给我们带来不便。我们会给孩子贴上"黏人""渴求关注"的标签。当他们公开表达情绪时，我们会感到尴尬。我们担心别人会因为孩子表达情绪而认为他们表现不好。这种担忧会让孩子封闭内心，不利于他们的全面发展。但是允许孩子肆意表达情绪、完全不考虑其他人也不利于孩子的发展，这其实是一个平衡的问题。

即使孩子很难过，感受很糟糕，抱着他们，用我们协调、平静的状态去安抚他们也能让我们和他们感到愉快，因为安抚的行为会让我们分泌催产素，让身体和大脑平静下来。这种类型的调节是一个真实的、在转瞬之间发生的过程，它来自身心中的平静和温和感，是由迷走神经的功能所决定的。我会在后面的章节探讨这种功能。要做到这一点，你不需要阅读任何指南或遵循任何技术，也无须学习如何对孩子讲话或者该做什么，你只需要专注于正在发生的事情；不要对事情的意义、"应该"或"不应该"发生什么，甚至接下来我们该做什么做出评判或感到担忧。

理解孩子的父母能从目光交流和肢体语言中注意到孩子情绪失调；如果他们感觉孩子对于他们的互动没有产生同步的反应，他们也可能会本能地后退。然而，容易过度唤起的父母可能不会注意到孩子不易察觉的反应，而会把自己的行为强加在孩子身上，继续大声讲话，强迫孩子交流，或者做一些孩子不得不抗拒或者无力阻止的事情。唤起不足的父母则可能完全无法注意到孩子对于安抚的需求；在回应孩子的时候，其眼神是疏离、麻木的（他们可能会努力用充满活力的语气说话，但眼睛不会伪装情绪）。孩子经常会通过回避困难的事情来尝试自我调节。在这个阶段，这种做法是很正常的，但有些父母不能认识到这一点，而是用哄或强迫的方式，让孩子去做父母想要他们做的事情，从而否认和忽视了孩子的情绪状态。

孩子最早的自我意识取决于父母的非言语反馈

在出生后的最初几周和几个月里，婴儿无法将自己和主要照料者分化开来。为了方便起见，根据一般情况，我假设主要照料者是孩子的母亲。婴儿不知道也不理解他们和母亲是相互独立的个体，所以他们和母亲的情绪反应似乎是融合在一起的。由于婴儿在一岁前主要依赖右脑的非言语交流，直到两三岁的时候也是如此，所以母亲的情绪反应（体现在神经系统层面、心率和面部微表情的变化上）能为孩子提供有价值的信息，帮助他们在自身所处的环境中去理解和感受各种事物，包括自己。

情绪是一种视角，孩子通过这种视角才能知道自己是安全的还是脆弱的，有人照料还是被人忽视，受到了认可还是评判。他唯一能够知道"我是谁"的方式，就是感知母亲对他的情绪反应。通过母亲对他的反应，他能了解自己的感受以及这种感受的基本"正确性"。母亲的情绪信号不仅为孩子提供了有关他自身情绪状态的反馈，还提供了有关母亲如何看待他的反馈，这种信息塑造了孩子对自身的感受。正因如此，母亲时刻注意并理解孩子情绪的能力，在这个过程中是至关重要的。

父母能否做到这一点，取决于他们的依恋类型。情绪调节在其中起到了重要的作用。因为正是通过情绪的语言，依恋模式才能建立起来，并且在孩子的大脑中以"内部表征"的形式存储起来。这种内部表征在本质上就成了未来人际关系的模板。从本质上讲，你的孩子内化了一系列关于"他对你来说有多可爱"的画面、情绪、想法。当孩子想到你对他的态度时，他脑中会出现你温暖、微笑、善意的脸，还是冷酷、疏远的脸？抑或是批评、鄙视的脸？孩子从很小的时候就开始形成一些意识无法觉察的信念，这些信念与他们自身、他们应该得到什么、他们能够做什么有关。其中很大一部分是由他们对自身经历的解释所决定的。

例如，这样的信念可能是：

消极的

- 我不够可爱。
- 我不够好。
- 我必须取悦他人才能被接纳。
- 我每次都必须把事情做好。
- 我不能指望他人始终如一。

积极的

- 我真实的模样就很可爱。
- 我足够好。
- 我可以做自己，可以做我觉得对的事。
- 我可以犯错。
- 我相信他人会支持我。

孩子会发展出一种对自我的积极而稳定的看法，我们称之为自我概念。这种看法取决于他们感知到的、别人对他们的反应——尤其是他们依赖的、帮助他们进行情绪调节的人。孩子需要在内心感到被认可、被"看见"，才能成长为真实的人，而不只是存在于他人眼中的人。如若不然，正如我们在上一章所说，孩子就可能变得过于自立、独立，以此来保护自己，他们也可能会过于依赖他人的认可和反馈来塑造自己。他们甚至可能会过度追求外在的认可和满足感，如成就、地位、控制或快乐。

许多父母认为，经常表扬和关注孩子就能让孩子产生强烈的自尊心，但这样只会鼓励他们客体化地看待自己。他们不再关注做事的感受，例如是否感到好奇、有动力、期待或满足，而是开始为了受表扬的感受而做事。孩子不需要表扬和奖励来获得这种认同感，他们需要的是通过亲子联结的过程，感受和表达自己真实的情绪，并且得到注意、相互接纳和情绪调节。我并不是说完全不要表扬孩子，有时表扬可能让人感到非常自然、鼓舞人心。我想说的是，不要认为表扬是联结的标志。

我们如何回应孩子的情绪决定了他们处理自己的情绪的方式

如果你能以共情的方式观察孩子的痛苦，而没有变得过于痛苦或者与孩子失去联结，就能成功地做到共同调节。父母对情绪的共同调节有两个方面的作用。

- 能促进某些大脑区域的成长，这些区域在以后能帮助孩子调节情绪。
- 能间接地告诉孩子有关情绪、他们的情绪处理能力的信息，这些信息会被孩子内化到他们的内隐记忆系统里。

这些被内化的信息会逐渐形成一套信念或"心理模型"，也就是我们在大脑中存储和加工过的、关于某一特定事物或主题的信息集合。孩子会形成有关他们自己、情绪以及他人在他们需要的时候如何回应他们的心理模型，这会决定他们在未来如何处理自己的情绪。这些模型常常会成为持久的心理特征。我们可能不会想到这些特征受到了早期经历的影响，而会认为这些特征就是"我自己"。这些心理模型能在我们的意识觉察之外塑造我们，并且经常能够解释那些关于我们自身的谜题。

如果你用情绪协调、充满关怀的态度对待孩子的痛苦，如果你给予孩子温柔的目光、舒缓的触摸，孩子的压力水平就会下降，他的心率和呼吸也会回到正常水平。如果这种情况经常发生，孩子就会在处理不适情绪方面产生一种自信。因为他知道，无论他现在感觉如何，他之后都会好起来。这个孩子会发展出一套关于情绪的信念，这些信念可能包括：

1. 情绪可能让人不舒服，但一般来说是正常的、可以忍受的——不需要害怕情绪，因为他可以让自己的情绪平静下来。

2. 他的情绪是合理的、正常的，故而自己也是好的、正常的。

3.他可以表达自己的感受,并相信他人会理解他,帮助他处理不舒服的状态。

因此,他们不需要靠高声发泄来外化情绪(过度唤起——战斗),也不需要通过回避脆弱(过度唤起——逃跑)或与情绪解离(唤起不足——僵住)来压抑情绪。

然而,如果我们用情绪失调的方式回应孩子的情绪表达,尤其是在批评或冷漠态度的情况下,孩子会觉得自己的情绪是错的、危险的,情绪要么会压垮他们,要么会让他们感到孤独。这就可能导致唤起不足或主动压抑情绪(这是一种过度唤起的状态)的倾向。消极情绪不可接受,或者表达消极情绪会导致消极后果的信念,与抑郁症、进食障碍、慢性疲劳综合征和肠易激综合征等严重问题有关。比如说,如果你难以调节悲伤的情绪,并有淡化情绪的倾向(例如用幽默来分散注意,或者用压抑或回避来让自己摆脱痛苦的情绪),甚至使用安慰的方法(如食物和娱乐)来分散注意,那孩子就会形成一种内化的感觉,即悲伤是难以忍受的,要予以回避。你的孩子以后可能会产生避免感受那些情绪的倾向,也许会以假装勇敢、坚强或独立而自豪,并将自身的脆弱和情绪视为软弱的标志。他们也可能发现自己在情绪上变得麻木,只能体验到轻微的愉悦情绪。他们可能会学着自我控制,但不会与人建立有意义的联结。有些人甚至会加倍重视帮助他人,把他人的需求放在第一位,并学着忽视和抑制自己的需求。

你不必每次都要回应孩子的情绪

理解和帮助孩子调节情绪对他们发展健康的自我意识是至关重要的,这样他们才能成为你眼中的独立个体。更重要的是,这样他们才能把自己看作独立的个体。尽管如此,这并不意味着你要认可他们对事物的每一种情绪反应。这种认可一定不能是鹦鹉学舌般的陈词滥调,例如在每次他们表现出悲伤时都说"我知道你很悲伤"。这种话不是真诚的,是来自左脑而非右脑的。当你自然地关注孩子时,像"现在你一定感觉很烦"这样共情的语句就会自然地浮现在脑海里,你也会用温和、随意的语气说出来,这听起来就很真诚。大多数时候,你甚至不需要说太多就能与他们的感受产生共鸣。当你的内心产生真实的感受时,孩子也能感觉到,然后他们就会平静下来。有时你只需要让他们冷静一下。

培养情绪复原力的关键在于帮助孩子忍受不舒服的状态

如果你能帮助孩子忍受那些看似无法忍受的感受,他们就会发展出情绪复原力。我们不是通过回避困难情绪或保护孩子免受不适来培养孩子的逆商的;只有当我们能在陪伴情绪失调的孩子时保持情绪协调的状态,我们才能给予他们力量,帮助他们更加适应未来的生活。这意味着孩子能够更轻松地面对和离开不同的情境,待在自己的"容忍之窗"内,采用恰当的情绪和行为反应,来适应每一种新的体验。每当你成功安慰情绪失调的孩子时,你都在为他们培养未来能够成功调节自我的神经通路。

当然，你的任务是尽可能地保护孩子免受破坏心理稳定的情绪体验影响，但现在父母担心的许多情绪体验，其实不是什么需要避免的事情。我们无须保护孩子免受来自社交排斥、必要的批评、错过同龄人可能会有的体验以及失败所带来的情绪不适。就算经历了这些事情，孩子也会喜欢和接纳自己。然而，我认为我们的过度保护正在破坏他们的逆商，他们在成长过程中形成了一种自以为是的错觉，总是怀有一些不恰当的期望。除非我们生活在完美的世界里，世界上全是完美的人，那些期望才是理所应当的。一旦这些内在规则和期望被打破，他们就会产生不必要的焦虑、压力和不快。

我们还有一些提高心理逆商的方法，包括一些有意识的语言策略，如重构思维、挑战消极解释和其他类似的方法，我会在后面的章节中概述。你可以为孩子示范并教给他们这些技巧，不过我还是建议你抵制诱惑，不要急于使用这种理性的技术。在调节情绪的时候，最好在感受情绪、安抚情绪和建设性地思考情绪之间找到平衡，这样才能解决可能导致情绪的问题。

与孩子保持联结，但也要保持边界

平衡的情绪调节能让我们很容易地回到"容忍之窗"，这样的调节需要左右半球多个脑区的协作，也需要身体和大脑的协作，这样信息就可以沿着所有相关路径传递，调动所有必要的资源，以取得成功的结果。如果我们的这些脑区之间有着稳固而健康的连接，其中的神经活动或神经连接既不太少也不太多，我们就能真实地感受自己的情绪，也能将自己的情绪体验与周围其他人的分化开来。这一点对于教养来说至关重要。

情绪的分化（differentiation）意味着我们能分清自己的不同情绪，例如知道自己在同一时刻感到既沮丧又悲伤。这也意味着你可以识别和感受另一个人的情绪状态，并且将自身的情绪反应与对方可能有的感受区分开来。难以将自己的感受或自我意识与孩子分化开来的父母，往往会把自己的情绪状态强加给孩子，或者很容易被孩子的情绪所影响。例如，极度焦虑的父母在对孩子共情、产生共鸣的时候，常常会被孩子的情绪影响而陷入情绪失调。在这种情况下，你无法静静地从孩子的角度来关注他们的情绪，反而可能受自身情绪反应的影响。你会根据自己在相同情境下可能会有的感受来推测孩子的感受，而你的情绪就是对于这种推测的反应。你也可能认为孩子受到了某种不公正的对待，而你因此备受困扰。如果你能成功地分化自己和孩子，你就既能感受到彼此的联结，也能被孩子的情绪所触动，但同时也能保持情绪协调和独立。教养子女有时会触发个人的情绪，这让我们很难冷静观察而不急于做出评判或反应。

练习：接纳孩子的消极情绪

请把上一章的练习做几遍之后再做这项练习。首先找一个安静的地方，这样你就不太可能分心或受到打扰。保持身体直立，用舒服的姿势坐下，双臂和双腿最好不要交叉。你可以闭上眼睛,这样就能真正地把注意力集中在身体内部。在吸气和呼气时,花一些时间感受自己和自己的内在感觉,无论你有什么感觉。

1. **回忆**:回想一个孩子因为消极情绪而情绪失调,让你感到难以忍受的场景。想象这个场景的方方面面,不要有任何美化。
2. **体验**:现在,想象孩子失去控制的样子,注意你的感受。让你在这段经历中的感受浮现出来,一开始不要做任何干预——只需依次注意情绪的四个指标。

- 心率:上升还是下降?
- 呼吸:你注意到呼吸有什么变化?
- 肌肉张力:留意心脏、胸部、肠胃、脸部和喉咙周围的肌肉。你注意到了什么?有没有紧绷、收缩、沉重或轻松的地方?
- 化学物质或感觉:你感觉到了什么?哪里有感觉?

对于一些人来说,做到这些可能很难,但一定要坚持。不要让身体紧绷、紧张,也不要评判和分析这种情绪,让情绪停留片刻即可。尽量不要对情绪做出反应。

3. **安抚和安慰**:你已经忍受了这种情绪一段时间,现在开始用呼吸来安慰和安抚自己吧。如果可以的话,同时让孩子失控的画面停留在你的脑海里。深吸气至额头中部后面的空间,然后把气呼出至你的身体,让身体随着呼气而放松。在吸气时，允许腹部和上背部随着呼吸扩张，然后用你觉得舒服的任何方式深呼吸。尽量不要紧绷身体，因为那样就太用力了。重复这个步骤五次以上。

4. **感受你的心脏**：现在继续向上吸气至额头中间，呼气至你的心脏及其周围的空间。把你全部的注意力放在心脏周围和那里的感觉上。用呼吸舒缓和放松这个区域。想象你的呼气是一种对身体的善意和关怀，并把这种温柔的感觉随着呼吸送到胸口周围所有紧张的肌肉里。放慢呼气，让呼气的时间比吸气的更长。用腹部重复这个步骤。

5. **注意你放松的时候有什么变化**：把注意力集中在身体最需要安抚和安慰的部位。放松你的脸和脸上所有细小的肌肉。呼气至整个上半身，感觉你的呼吸几乎是从前额后面的空间向下来到了你的心脏和肠胃。注意任何出现的变化。在脑海中保留孩子情绪失调的画面，试着稍稍向上扬起嘴角，好像准备露出微笑。

6. **启动你的心灵**：一旦这种情绪在身体里的感觉减弱了，就试着在呼气时默默地对自己说一些能让你感觉平静的话。你可以说："没关系，只是孩子有情绪了——我可以放下这件事。"你也可以说一些类似的话，帮助你更好地看待这件事。提醒自己，孩子需要你的支持，而不是你的评判。

7. **重复这项练习**：再重复一遍这项练习，直到你在回忆

> 这个触发情境时也能感到相对平静为止。用与孩子有关的触发情境来做这项练习很有帮助,因为重复的练习能帮助你减轻在真实生活中的情绪反应。

反思:你对情绪有什么信念

- 你是否相信表达各种情绪是正常的、健康的?
- 你是否相信情绪是可以管理的,或者说,你是否害怕被情绪压垮?
- 你是否相信我们可以通过自我安抚或心理努力来改变自己的情绪反应?
- 你能否在感到脆弱的同时,又不会感到过度的痛苦?
- 你是否有时会觉得处理强烈情绪的唯一方式就是压抑或否认?
- 你能否接纳自己和孩子身上不舒服的、消极的情绪?
- 你是否发觉自己会对孩子的某些情绪表现(如哭泣、愤怒)有情绪失调的反应?
- 你是否会寻找符合逻辑的理由来解释自己或孩子的情绪反应?
- 你是否会因为对事物产生强烈或不理性的情绪反应而批评自己或孩子?
- 你认为表达情绪是软弱的表现吗?
- 你是否认为,如果你表现出脆弱的一面,或者表达消极的情绪,他人就会排斥你?
- 你是否认为你应该默默地或独立地应对自己的情绪?

- 你能否细细品味积极的情绪,如感恩和敬畏?
- 你能在身体层面感受情绪吗——你能被情绪触动吗?还是说你倾向于思考并分析情绪?只有一些情绪符合这种情况,还是所有情绪?

本章重点

- 依恋是一个过程。亲子间的情绪调节和情感调谐会通过这个过程塑造孩子的自我概念,并决定他们如何与亲密的人相处。

- 婴儿天生就会接近主要照料者,并寻求其回应。不能接近照料者或缺乏回应,会导致生存的压力,进而促使体内应激化学物质的释放,让婴儿深感不适。

- 依恋的重点在于互动——亲子间彼此同步时的情绪匹配。当我们放慢速度,感受自身的情绪,我们的情绪反应与孩子最需要我们做的事情相符的时候,就会产生情感调谐。

- 孩子需要通过观察你对他们的反应,让自己的情绪、想法和行为获得认可,从而发展出完整的自我概念。这并不是通过表扬或宠爱来实现的,而是要让孩子感到真实的自我得到了理解与接纳。

- 要培养情绪复原力,就要帮助孩子忍受和调节情绪。这意味着你不必保护他们免受排斥、批评、失败或一般的失望所带来的不适,而要侧重于帮助他们注意与接纳、安抚和反思自身的情绪。

- 我们必须能够将自己的情绪与孩子的情绪分化开来。分化意味着能够区分我们自己和他人的各种情绪,并将我们自己的感受和亲近的人的感受区分开来。

第 8 章

你的依恋类型决定了你的教养方式

如果我们无法用关怀、善意和慷慨对待自己,就很难对他人,甚至很难对自己的孩子产生这些感觉。如果你的罐子有一半是空的,无人照料、被人遗忘,那么无论你多么努力,教养都会时常让你感到吃力、有压力,因为你没有可以利用的内在资源。

既然我们已经了解了情绪调节会如何影响我们的孩子,那么我们来看一看情绪调节会如何影响他们对你以及你对他们的依恋类型。依恋大体上有安全型和不安全型两种类型,不安全型又可以进一步划分为两个子类别。总之,依恋可以划分为安全型、不安全矛盾型、不安全回避型和混乱型。依恋类型会影响我们在亲密关系中的表现;但我们也知道,无论早年经历如何,成年人都可以从不安全型依恋转变为安全型——转变的途径要么是在童年或长大后体验其他一致的、充满爱的关系,要么是接受心理治疗或进行长期、深刻的自我反思。也要记住,我们对不同的人可能会有不同的依恋类型,例如我们对父母和对恋人的依恋类型可能不同,孩子对父母双方的依恋类型也可能不同。一般而言,亲子依恋类型会影响孩子的适应能力和快乐。

了解四种依恋类型

安全型依恋:如果父母理解孩子、能给予孩子情感陪伴,而且能对孩子的情绪和心理状态给予回应,那他们的孩子通常会发展出所谓的"安全型依恋"。安全型依恋的人通常愿意信任他人,将世界视为安全的地方。无论是依靠自己还是寻求亲近的人的帮助,他们都对自己处理情绪的能力有信心。他们不害怕脆弱,不害怕亲密的联结,也不担心遭到排斥或否定。这并不是说,在这些事情发生时他们不会感到难过,但在事实证明这种事会发生之前,他们不会担心,即便真的发生了,他们作为个体的自我意识也不会受到严重的打击。

安全型依恋的人对情绪的"容忍之窗"更大,他们通常能够发挥逆商和灵活性,来调节自己的情绪状态,对身边的人也有着适度的共情能力。他们通常不会过度焦虑,会乐于尝试新体验和新机会(不过这也会受到很多其他因素的影响,包括其他人格特质,而不仅是依恋类型)。安全型依恋的孩子认为自己是可爱的、值得关注的(但不需要太多关注),通常能够与他人建立良好的关系。安全型依恋会为孩子奠定一个基础。有了这个基础,当孩子感到难过或不舒服时,他就能够学会向他人寻求情感支持;他也会形成一种期望,认为自己能够解决问题和烦恼。安全型依恋的人能在恰当的时候与他人分享自己的情绪状态,通常对自己的人际关系感到满意,对总体生活也更加满足。

不安全矛盾型依恋:形成这种依恋类型的孩子,其父母的情绪通常是前后不一致的。造成这种依恋类型的教养方式,可能缺乏情感亲密和关注,也可能是情感不调谐的、侵扰的。有这种依恋类型的父母容易受自身或孩子情绪的影响,难以调节情绪状态。他们经常干涉孩子正在做的事情。他们会根据缓解自身情绪的需要来回应孩子,而不顾孩子需要什么才能感到安慰和安全。这样的父母可能认为他们是慈爱的,对孩子的回应也很及时,但他们的情绪回应往往与孩子的内在状态或需求不符,也就是说,他们的反应是侵扰性、强制性的,会加剧孩子的情绪失调状态。如果具有这种依恋类型的人感到不堪重负,他们就可能爆发出与先前不一致的、混乱的情绪。

这种教养方式的例子包括在孩子说话时打断他,或者自说自话、盖过孩子的声音;继续跟孩子讨论一个他显然不能忍受的话题,只是因为你需要把你的想法和感受表达出来;在孩子想要保持沉默、感到悲伤或心情低落的时候,用过于欢快的声音对他们讲话;仅仅因为你有想联结的冲动,就在孩子专注于其他事情时去拉他、亲吻他、拥抱他;在孩子刚刚遇到困难的时候,就打断他或替他做完他要做的事;仅仅因为你认为孩子需要或想要参加某些活动,就说服孩子参加,而没有真正关注他们是否喜欢这些活动。换言之,这些父母没有真正"看到"孩子,没有看到孩子是拥有不同想法、感受和需求的独立个体,而他们对孩子的情绪、期望和反应都源于自身的内在情感世界。

具有矛盾型依恋的父母可能常采用"直升机式育儿"和其他保护性的教养方式,也就是父母对孩子的生活、教育、友谊和各种体验的介入过多。在这些父母当中,有些人倾向于滔滔不绝地谈论自己的孩子做的事情以及孩子的活动、成就、成功。他们对这些事情感到非常自豪、关切,并且对孩子的事情倾注了过多的个人精力。在极端的情况下,父母一生都致力于替孩子谋取舒适的生活和进步,为孩子制造了看不见的巨大压力,阻碍了亲子间建立放松的联结。

这样的父母很难做到情绪分化,不能将自己的情绪状态与孩子的完全区分开来,这会使孩子对父母的情绪状态和反应过度警觉。拥有这种依恋类型的父母和孩子,都倾向于认为各种事情是针对他们的。他们可能会感到自己受到了不公对待,因而反应过度,并且从自己的角度来解读事情("这件事的重点在于我或者我的孩子"),而不顾其他可能更合理的解释。有这种依恋类型的人往往不认为自己是完全可爱的、安全的,因此对批评、排斥、不公或抛弃的迹象很敏感。

孩子常会内化矛盾型父母的不安全感与焦虑,并以取悦或安慰父母为中心,来构建自己的自我概念。对于这些孩子来说,他们根本不相信自己的情感需求能一直得到父母的满足。有时候,孩子会执着于吸引并维持依恋对象的关注,这样他们才能知道,有人能在他们需要自我调节的时候帮助他们。他们需要并要求得到关注和共同调节,但可能会表现出矛盾的情绪模式,如愤怒和焦虑,而且有时很难被安抚。他们迫切地想要与父母建立联结,但同时拒绝父母的安抚,甚至可能排斥和拒绝联结,让父母难以弄清孩子真正需要什么。有些父母会把这种排斥看作针对自己的,并立即在情感上疏远孩子,从而在关系中制造更多的困惑。

不安全回避型依恋:这种依恋模式的主要特点是情感的疏离和忽视。对于自己和孩子的情绪,这种类型的父母既不会注意,也不会报以温暖、接纳的回应——尤其是在孩子情绪失调的情况下。他们有一种保持自主性、与他人保持情感距离的倾向与需要。他们以独立为傲，有时认为靠得太近的人很黏人、麻烦、令人难堪。这种类型的人的父母通常是情感疏离的，或者在孩子感到痛苦时拒绝满足孩子对于安慰的需求。因此，这些孩子学会了自主调节情绪，不轻易与他人分享自己的感受，也不知道如何敞开心扉。他们倾向于用合乎逻辑、冷静、冷漠的方式看待事物，可能有控制欲，并且偏爱不动声色的机智。

在情绪调节方面，这种类型的父母常常尽力回避、压抑或否认情绪，可能会经常保持轻度的过度唤起状态。他们可能很难理解那些关于情绪和心理需求的信息。由于他们不能接收和加工来自自身或他人的情绪信号，所以弄不清这些莫名其妙的事情。他们常常想要压抑某些情绪，觉得这些情绪难以忍受。所以，如果孩子产生了他们小时候体验过的强烈情绪，他们就会觉得这是一种负担，甚至认为这妨碍了他们成年后对于空间与自主的追求。具有这种不安全型依恋的父母，可能常会因为和孩子相处而感到有压力。

有这种依恋类型的父母和孩子不会轻易表露情绪，尤其是脆弱的情绪。他们的眼睛和神色不会显露太多当下的内在情绪。在极端的情况下，这些人看上去有些冷漠、缺乏温情，让人难以"读懂"他们。在内心深处，许多这样的人从来没有意识到，他们不相信自己或他人能够敏感细致地对待自己的感受，而他们通过封闭情绪、在生活中保持一定程度的情感疏离等方式来保护自己。请注意，这些人可能完全有能力体验和表达快乐、兴奋、进取、幽默以及与愤怒有关的情绪，但不能体验和表达悲伤、脆弱和真正的情感亲密。

回避型的父母会鼓励孩子在很小的年龄就变得自主、坚强，独立处理自己的情绪。他们有一种和孩子保持距离的倾向，尤其是当孩子处于强烈情绪中的时候。为了达到这个目的，他们可能会通过充耳不闻的方式来封闭自己的内心，也可能在空间上与孩子保持距离（有时是暂时的，有时是永久的）。矛盾型的父母可能会过度担忧，对孩子的痛苦反应过度，回避型的父母对孩子感受的关心却是不够的。他们很难理解什么时候需要适当地参与孩子的生活，他们可能更愿意让孩子自己解决自己的问题，经常打着"让孩子坚强一些""不过度保护孩子"的幌子。这并不是因为他们不关心孩子，或者对孩子不好，而是因为他们通常对自己和他人的情感世界缺乏觉察。

回避型的父母通常不能与孩子同步。在日常生活中，这可能会表现为简单的情感不调谐。例如，孩子高兴、兴奋地跑到妈妈面前说："妈妈，看我找到了什么！"还没等孩子说完，母亲就不屑一顾地说，"我在忙，自己去玩"，根本没有看他的眼睛。或者，父亲或母亲可能会突然离开房间，把孩子独自留下，却没有想到孩子会因为他（或她）的离去而痛苦。

回避型模式表现在父母无法注意到或明白孩子可能会将父母的行为视为排斥，并感到羞耻或焦虑。这样的父母经常对孩子的情绪化行为做出表面性的、消极的解释，比如认为孩子是饿了、渴了或者在"犯傻"。他们可能倾向于固守刻板的行为惯例和规矩，不愿根据孩子当下的情况和情感需求灵活地调整自己的行为。每当孩子难过时，回避型的父母就可能为他们的情绪爆发感到不耐烦、很沮丧，说一些诸如"得了，你没事儿，快把问题解决好"或者"你已经 8 岁了，你能处理这件事"这样的话。

混乱型依恋：这一类型可能是最令人不安、最少见的。这种依恋类型往往出现在那些经历过某种形式的虐待、严重创伤甚至未经疗愈的童年丧失的孩子身上。这种类型具有另外两种不安全型依恋的某些要素，但在处理情绪和关系需求方面缺乏一致的模式和策略。混乱型依恋的人往往会在过度唤起和唤起不足之间来回转换，有时会完全处于恍惚状态，就好像彻底封闭自己一样。与这种模式相关的其他因素包括：父母的忽视；极端而频繁的愤怒爆发；让孩子感到害怕、羞耻的情绪；物质滥用，如酗酒和药物成瘾。这些行为会让孩子受到创伤，因为孩子会向父母寻求保护以应对威胁，但如果父母成了威胁的来源，就会让孩子感到困惑、无助、孤独和脆弱。请记住，这里说的是经常性的虐待，而不是偶尔的发脾气。

我们童年的依恋模式并不注定是一成不变的，我们可以在成年后从生活中的其他人那里获得充满爱的关系体验，从而来获得安全的状态。我们可以通过心理治疗来治愈自己，而我相信，学习如何关怀自我和他人能让我们获得更大的疗愈。丹尼尔·西格尔指出[35]："虽然依恋模式往往会在代际间传递，但最能预测孩子依恋状态的因素并不是其父母小时候经历过什么，而是其父母如何理解自身的童年经历。"这意味着，开放地面对、觉察和反思自己的早年经历及其对我们的影响，有助于我们摆脱不安全型依恋，养成安全型依恋。

帮助孩子容忍他们的消极情绪

从孩子而非你自己的角度，来看见并确认孩子痛苦背后的主要驱动情绪，往往是一件有挑战性的事情。只有在我们调节好自己的情绪时，我们才能全面地关注孩子的情绪反应，而无须立即做出反应。当你待在"容忍之窗"里的时候，那些让你关注当下，接收新的信息的各个脑区仍然处于正常状态，因此你便能够考虑导致孩子产生情绪的各种可能的理由和原因，而不会过于消极，或者认为孩子的情绪是针对你的。如果你能保持开放、平静，但又与孩子保持联结，孩子就会感觉被理解，愿意被你安抚。当情感不调谐的时候（我们不认可或不能正确理解孩子情绪时常出现这种情况），比如在我们对他们的行为草率地下结论，给他们贴标签、评判他们的时候，他们就会感到羞耻，也可能在最初的愤怒防御反应之后封闭自己（唤起不足）。

艾伦·舒尔[36]称羞耻是一种"内心崩溃"的感受，是一种从积极状态到消极状态的快速转变，会让孩子感到非常难受，他们会把这种感受视为受排斥的表现。对孩子来说，这种感受意味着他们是坏的，是做了错事、不可爱、不够好的。这种感受很容易由情感不调谐引起。在幼儿开始挑战规则的边界，需要被纠正错误、教导恰当的社会规则时，这种感受就会开始出现。我在谈回避型教养类型的时候举过一个例子，这个例子描述了一个引起羞耻感的场景：一个孩子满怀喜悦地去找母亲，而她用冷漠和轻视的态度拒绝了孩子建立联结的请求。当孩子受到严厉的训斥或纠正时，他们也会感到羞耻，尤其是在这种情况持续了一段时间的情况下。如果这种情况发生得比积极的互动还多，或者父母对这种情况的处理不够敏感，就会让孩子感到很痛苦，足以让他封闭自己的感受、放弃对于共同调节和亲密的需求。

被排斥和羞耻的感觉也会导致反弹性的、自我防御的愤怒或叛逆，因为这种感受比被误解和无价值感所带来的脆弱和痛苦要安全得多。不同的孩子对这些情绪状态的敏感程度各不相同。有的孩子会因为一些简单的事情感到羞耻，比如父母生气地训斥他们；还有的孩子在感到羞耻或防御之前，能够容忍更高程度的情感不调谐和批评。孩子感到羞耻或情感不调谐的一个迹象是，他们不再与你有眼神交流，无法在你说话时看着你的眼睛。如果出现了这种情况，就说明你需要更温柔一些的方法，甚至停止讲话，让孩子回到他的"容忍之窗"。如果你正在生气地训斥孩子，而他开始哭泣，这也说明你做得太过头了，让他感到了羞耻、悲伤和被排斥。如果孩子顶嘴、拒绝倾听、表现出防御的态度，这表明他感到与你失去了联结，受到了误解，而他要保护自己免受威胁，此时的威胁就是你的误解。

作为父母，你需要帮助孩子调节这些感受，因为这些感受真的很难处理，而且会让人很不愉快。如果你的教养类型是不安全型的，这对你来说就可能是一项挑战，但你必须保持开放和觉察，因为你可能反应过度了，或者对孩子行为的原因做出了消极的推测，让孩子产生了过多的羞耻感，破坏了你们之间的联结。这种情况可能会让孩子封闭内心，使他不再真正听你讲话，他也可能变得好斗，进而加剧你们之间的情绪失调。无论是哪种情况，都不可能产生好的结果，因为一旦孩子离开了自己的"容忍之窗"，他就无法以开放的心态接收信息。

下面是一个亲子之间对话的例子，这段对话导致了一种轻微的羞耻感和情感不调谐。

> **父母一方**（用不耐烦的语气）："老师提到你最近没有按时做作业。你知道，如果不按时做作业，你就会有麻烦的。你怎么就不能认真对待作业呢？今天的作业做了吗？"此时，父母的提问不是出于开放的好奇心，而是评判。这句话中有一种期望：孩子现在"应该"已经把作业写完了。这种期望体现在了父母的语气里。
>
> **孩子**（有些恼火、挑衅，稍稍提高了声调）："我一直都有做作业。我只忘了一次。我一会儿就去做。"孩子有些受到评判和控制的感觉，觉得这个问题不公平。
>
> **父母一方**（有些恼怒，不顾孩子需要空间和时间做完手头的事）："你知道你一会儿就不想做了。总得催你做作业，我真是受够了。你为什么不能为自己负起责任来呢？"
>
> **孩子**："我会做的，但是得等会儿。你没必要一直催我去做。"孩子真正想说的是"请相信我，尊重我做完正在做的事情的需要"。

父母一方（知道自己应该放弃，或者用更温和的语气，但是无法控制自己的挫败感，因为他已经脱离了"容忍之窗"，开始提高音量）："可你没有做作业！你满脑子都是别的东西！你之后肯定会忘，我又得提醒你。你要是不做作业，就又会在学校惹上麻烦。"

孩子（本来打算晚些时候做作业，却被认为自己会惹麻烦，因此对这种不公平感到生气）："行。我现在就做！我知道，我不管怎样都会做这些事情的，可你总是强迫我。"

父母一方（平静下来，回到了自己的"容忍之窗"）："我不是说你必须马上就做。只是让你别忘了。"

孩子（仍然很生气，感觉被误解，没有眼神交流）："不，我现在就做。你说现在做，所以我就现在做！"尽管孩子答应做作业，但这不是一个积极的结果，因为孩子感到了被强迫和被批评，亲子间的联结已经破裂了。这件事可能在孩子心中制造一个无用的联想（尤其是如果这件事以前也发生过）：羞耻和愤怒的情绪与作业联系在了一起。

在这个例子里，父母一方草率地下了结论，他可能担心孩子在学校表现不好，也可能担心自己之后还得再次提醒孩子，因此他的做法失之偏颇。更有效的做法可能是保持温和、放松的语气，提开放式的问题，比如："老师提到你最近没有按时交作业。是什么原因导致的？"如果孩子用叛逆的态度回应，那父母的态度必须再温和一些。关键是让孩子从自己的角度讲述发生了什么。这样就消除了评判的威胁，让孩子敞开心扉，更加真诚。然后才轮到解决问题。为了帮助孩子学会为自己负责，父母要避免告诉他该做什么，也不要强迫他立刻去做作业。相反，应该问他打算什么时候做。父母可以问一问，温和的提示能否帮到他，或者他是否有信心能自己记得完成作业。这里的重点在于一同找到一个解决方案，这个解决方案要让双方都能接受，而不会让孩子觉得好像受到了轻视或强迫。我们大多数人，甚至孩子，都对自主和公平有着与生俱来的需求。

为了避免给孩子带来太过强烈的羞耻、恐惧，导致防御反应，在管教孩子的时候要降低说话的音量，慢慢地对他们说话，语调和面部表情都要温柔，但要清晰直接地传达一系列恰当的行为期望和后果。我们不需要评判孩子或给他们贴上标签（这种行为的原因是我们的愤怒反应），而只要描述我们不赞成的行为，告诉他们我们希望或不希望他们做什么即可。你与孩子的联结越紧密，你们越平静，孩子就越愿意听话，也会越释然。

请注意，你不应走向另一个极端，即试图避免可能会给孩子带来羞耻感的互动，这一点很重要。如果你过度努力地保护孩子避免羞耻感，他们就不会发展出逆商，可能会缺乏对边界、行为后果和潜在的社会规则的理解。正是这些东西促进了人与人之间的合作与信任。孩子可能会因此发展出一种自以为是的错觉，他们的道德推理能力也可能会受到损害。我们不应保护孩子避免糟糕的感受，而是需要在纠正他们的时候注意他们的感受，并保持一定程度的交流，这样可以让他们容忍自己的感受。我们可以把他们推到"容忍之窗"的边界，而不把他们彻底推出去。

让孩子讲述你们关系破裂的"故事"

关系难免会出现裂痕，尤其是在管教孩子和类似的问题上。当裂痕出现时，即便只有几分钟，我们都需要在可能的情况下，用非言语的方式，用谈论事实、孩子当时的感受等方式来修复断开的联结。需要注意的是，你对于修复裂痕的需求可能会让孩子感受到被侵扰，所以必须讲究时机，要等到你们两人都想修复裂痕，并且能够处理好自身感受的时候再修复。要做到这一点，首先就要展现共情，寻求亲密，从而专注于重建联结。不要害怕让孩子知道，你明白在你误解孩子或发脾气的时候，他有多生气或难过。要带着谦虚和善意向孩子道歉。谈论这些事情有助于帮助孩子加工自己的情绪。这样一来，情绪就不太可能停留在孩子的内隐记忆系统里，对他们的自我意识和人际关系造成深层影响了。

要让孩子讲讲他们对你的行为感到多么难过，只要他们需要，就尽量让他们多讲。不要忘记调节自己羞耻或内疚的感受，这样才能把焦点坚定地放在孩子的感受上。我的两个孩子偶尔会讲起我发脾气或让他们难过的事情。因为那些故事已经是很久之前的事了，所以情绪的强度已经降低，我更容易以开放的心态去倾听。

但是，即使孩子讲述的是近期发生的事，即使有时我很难接受，也会向他们承认，那些事情发生的时候，他们一定很受伤。他们所仰仗的人、应给予他们安全和安慰的人成了让他们难过的人，这一定让他们感到十分痛苦和困惑。我会倾听并接纳他们所说的话，并且向他们保证，这不是他们的错，他们不应该受到那样的对待。此时我能看到这种做法给他们带来的认可和治愈效果有多么大。不过我也会向他们解释，无论我多么努力，多么爱他们，我依然是一个普通人。这意味着我有时会伤害他们的感受，把事情搞砸。这时他们会说："没关系，妈妈。"而我会对他们产生一股深深的感激之情，因为我向他们展现了脆弱，而他们向我展现了力量。

帮助孩子理解他们的次级情绪

我花了一些时间才想明白，我儿子在4～7岁时的大多数愤怒，其实都是因为他感到脆弱（悲伤、被排斥、羞耻）、不知道如何调节这些可怕且强烈的情绪而产生的次级情绪。当孩子感觉被评判、被批评的时候，尤其是在他们感觉批评不公正的时候，他们就很容易防御和愤怒。有些父母很难接纳孩子表达愤怒，认为这是一种挑衅或不敬，并且认为这是针对自己的。一旦我理解了这一点，学会了不去对儿子的愤怒做出反应，而是对他底层的悲伤或羞耻展现出善意，他的愤怒就会迅速消散，他会开始哭泣。在当时的情况下，这对他来说是更健康的反应。

我发现悲伤比愤怒更容易安抚,这符合我们对表达愤怒的了解——愤怒会导致更多的愤怒。

随着时间的推移,我告诉儿子,他有一种忽视悲伤、发泄愤怒的倾向。他现在已经更能够向我展现他的脆弱,而不是大发脾气、叛逆,或者做出所有父母都害怕的那些难以管教的事情。他之所以能学会处理这些情绪,而不将其转化为愤怒,是因为他越来越相信我能与他共同调节,做到情感调谐、保持心态平衡、不防御,也不给他施加任何压力,不要求他找出解决方法、变得坚强起来,甚至掩盖他自己的悲伤(只是因为他"应该"更好地处理悲伤)。

要想共情孩子,需要先照顾好自己

西蒙·巴伦-科恩(Simon Baron-Cohen)在他关于共情的书中分享了这样一个理念:如果父母在抚育孩子的时候与孩子积极互动,孩子的内心就会拥有一罐金子,他会获得逆商和对自己的安全感。[37] 每当我们感受到真正的联结,感受到温暖、理解和对真实自我的接纳时,这个罐子就会装入金子。渐渐地,这个罐子装满了,我们就能把金子与其他需要鼓励的人分享。如果我们经常被亲近的人(包括我们自己)批评、严厉评判、忽视或惊吓,我们的罐子就会枯竭。如果我们无法用关怀、善意和慷慨对待自己,就很难对他人,甚至很难对自己的孩子产生这些感觉。如果你的罐子有一半是空的,无人照料、被人遗忘,那么无论你多么努力,教养都会时常让你感到吃力、有压力,因为你没有可以利用的内在资源。

请用这个比喻来想一想,你是否经常批评和评判自己,给自己施加压力;你也可能仅仅是没有注意到自己需要什么东西才能感觉良好。给自己一些时间来放松、照料自己。你不太需要依赖别人来为你做这件事,当然也不需要依靠孩子来填满你的罐子,不过充满爱的关系的确能够大大填充罐子的空缺。我所有的呼吸练习都是为了让你产生一种接纳和平静的感受,这种感受能为你增添能量,填满你的罐子。好好利用这些练习,尤其是那些与关怀有关的练习,学着给予自己良好的祝愿、善意和接纳吧。无论是作为一个人,还是作为父母,都请放宽对自己的严格要求吧。在你练习自我关怀时,你会发现教养变得容易多了,因为这些"良好"的状态不仅让人感觉不错,还从根本上改变了我们调节情绪的方式、幸福感、身体健康和人际关系。

练习:萌生自我关怀

这本身就是一个独立的主题,所以我在此只是简要地总结与自我关怀有关的一些想法、信念和感受。我对自我关怀的理解建立在保罗·吉尔伯特的演化观点之上,即我们都难以尽善尽美地使用我们此时拥有的大脑。我们的大脑是由我们的基因和早年经历塑造的,这些都是我们无法控制的。所有人都会体验到悲伤、丧失、失望、愤怒和其他一些难以应对的情绪。

这里列举了一些关怀的想法。

- 我正处在困境之中。这没关系,因为困境是生命的一部分。我在尽我所能。
- 就像所有人一样,我应该得到爱和善意,而不是批评和评判。
- 我接纳自己真实的样子——我和其他人一样,是一个复杂的、会犯错的人。我犯错了也没关系。
- 我是一个活生生的、多面的人——不是一个任人评判的客体。

呼吸练习:

- 花一些时间来感受自己和呼吸。
- 在吸气时,将注意力放在双眼上方的空间,在呼气时,将所有的注意力放在脸和心脏上。
- 延长呼气,把呼吸想象成一束金光,洒在心脏的周围。把手放在心脏附近可能会有所帮助。如果你在想象方面遇到困难,那也没关系。
- 在呼气的时候,在脑海里轻轻地对自己说"没关系,我已经尽力了""愿我爱真实的自己"或者"愿我接纳真实的自己"。
- 尽量对自己产生一种平静、友善、温暖的接纳感。如果你不习惯对自己表现善意,这可能会让你感觉很难。你起初甚至可能不让自己感到脆弱。我的许多客

> 户都在第一次做这种事的时候哭过。有些人很难待在当下，因为他们想要进入回避模式——那是他们对抗脆弱的安全保障。没关系。如果没有太不舒服，就请坚持下去。这样做能带来丰厚的回报。
>
> 如果你想更详细地探索自我关怀，克里斯汀·内夫（Kristin Neff）有一些很好的资源供你使用。

本章重点

- 依恋主要有四种类型，每种类型的情绪和关系管理方式都各不相同。依恋可以分为安全型、不安全矛盾型、不安全回避型和混乱型。对不同的人可能有不同的依恋类型，依恋类型可能会在一生中发生改变。

- 依恋模式并不能决定你的一生，因为通过自我反思和稳定的、充满爱的关系，你可能改变依恋类型，获得更安全的依恋状态。

- 情感不调谐虽然在所有的关系中都会自然地发生，但这会让孩子感到羞耻，导致内心的崩溃感，进而让孩子在唤起不足中逐渐封闭自我。

- 在你需要管教或纠正孩子的时候，要注意孩子的感受和反应。如果他不再和你进行眼神交流，开始哭泣，或者开始防御或生气，那就后退一步，调节自我并采取更温柔的做法。但是，不要因为害怕在无意间让孩子感到羞耻，就避免一些可能让他难以忍受的互动。

- 如果我们能温和地将孩子推到"容忍之窗"的边缘，并且在他们离开"容忍之窗"时安抚他们，帮助他们恢复正常，孩子就会养成逆商。但你需要小心，不要频繁地给孩子带来消极情绪。

- 在你和孩子的关系中,偶尔由于情感不调谐而出现的小裂痕是健康的。一旦你和孩子回到了"容忍之窗",就试着去共情、敞开心扉,讨论和修复裂痕吧。

- 如果你内心的罐子是装满的,你就拥有抚育的能力,并且能够给予他人关怀、接纳、温暖、共情等积极感受。如果我们受到批评,有人向我们提出不合理的要求,或者我们的感受和需求被他人(甚至被自己)忽视了,我们内心的罐子就会枯竭。从现在起放弃自我批评和完美主义,对自己好一点儿吧,因为一旦你的罐子填满了,你就能与身边的人(包括你的孩子)分享你的金子。

第 9 章

大脑和神经系统决定了我们回应孩子的方式

如果你心里对孩子"应该"如何表现有许多标准，而孩子没能达到这些标准，那你就可能把大脑不成熟的三岁孩子的典型行为视为"不良"行为，并将其当作一种威胁。如果你是一个内向的人，需要时间放松，而你周围全是吵闹、喋喋不休的孩子，那即使是像孩子在你做饭或做其他事的时候对你讲话这样单纯的事情，都可能会被你视为威胁。

在前几章中，我们探讨了情绪的作用，以及我们调节情绪的方式如何影响我们的感受以及对人、对事的反应。我们谈到了"容忍之窗"，以及离开"容忍之窗"（无论是过度唤起还是唤起不足）会如何影响我们处理情绪的方式，进而影响身边的人对我们的反应。我在前两章已经概述过，父母的情绪调节方式会显著影响父母和孩子之间的依恋、孩子成长中的情绪调节系统和自我意识，以及他在当下的行为。

在这一章中，我会概述我们为何会在孩子身边感到防御、紧张，或者放松、平静，以及某些大脑区域是如何在其中发挥关键作用的。我会揭示这些大脑－身体系统如何改变你对事物的身心反应，以及这一点对教养过程的诸多方面（包括亲子联结）会造成怎样的有力影响。虽然需要一些脑科学知识才能理解这些内容，但请耐心听我说。因为这对于充分理解相互联结的亲子关系对孩子的重要影响来说，是至关重要的。首先，我们需要了解情绪调节的关键脑区，从情绪反应的控制中心——边缘系统开始。

边缘系统：教养大脑的核心

越来越多的神经科学研究表明，教养受到了情绪调节通路的影响，这些通路主要位于大脑中层的边缘系统。正是边缘系统中的脑区让我们深深地爱孩子、关心孩子。尤其是边缘系统通过释放强大的神经肽——催产素，增强了我们对社会信号的敏感性，增强了情感联结、必要的信任，以及你在亲密的人身边时会感到的温暖和亲密。为什么边缘系统对教养有这么大的影响？要回答这个问题，我们就要快速探讨一下边缘系统的功能、组成，以及这些脑区如何决定我们在孩子身边的感受。

什么是边缘系统

你可以把边缘系统看作身体的情绪调节中枢，它是一系列协同工作的大脑区域，与大脑的上下各个部分紧密相连。边缘系统能加工并整合来自触觉、听觉、视觉和嗅觉等的感官信息，以及来自身体内部的感觉，并形成一个统一的反应。边缘系统能加工我们从社会互动中获取的信息，如他人的面部表情。它会根据所有这些信号，对威胁与安全进行评估，并告诉我们，要对这种体验敞开心扉还是紧闭心门。右半球中与情绪调节有关的边缘系统结构比左半球的更活跃。正如我在第 2 章、第 3 章中提到的，这是因为在加工和管理几乎所有的情绪方面，右半球都占据主导地位。

边缘系统有什么功能

边缘系统的一个主要功能，就是帮助我们判断应该接近还是回避我们所遇到的事物。当我们处于"接近"模式时，我们的身体、心理和情绪都倾向于对这种体验保持开放。当我们处于"回避"模式时，我们以防御的方式对那种体验封闭自我，这种现象有时仅仅表现为胸部和喉咙的紧张感。这与我们的神经系统有关，尤其是与我们的"战斗、逃跑或僵住"反应有关。这种反应源于大脑中最原始的层次，即脑干，我会在本章后面详细说明这一点。这种"开放"或"封闭"的反应产生于身体层面，有时体现在很小但很重要的变化上，比如心率加快或减慢、呼吸加深或变浅、语调变得柔软或不自然、眼睛周围的肌肉收紧或放松。

在边缘系统学习的过程中，以及在判断我们必须接近还是回避某些事物的时候，情绪都起到了关键的作用。因为情绪为我们的体验提供了消极或积极的感受基调。某种体验的感受基调的相关信息存储在边缘系统中，就像存储在情绪体验的目录中一样，每当我们遇到类似体验时都会加以参考。这些信息不仅塑造了我们体验事物的方式，也塑造了我们对事物的期待。

比如，如果孩子大发脾气，引发了你的愤怒、焦虑、尴尬或困惑等失调的情绪，那么下次当你认为孩子会发脾气，或者孩子发出你所认为的"脾气预警"信号时，你就可能自动地、无意识地变得紧张、焦躁，要么对孩子变得过于敏感，要么完全忽视孩子此时的感受和反应。不管你是否意识到了，这种先入为主的焦躁状态都会让你的面部、身体和行为发生变化，而孩子会感觉到这些变化，也许会立刻做出你最担心的事情——发脾气！如你所知，由于人的情绪状态（尤其是在神经系统层面）总是在相互交流，因此它具有感染力。这就是为什么某些体验的短暂开放与封闭，就像持续而微妙的舞步，能够极大地促进或抑制亲子间的相互联结。

边缘系统与脑干：本能、直觉和感觉

边缘系统向下连接到脑干，即大脑中最原始的层次。我们通过脑干接收来自身体的感觉输入，也就是来自肌肉、骨骼，以及心脏、肠道（肠胃）和肺等器官的信息。这些"内感受"信号通过脊髓和脊髓内的迷走神经向上传递，进入脑干——这些信息在大脑中的第一站。从脑干出发，信息会被输送到边缘系统和更高级的皮层区域。信息会在高级皮层区域受到进一步加工和提炼，赋予你管理和控制情绪的能力，这取决于该区域是否发展出了强大的连接网络。

由于我们看待世界的方式与身体感觉日益疏离，越来越倾向于理性，因此那种源自身体、与大脑分享的信息往往会受到忽视。正是这些身体感觉构成了本能、直觉与情绪，也正是因为这些信息经过了右半球其他脑区的加工，才会产生自我意识、共情能力和智慧。左半球根据社会规则控制着我们的行为，但这不同于依靠共情或依靠本能的是非观而做出正确的事。

如果我们反思一下，在我们自己和孩子的生活中，我们是如何优先运用理性而非感觉和身体体验的，我们就能看到，这种趋势会随着时间的推移变得多么危险。我们对于卫生的执着只是阻止孩子与他们的身体建立联结的一个例子。阻止孩子与他们的身体建立联结会让他们远离自己的触觉和味觉、大自然，以及所有其他将身体、身体感觉带入意识领域的体验。我们执着于科技，让科技占据了我们越来越多的时间，则是这种趋势的另一个例子。我们已经远离了我们自然的身体状态，现在我们只能通过正念冥想、森林学校和其他人为设置的活动，才能教孩子如何理解身体和感觉的语言。

"我安全吗""你是站在我这边吗"

我们知道，我们的情绪激活状态在一天中会不断地上下波动，从而让我们能够有效地适应我们正在经历的事情，并做出回应。可是，我们怎样才能知道自己要适应什么，从而知道最佳的回应是什么？通过神经觉（neuroception）[38]来评估我们的情绪和身体是否安全的过程发生在脑干——大脑最原始的部分，不在你的意识之内。这个过程不取决于你在意识中知晓或看到的东西，而取决于神经系统通过监测内外环境而接收到的信号。为了帮助你在回避潜在威胁与争取潜在机会（联结、食物、发展）之间取得平衡，你的神经系统必须：①检测风险；②如果你是安全的，就抑制你的"战斗、逃跑或僵住"反应。如果不能抑制"战斗、逃跑或僵住"反应这种原始的防御策略，我们就无法感到足够的平静和放松，以致无法靠近他人或者建立良好的关系。

杏仁核如何帮助你评估威胁和安全

来自神经系统的信息会被传入边缘系统的其他区域，如杏仁核、脑岛和颞叶皮层（能对面部和手的运动以及语音做出反应）。杏仁核是两个微小的杏仁状结构，位于边缘系统深处，在教养过程中起到了重要的作用（对于你和孩子都很重要）。我们可以把杏仁核看作大脑的内在报警系统，它对威胁信号非常敏感，总是处于工作状态。你接收和感知到的内外部信号，都会经过杏仁核的加工。它会快速而粗略地评估这些信息对你而言是安全的还是有威胁的。如果杏仁核可以讲话，你会听到它反复地问和回答两个关键问题："我安全吗？""你是站在我这边吗？"

一旦杏仁核做出快速评估，它就会将信息发送到与之相连的其他区域，包括大脑皮层的高级区域。这些区域能让我们思考和完善最初的评估，并且在适当的时候重新评估，或者平息我们最初的威胁反应。

有证据表明，大脑（包括杏仁核）更倾向于优先检测和处理消极信息，而不是积极信息，这就让人类大脑产生了一种自然的消极偏见[39]。如果想一想这些大脑部分演化出来是为了应对哪些威胁事件（比如发现愤怒或饥饿的掠食者），就能理解我们为什么更关注威胁的来源了。

记忆、杏仁核与海马：我们的内在脚本

"我安全吗？""你是站在我这边吗？"这两个问题的答案并非理性分析的结果，而是建立在对事物的非言语感觉之上。这种感觉受到你的记忆（情绪记忆与事实记忆）、一般情绪调节模式、依恋类型和其他多种因素的影响。杏仁核能利用我们存储

的记忆，完善它的情绪评估，并为我们的情绪体验添加一些背景信息。记忆可以以外显或内隐的方式被存储。内隐记忆是对事物的"感觉"，以图像或情绪基调等形式被编码，这些编码形式往往是我们无法用语言表达的东西，但会以我们无法识别或理解的方式影响我们。这种记忆被存储在边缘系统中。情绪记忆，尤其是能唤起强烈情绪以及与恐惧有关的记忆，都被存储在杏仁核中，影响着我们学会害怕的过程。然而，外显记忆是以时间片段的形式存在的，通常是我们可以回忆和叙述的事件以及事实信息，比如事件的时间、地点、经过。

接下来就不得不说海马的功能了。海马是大脑处理外显记忆的虚拟档案系统，与杏仁核关系密切，因为它们会根据我们过去的经历，共同判断事物是否安全。一般而言，海马在孩子出生后的第二年发育，通常在 18 个月左右开始。在此之前，孩子会在杏仁核和边缘系统中以内隐的、前语言的形式编码记忆。通过这种机制，早年经历能在很久之后依然影响着我们，无论我们能否说出或回忆这些事情。对于父母来说，重要的是要记住，哪怕孩子太小，不能记住有些事实和经历，也不意味着这些经历不会对他们造成影响。最早的经历，尤其是生命最初几年的经历，对以后的情绪调节和依恋模式有着重大的影响。

比如说，如果在童年早期，你感觉父母经常拒绝满足你的情感需求、排斥你的情绪信号，无论是因为他们缺乏建立联结的温情，还是因为心事重重、情感疏离，或者只是因为无法理解你的情感需求，你都可能会发现，在你与人交往的时候，很难感到完全的放松、自在。你可能需要更多的基础安全感，才能敞开心扉，感到自在。如果你小时候被一个你认为具有威胁性的成年人吼过，那么当你觉察到任何针对你或孩子的攻击时，你都可能会感到紧张或焦虑。即使这种攻击不是针对你的，或者你在理性层面知道你没有什么好害怕的，也依然如此。你甚至可能将某些行为解读为有攻击性的，即便这些行为并没有那种意图。你可能说不清为什么会这样，因为你说不清导致这种情况的特定事件。

"战斗、逃跑或僵住"的防御策略

你的身体和大脑会在你有意识之前觉察到威胁或安全。有时候，只有在你的情绪反应变得十分强烈，以至于离开了"容忍之窗"时，你才会意识到这一点。如果你产生了一种安全的神经觉，处在"容忍之窗"内，你就能放松下来，对周围的事情保持开放。如果你产生了一种受威胁的神经觉，你就会要么进入过度唤起状态，进入"战斗或逃跑"模式；要么进入唤起不足状态，进入"僵住"模式。这两者都是防御性的状态，因为其演化的目的都是为了让我们在生命受到真正威胁时生存下来。此时你的身体和心理会自我保护，比如，在人际关系中表现为远离他人，并导致一系列大脑-身体事件的发生，例如启动身体的应激反应。

我们只需要想想一个年幼的孩子在陌生人面前可能会经历的痛苦，就能理解神经觉、威胁与防御系统是如何在身体和本能的层面上运作的。对于自己为什么害怕，这个孩子既没有意识，也没有认知觉察，而他的父母可能不理解孩子为什么一见到某个人就开始闹腾、哭泣。在父母眼中，这是个完全正常、毫无威胁的人，但孩子的神经系统感知到了威胁，他别无选择，只能做出相应的反应。即使孩子长大一些了，能够运用自上而下的高级大脑过程来修正他的第一反应，但这个过程与身体的情绪反应比起来，依然是第二位的。

决定使用哪种反应的因素因人而异。某件事在一个人看来可能是轻微的威胁，会触发"战斗或逃跑"反应，对于另一个人来说可能就十分严重，足以导致"僵住"反应。如果一个人感到特别脆弱，比如被一个块头更大、能够用武力制服他的人攻击或惊吓，就可能产生"僵住"的反应。面对威胁时感觉到的脆弱程度决定了一个人会如何应对。脆弱程度越高，掌控感越低，我们就越有可能采用"僵住"策略。由于孩子很脆弱，在许多方面依赖我们，因此他们在情感不调谐、难以调节自身情绪的时候，以及在陌生人、伤害他们身体或情感的成年人面前可能会感觉受到了严重的威胁而不知所措。

在健康人中间，我们有基本的安全感，对社会互动持有基本的开放态度。如果这种互动策略无法应对当前的情况，我们首先会启动"战斗或逃跑"反应，来让自己做好应对威胁来源的行动准备。如果"战斗或逃跑"反应不足以应对威胁，我们就会采用"僵住"反应。你在读到这里的时候，可能会把这些状态想象成箱子——你只能进入其中一个或另一个，但我说的其实是一个变化、流动的过程，这些状态在几秒钟内就会消退、变化、转化。这不是一个非此即彼的过程，因为这些状态的边界是开放的。尽管这里说得可能很清晰，但我们不知道一种状态何时会变为另一种状态。良好的情绪调节是指，你能够以敏锐的反应、较快的速度，根据当前情况的需要，在多种与威胁和安全有关的状态之间转换。这是所有情感联结与社会关系的基础，包括亲子关系、恋爱关系和友谊。

威胁检测的过程是否平衡

这种威胁评估系统是我们在遭遇突然的、意想不到的威胁后演化和发展而来的。我们那时还面临着资源的匮乏，需要动用大量的暴力和武力手段来应对敌人，以确保我们的生存。因此，神经觉过程天生就非常迅速，几乎没有时间让人做冷静、平衡的分析。这个系统演化出来的目的是帮助我们发现威胁我们人身安全的有形威胁；但如今，激活该系统的主要因素是心理社会方面的威胁。这些威胁影响的是我们的自我意识、地位，以及对舒适、控制和自尊的需求。被批评会引起受威胁的反应，没能在最后期限前完成任务，或者没能按时到达某地也是如此，尽管这些事情对我们的生存根本不构成威胁。我们之所以有这样的反应，是因为我们用于处理威胁和压力的大脑机制并没有像我们的环境那样变化得那么快。我们是在新世界里用旧的大脑做出反应。由于这样的不匹配，我们有时会发现，我们对不算是真正威胁的事情产生了巨大的情绪反应。

我们的杏仁核做出的一些反应是非建设性的，它们有时会对我们的关系造成不折不扣的损害。每当父母对孩子反应过度、大喊大叫，或者在孩子身边变得压力重重、紧张焦虑的时候，就会进入"威胁与防御"状态。但我们在理性上知道，孩子不会对我们的人身安全构成威胁。我们认真地想一想，孩子的哭闹或抱怨究竟有什么威胁性？孩子和兄弟姐妹争吵斗嘴乃至发脾气，这算什么威胁呢？从长期来看，这可能根本不算威胁。但从短期来看，我们可能受制于杏仁核驱动的威胁反应，暂时失去维持理性、平衡与共情的能力。我们的威胁、防御反应针对的不是孩子可能会做的事情，而是我们自己的和孩子的情绪。

人类的杏仁核很早就开始发育了，通常在妊娠晚期开始发育，在婴儿出生时就能正常工作（Schore，1994）[40]。年幼的孩子很容易产生受威胁的神经觉，因为他们很脆弱，要依靠我们才能生存。父母离开房间，就会引发威胁评估，父母通过提高嗓门或忽视孩子发出不赞同的信号也会如此。幼儿在很大程度上受到神经觉过程与杏仁核的支配，因为他们的边缘系统还没有与高级脑区建立向上的连接。有了这种连接，他们才能对自己和他人的反应进行反思和理性评估。这意味着他们会自然地表现出强烈的情绪，而其中的原因往往是容易让我们的高级脑区忽视、评判或感到不耐烦的。但是，了解了大脑的发育方式后，我们必须记住，孩子的大脑在很久以后才会有"关闭""停止"或"重启"按钮。这意味着，作为父母，我们必须把这些"按钮"借给孩子，直到他们的大脑发展出这些"按钮"为止。也就是说，在实践中，我们父母的首要责任是在孩子因为不安全而情绪失控时安抚他们。只有在他们再次感到安全的时候，纠正他们才有意义。

神经觉可能出错，杏仁核可能过度警觉

假设你的孩子没有神经系统异常，而且我们在一定的安全感基础上教养孩子，也拥有一定程度的情感调谐与温情，那他们的神经觉系统就能运作良好，让他们能够发现可能存在的风险，在没有威胁的时候感到安全。有些人的神经觉可能一直是错误的，这导致他们要么对可能的风险视而不见（例如孩子主动与陌生人接触，没有丝毫戒心），要么觉察到根本不存在的威胁（例如把他人中性的声音理解为"愤怒"的）。如果威胁检测系统过于活跃，我们就会像那些经受过创伤或者患有孤独症谱系障碍的人一样，花太多的时间处在防御状态，无法在与他人相处时感到本能的安全。我们可能不喜欢别人靠得太近或触碰我们，除非我们与他们相处得非常舒服；我们也可能难以真正敞开心扉、信任他人。有时候，我们可能都会受到错误的神经觉的影响，比如当我们处于压力之下、身体不适或者睡眠不足的时候。

尽管杏仁核在婴儿期发育迅速，但它在每个人身上的发育情况各不相同，无论各人的经历或基因如何。如果你把杏仁核想象为一个音量按钮，能上下调节音量，有些人的默认音量可能天生较高，导致他们对威胁的警觉水平更高，更有可能对他人眼中的无害事物做出焦虑或防御的反应。对于这些人来说，他们的体验中可能带有一些怀疑、消极或恐惧的基调，不过他们自己不知道。他们更有可能用消极的方式理解和解释他人的行为，因为他们看待世界的第一副"眼镜"——杏仁核已经发展成符合他们童年早期的情感环境或遗传密码的样子了。

你的神经觉系统和杏仁核的敏感程度，会影响你在孩子身边时的放松或焦躁程度。幸运的是，有一些方法能够安慰和控制杏仁核，其中最有用的方法就是我在本书中介绍的呼吸练习。研究发现，关怀也具有安抚杏仁核的作用。如果你的孩子焦虑水平很高，容易情绪失调或感到有压力，这个结论就更有启示意义。因为这样的孩子对你的情绪基调变化很敏感，需要更多的安抚和情绪调节。在本章和下一章里，我会介绍一项练习，来帮助你们培养关怀的能力。

我们为什么对孩子发脾气：边缘系统失控

到目前为止，我在本书中谈到的情绪和情绪调节都集中在我们所说的"自下而上"的系统，这个系统建立在你从身体和环境中获得的信息上——你的神经系统能很快觉察到这些生理的、非言语的、直觉的信息。杏仁核也是这个"自下而上"系统中的一部分。在这个系统中，发生的事情都不在我们的意识觉察之内，信息加工的速度也比准确性更重要。也就是说，当你"自下而上"的系统处于活跃状态时，事情就好像自动发生在你身上一样，而你几乎无法控制这些本能反应。人们很容易陷入这样的感觉里，并因此产生错误的思维模式和过度反应。

如果我们从感觉的角度来思考，这种"自下而上"的系统是"热"的，会立刻引起剧烈的反应。当这个系统启动时，你更有可能认为事情是针对你的，而不能后退一步，思考可能导致这种情况的原因。要举例说明该系统启动时的样子,你可以想一想,如果你在半夜听到一声巨响,心脏就可能会怦怦直跳。你的第一个想法可能是有什么事情要发生在你身上了。有那么几秒钟,最糟糕的可能性会在你的脑海中闪过,然后你才会恢复理智,开始思考更合理的解释。

"自上而下"比"自下而上"的系统更"冷"、更慢

"自上而下"的系统则不与身体直接相连,它接收的信息输入已经经过了杏仁核和其他脑区的加工。这是一个更"冷"的系统,主要以前额叶皮质(位于额头后面的高级脑区)为基础,能帮助你脱离直接、本能的情绪反应。当这个系统处于活跃状态时,你就不会觉得事情是自动发生在你身上的,你可以后退一步,问问自己"到底发生了什么"这样的问题。你可以挑战并重新评估你的即时反应,更好地看待事情,包括从他人的视角看到事情的起因。所有由"自下而上"和"自上而下"的系统接收到的信息最终都会到达前额叶皮质。前额叶皮质会用平衡、整合的方式对信息进行全面的评估,这对于良好的情绪调节、决策和自我控制是至关重要的。毫无疑问,你会意识到,孩子在年幼的时候真的很难做到这一点。所有的事情都要以他们为中心也是正常的,因为他们根本无法为事情找到多种不同的解释。

如果"自上而下"系统的连接良好、发育健全,某些脑区就会与杏仁核紧密相连,包括前扣带回皮质、眶额皮质和前额叶皮质的高级脑区。这些脑区能从生理层面抑制杏仁核的那些

强烈的甚至极其无益的冲动。在这个过程中，这些脑区向下发送信息，修正和调整杏仁核的最初反应。这样一来，它们就能改变我们对事件的感知。"自上而下"系统的这种较慢的评估，能帮助我们平静下来，回到"容忍之窗"，调整自己的反应。这样能抑制我们对孩子发脾气或者远离孩子的冲动，并能控制我们的情绪和行为。这个过程能让我们质疑、挑战并重新评估我们对事情的初始看法。这个系统能帮助我们控制我们最初的冲动，无论这种冲动是在节食的时候想吃蛋糕，在忙碌、心事重重的时候想对孩子大吼，还是想要屈服于一些我们在理智上知道无益的、非建设性的欲望。同样地，请记住，孩子需要时间才能掌握所有这些能力。在此之前，即使你可能已经对孩子说了15遍"把鞋子收起来"，但只要在那一刻他们有更想做的事情，他们就很难抗拒这样的诱惑。

虽然我们当中的许多人已经发展出了相当强大的控制系统，但我们都会经历奇怪的"失控"时刻。在那种时刻，我们会失去理智，做出情绪化的、冲动的行为，事后却懊悔不已。这是因为杏仁核驱动的"自下而上"的系统比"自上而下"的系统运行得快得多。来自杏仁核的、向上的连接，也比来自前额叶区域的、向下的连接要多，这使我们很容易受到最初反应的影响。杏仁核能立即对前额叶皮质产生影响，但只能在稍晚的时候收到来自前额叶皮质的回应。如果你的杏仁核发出足够强烈的警报，就能强行控制你的高级皮层区域，关闭理性思维。当我们感到压力很大或睡眠不足时，这种情况更容易发生。

如何减轻对孩子的反应强度

如果我们从演化的角度来考虑（我是指人类大脑演化的数百万年[一]），"自下而上"的系统是在我们生命频频受到威胁的日子里演化出来的，比如受到熊这样的掠食者的威胁。当你试图逃离熊的攻击时，你需要把能量储备用在行动而非思考上。在奔跑的过程中，你真的不需要对穿过树林的线路进行复杂的分析，让自己陷入困惑，因为哪怕一秒钟的停顿都可能意味着命丧当场。当你在逃跑时，你不希望自己因为美丽的花朵、透过树叶的阳光而分心，所以你发现积极事物的能力会减弱。你也不愿意去想其他面临类似威胁的人，因为在这种情况下，共情会让你放慢速度，处于危险之中。

因此，在这种情况下，你的前额叶皮质及其推理、找出替代方案、解决问题、评估选项的能力就成了负担。这种关闭高级认知功能的能力具有适应性价值，并一直持续至今。如果杏仁核发出了一个足够响亮的警报将你唤醒，无论你面临的威胁是真的危及了你的生命，还是只威胁了你的面子、确定性、对控制的需求，你从其他角度看问题的能力（也就是共情能力与心理灵活性）都会受到损害，你解决问题、感受积极情绪的能力也是如此。你的杏仁核会对威胁的蛛丝马迹变得更加敏感，让你始终处于消极和恐惧反应的循环中。通常情况下，这种基于威胁的反应是短暂的，你会很快恢复你全部的能力。但如果你更容易情绪失调，那么你的身体和大脑可能就需要更长的时间来

⊖ 从直立人开始计算。——译者注

关闭威胁信号。还要注意的是，应激和睡眠问题，尤其是你无法控制的持续应激，往往会阻碍"自上而下"的调节，使杏仁核反应增强。此时我们就会陷入应激的循环。

有时孩子对我们来说就是一种威胁

你现在已经知道，杏仁核会以一种主观的方式发出警报，所以对于一个人来说，孩子发出的声音是无害的，但对另一个人来说，其却可能成为痛苦的来源。比如说，如果你的父母当初不能调节自己的情绪，你孩子的情绪就可能成为你威胁的来源。当他们受到强烈情绪控制的时候，你的边缘系统可能仅仅因为你待在他们身边而失控。如果你心里对孩子"应该"如何表现有许多标准，而孩子没能达到这些标准，那你就可能把大脑不成熟的三岁孩子的典型行为视为"不良"行为，并将其当作一种威胁。如果你是一个内向的人，需要时间放松，而你周围全是吵闹、喋喋不休的孩子，那即使是像孩子在你做饭或做其他事的时候对你讲话这样单纯的事情，都可能会被你视为威胁。对于我们当中的一些人来说，不太强烈的刺激就能触发"战斗或逃跑"反应。不幸的是，孩子在身边似乎很容易导致这种结果！为了减轻对孩子的反应强度，你需要控制自己的杏仁核，挑战某些你关于情绪和行为的心理模型。只要经常练习，本书中所有的呼吸练习都能帮助你做到这一点。

练习：在孩子身边产生安全感，而不感到受威胁

在这项练习中，我想让你任意选择一种让你感到舒服的、缓慢的、放松的呼吸方式。

- 在呼气时，放慢速度，放松下来，在脑海中想象孩子的面孔。
- 注意神经系统状态的变化，调节这些状态，让自己平静、放松下来。
- 当你在想着孩子的时候，把注意力放在左脸上，注意你的嘴唇是否扭曲（轻蔑），脸上的肌肉有没有绷紧。右半球控制左侧身体，因此某些基于威胁的情绪可能更容易在左脸上表现出来。放松面部，释放紧张感。
- 让呼气保持非常缓慢的速度，比吸气更长，试着在心脏周围产生一种温暖的感觉（就像金色的光芒）。
- 看看你能否轻轻上扬嘴角，露出一丝微笑。这一步与关怀有关。
- 如果你在想到孩子的时候感到有些压力或消极情绪，那也非常正常。不要做任何评判，在心里默默地对自己说："没关系。考虑到孩子现有的大脑，他已经做到最好了。"
- 专注于为脑海中孩子的画面搭配一个愉快的、放松的反应。
- 用几幅不同的画面来尝试上一个步骤，直到你感到平静、开放为止。
- 在脑海中为每个孩子都重复一遍这项练习。

本章重点

- 相互联结的教养依赖于大脑的边缘系统。边缘系统就像加工情绪相关信号的中枢。这些信号来自你的身体,是你对自己所经历的事情的反应。也正是边缘系统让你能深深喜爱和关心你的孩子。

- 检测你是否安全、是否受到威胁的过程,是由你的神经系统负责的。这种过程叫作神经觉,会在你的意识觉察之外迅速发生。

- 杏仁核会利用自身存储的非言语内隐情绪记忆来评估威胁。杏仁核也会与海马合作,决定如何评估你面临的情况。海马是你的事实记忆(例如你能有意回忆的情境)的记忆系统。

- 只有当你处于神经生物学层面上的安全状态时,也就是处于"容忍之窗"内时,你才能与孩子建立联结。

- 当你产生受威胁的神经觉时,你的杏仁核和其他脑区就会发出警报,引发一系列反应,包括"战斗或逃跑"或者"僵住"的防御策略。

- 孩子不具有调整最初威胁评估的高级脑区,因此他们比较容易进入防御状态。由于他们很脆弱,因此很容易陷入过度唤起或唤起不足的状态。

- 杏仁核是"自下而上"系统的一部分。这个系统与身体感觉相连，速度很快，易产生激烈的反应。你的"自上而下"系统则更"冷"、更慢，与感觉不相连，能够在一定距离之外评估事物。如果杏仁核发出的警报足够响亮，就能强行控制你的"自上而下"系统，将其关闭，使你陷入情绪激烈的状态，难以平静下来。

- 有时我们的孩子会导致我们的边缘系统失控，进而让我们陷入过度唤起，做出会让我们后悔的过度反应。

- 关怀能让杏仁核平静下来，是一种安抚威胁检测系统的好方法。以关怀为基础的呼吸练习，采用更宽广的、发展的视角思考我们是为何、如何走到当下这一步的，以及尽可能利用我们现有的大脑做到最好（我们的大脑是由我们的基因和早年经历所决定的，而这些都不是我们所能决定的），这些做法都能帮助我们产生关怀之情。

第 10 章

情绪安全感

安全并不仅仅是没有威胁。为了感觉到"安全",我们需要感到被理解、被关心,需要与另一个人建立情感层面的联结,因为如果没有这些,我们就无法生存。

回顾一下与孩子建立有意义的联结的三个必要条件。我们在前几章谈到了开放的陪伴，然后在随后的几章里探讨了情绪调节。在这一章里，我们将深入探讨联结的第三个条件——**情绪安全感**。就孩子在我们身边的感受而言，也许这是建立联结最重要的条件。我们已经了解了神经觉过程，以及杏仁核在评估威胁与安全状态时的作用。我们知道，相互联结的教养方式只能源于神经生物学上的安全状态，而我们准确检测威胁、发出安全信号的能力都可能习惯性或暂时性地受损，导致我们在没有真正受威胁的情况下产生防御反应，或者在面临潜在危险时无法充分评估风险、采取适当行动。

在这一章里，我会为你概述你的神经系统如何在用心的教养中发挥关键的作用，以及神经系统的变化方式能够如何增强或阻碍联结。这是我的教养方法中非常关键的一部分，建立在迷走神经让人平静的特性之上。当我们处于安全状态时，迷走神经的上半部分就会被激活，在促进情绪调节、社会参与和亲密关系中发挥着至关重要的作用。这部分内容建立在斯蒂芬·波格斯（Stephen Porges）[41]的杰出工作的基础上。他在多层迷走神经理论方面的工作让我们深刻认识了心理、情绪安全感在很多层面上对于我们有着重要的意义，包括在心脏、肠胃健康与情绪和心理幸福感等方面的意义。他的研究强调了联结是一种人际生物学过程，当我们调节彼此的内在状态，与彼此达成同步的时候，联结就会产生。

情绪互动对生存至关重要

作为一个物种，人类的生存取决于父母（通常是母亲）在早期养活孩子的能力。父母抚育孩子的情感与身体，直到他能满足自身需求为止。父母必须愿意照顾孩子，注意孩子的需求，并且有动力去满足这些需求，无论他们在这个过程中要忍受多少不适。在我们漫长的历史中，我们曾面临食物和其他资源严重短缺的困难，照料孩子甚至可能意味着自己放弃食物，以保证孩子的生存。

为了将这个育儿的过程坚持下去，度过人类所需的相对较长的"抚育"时期，让孩子成长到完全独立，我们需要对孩子怀有极大的爱与喜悦，建立深刻的联结，使之足以抗衡一路上的无数挑战、牺牲和困难。考虑到这对于我们的生存有多重要，难怪边缘系统不仅要监测和衡量人身层面的安全，也要监测和衡量情感联结的安全。

换言之，安全并不仅仅是没有威胁。为了感觉到"安全"，我们需要感到被理解、被关心，需要与另一个人建立情感层面的联结，因为如果没有这些，我们就无法生存。这不是言语层面的联结，而是情绪在当下的互动与同步性。因为这对我们的生存至关重要,所以我们的身体和大脑天生就会不断扫描和审视他人(尤其是我们的主要照料者)的面部,寻找联结与失去联结的迹象。

情绪互动是安全感的基础:"无表情"实验

当我们开始社会互动时,我们对互动、联结和共同调节有一种内在的生物学期望。如果这些期望未得到满足,身体就会产生应激或焦虑的反应。这种反应可能只会持续一秒钟,孩子可能很快就会恢复;如果在关系中有很多时候,你们的情绪都是同步的、积极的,孩子已经内化对安全的期望,那就更是如此。对于一些孩子来说,缺乏情绪互动可能是有害的,会导致痛苦。如果孩子看向一个人的脸,却没有感觉到互动(共鸣的面部表情、匹配的情绪、情感投入),或者看到了一张冷淡的、没有情绪信息的脸,他就会感到有压力和困惑。因为年幼的孩子没有稳定的内在自我意识,在互动中得不到反馈可能会增添额外的焦虑。如果你过于忙碌、心事太重,无法真正关注你的孩子,他们就会感到很痛苦,因为社会互动与平静的状态是由同一个基本系统所控制的。

爱德华·特罗尼克(Edward Tronick)[42,43]设计了一系列实验,来考察婴幼儿对于照料者缺乏情绪互动有什么反应。在实验过程中,婴儿和母亲会像平常那样互动两三分钟,他们相互关注,对彼此很感兴趣。婴儿咿呀学语,母亲也发出回应的声音;婴儿指指点点,母亲则会自动地看向他所指的方向。但在实验的下一阶段,母亲的脸变得很冷淡,毫无情绪;对于婴儿与她互动的尝试，她也变得毫无兴趣。婴儿会微笑、咯咯笑、发出稚嫩的声音，但母亲脸上依然毫无表情。婴儿会努力引起母亲的注意，用尽各种动作和声音来吸引她，但没有得到任何回应。

虽然这个过程只持续了几分钟，但婴儿变得很痛苦，反复地转移目光，最后开始哀鸣，然后开始哭泣。然后，母亲会重新与婴儿互动，打开共同调节与安全感的渠道，不过这个修复过程对母亲或婴儿来说，并不一定是顺利、容易的。

这些实验已经被重复过数次，结果都是一致的。在无表情阶段，婴儿倾向于转移视线，表现出更多的消极情绪，并通过哭泣来表达自己的痛苦。他们难以调节自己的生理反应，通过扭动和转身等动作表达自己的焦躁，并用手势示意希望被抱起。由此可知，缺乏情绪互动、无法获得情绪信息对于孩子来说是有压力的。有趣的是，在这些实验中，婴儿会用左手的手势来处理他们感受到的痛苦。考虑到左侧身体是由右半球控制的（右侧身体则由左半球控制），研究者推断，如果缺乏生物学上的情绪互动，就会导致情绪上的痛苦，而这种痛苦则是由婴儿的右半球加工的。

你是否知道自己什么时候激动，什么时候平静

你的情绪状态既可能增强，也可能阻碍你和孩子之间的情绪互动，而你与孩子的联结则依赖于你的神经系统。你的杏仁核做出威胁反应时，它会对下丘脑发出信号，触发"战斗或逃

跑"反应,该反应是由你的自主神经系统实现的。你的自主神经系统能调节几种生理过程,以维持一些基本功能的平衡,如呼吸、心率、排汗、腺体分泌激素等。自主神经系统既要让你能够大大提高使用氧气和代谢资源的速度,以采取任何行动,包括战斗或逃跑,也需要让你回到平衡的状态,这样你就不会筋疲力尽并死于过劳或能量不足。该系统通过脊髓和脑干,与身体各器官相连,能够促成这种奇妙的平衡作用。自主神经系统的大部分活动都在你的意识觉察之外,但有趣的是,你可以通过放松的方法来影响它,比如有意识地控制呼吸。

自主神经系统有两个分支:交感神经系统和副交感神经系统。交感神经系统能提高你的心率和代谢产出,而副交感神经系统则会使其降低。交感神经系统让你做好行动的准备,而副交感神经系统会让你的身体回到放松、稳定的状态。这两个系统协同工作,在你调节情绪、处理压力,以及你的身体健康、人际关系等方面都起到了重要作用。

交感神经系统

交感神经系统能让你做好行动的准备,对来自或关于自身内外部环境的信息做出反应。通过这种方式,交感神经系统能让你产生"战斗或逃跑"反应,从而做好准备应对威胁,或者帮助你从事有目的的体育或心理活动,比如锻炼、游玩、处理复杂的家务、应对有截止日期的任务、处理工作中的挑战。这是一个活跃的状态,在此期间,身体会分泌肾上腺素和去甲肾上腺素等化学物质。肾上腺素的分泌能增加心率、改变呼吸模式、放大瞳孔、释放能量、提高精神警觉,从而为我们的行动做准备。

当你的"战斗或逃跑"机制启动时,你的应激系统——下丘脑－垂体－肾上腺轴也会被激活,从而导致应激激素皮质醇的释放。在短时间内,皮质醇的释放有助于你应对挑战,但如果你无法平静下来,无论是因为压力源始终存在,还是因为你无法很好地调节情绪,你都会陷入应激的循环中。长期的压力和高水平的皮质醇会减少让你感觉良好的激素——多巴胺和血清素,使你无法获得快乐和满足,更容易焦虑和抑郁。居高不下的皮质醇水平也会导致炎症,影响你的心脏健康,导致患心脏病、高血压,或者血压升高和中风的风险提高;还会导致性功能障碍、体重增加、激素失衡、肌紧张。高皮质醇水平还会损害海马(你的记忆系统)功能,导致记忆丧失,进一步破坏你的情绪调节能力。请记住,任何你感知到的威胁,或者需要你消耗能量和资源的事情,比如让你烦恼的家务活、锻炼、邮件、消极或痛苦的想法,有挑战性的体验,以及每次孩子打断你的思虑、向你提出要求,都会激活你的交感神经系统。难怪现代生活让我们这么多人感到疲惫、焦虑,陷入难以自拔的状态。这对我们孩子的内在状态有什么影响呢?

副交感神经系统

副交感神经系统负责平复身体反应,让你回到基础的平衡状态。在这种状态下,你的心率较慢,你会保存能量,能够消化食物,感到平静、满足、放松。你在睡觉的时候,副交感神经系统占据主导地位，而你早上醒来的时候，交感神经系统就被激活了。正因为如此，副交感神经系统通常被称为"休息和消化"系统。多数旨在引发放松反应的练习，如冥想和瑜伽，都是通过延长呼气来做到这一点的，因为延长呼气能刺激副交感神经系统，让你平静下来。

当副交感神经系统被激活时，你会更容易觉察和回应来自身体内部的信息，并能排除外在环境的信息。一种叫作乙酰胆碱的神经递质能让你的心率慢下来，使你的内部器官恢复平静。你的交感神经系统和副交感神经系统本应每时每刻都协同工作，但我们的生活变得太快、太忙碌，以至于交感神经系统开始主导我们的体验，打乱自然的平衡，让我们无法平静下来，与彼此建立真正的联结。

"迷走神经刹车"：逆商的关键

迷走神经是副交感神经系统的一条主要神经。这是一条长而蜿蜒的神经，始于脑干，也就是你头部的底端，向下穿过脊髓。其诸多神经束通过脊髓延伸至心脏、肺、胃、肠道、肾脏和生殖器等器官。迷走神经是一条非常繁忙的神经，它将信号从身体上传至脑干，这些信息又会从脑干传递到杏仁核、脑岛（负责共情与身体觉察）和眶额皮质（帮助我们加工来自他人的社交与情绪信号），并进一步传输到前额叶区域，进行更复杂的加工。迷走神经还充当了一个通道，将信号从大脑传递至面部、头部和各个器官，调整它们的状态，以响应大脑对安全与威胁的评估。但迷走神经不仅仅是一根通信电缆——它的功能远不止于此。

迷走神经（见图10-1）有两个分支，下迷走神经系统（lower vagal system）和上迷走神经系统（upper vagal system），各有不同的功能。

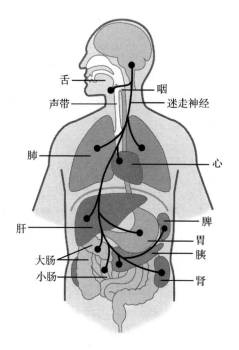

图10-1 迷走神经

下迷走神经系统负责"僵住"反应与消化功能

迷走神经的下段分支，即下迷走神经系统，是一个更为原始的系统，将膈肌以下的器官（如胃和肠道）与大脑相连，并将肠胃的内部环境信息向上传递，协助调节消化与放松。当我们在放松、对当下感到满足、睡觉或屏住呼吸的时候，该系统的作用会更为明显。当这个系统处于主导地位时，除了活在当下，我们几乎没有动力去做任何其他的事。当我们处于安全状态时，我们会用下迷走神经系统来修复、恢复我们的细胞和器官，这是我们在受威胁状态下无法做到的。那"僵住"反应呢？是下迷走神经系统制造了古老而原始的"僵住"反应，即在威胁面前静止不动。此时你的心率和能量水平会降得很低，你会陷入"关闭"模式。这种情况既可能会暂时出现，例如你被车灯照到的时候，会像受惊的兔子一样僵住，也可能会持续很长一段时间，强度也会有所不同。

当你的交感神经系统被激活时，下迷走神经回路会受到抑制，这样我们就能暂时把消化和放松放到一边，把能量集中在处理挑战和威胁上。情绪失调或承受压力的人，容易过度唤起或唤起不足的人，都可能产生与肠胃有关的问题，如肠易激综合征，因为他们无法有效地运用下迷走神经系统。在与企业里的客户打交道时，我曾见过这样的例子：那些习惯压抑情绪而不公开表达和处理情绪的客户，自述有过更严重的肠胃不适症状。你可能也会从亲身经历和对孩子的观察中发现，肠胃不适经常出现在情绪失调的时候。

上迷走神经系统能帮助我们调节情绪，停留在"容忍之窗"内

迷走神经的上段分支——上迷走神经系统将膈肌以上的器

官（如心和肺）与大脑连接起来，让我们能够将心率和呼吸维持在健康的范围内，促进有效的联结，而不陷入防御状态。这个系统就像管弦乐队的指挥一样，协调、控制、限制交感神经和下迷走神经，让我们保持平静、活在当下。上迷走神经系统与心脏上的窦房结相连。窦房结能调节心率，起到"迷走神经刹车"的作用，让心率保持在健康范围内，让你停留在"容忍之窗"内。如果没有"迷走神经刹车"，我们的心脏就会跳得更快，而我们则难以保持足够的冷静，处理好人际关系。我们很可能会一直处于"战斗、逃跑或僵住"的模式里，这些模式都无益于抚育行为。

上迷走神经系统演化出来的时间较晚，它能够控制和抑制交感神经系统中出现较早的系统，以及副交感神经中的下段迷走神经分支，并防止你进入"战斗、逃跑或僵住"模式，因为这些状态对于你当下的情况而言可能是不合适的。这是一个相当巧妙的系统，因为它只要稍稍松开"迷走神经刹车"（你心脏的起搏点[一]），就能让我们的心率快速而平稳地上升，来处理那些需要心率上升，但不需要像交感神经系统激活那样强烈反应的情况。交感神经系统的激活会让身体消耗大量精力，其反应速度也比上迷走神经系统更慢。同样地，上迷走神经系统也能"踩住"刹车，让我们的心率下降，稍稍平静下来，从而不必进入"僵住"模式。这种模式会让我们封闭自己，对于我们人类遇到的大多数情况，这都是一种过于极端的反应。为了理解这

[一] 主导心脏兴奋与收缩的部位。——译者注

个系统如何顺利运作，你可以想象自己前进时的样子。当你以中等速度行走时，上迷走神经系统可以很好地完成这个任务，只需稍稍放松"迷走神经刹车"，但如果你要开始跑步，"迷走神经刹车"就会完全放开，让交感神经系统占据主导，因为跑步需要的能量水平更高，需要更高的心率。

人际交流就是这一系统工作的完美例证：当你在说话时，心率和身体激活都需要迅速而轻微的提升，要做到这一点，迷走神经刹车就要放松对心率的控制。相反，当你倾听的时候，你必须平静下来，放慢速度，这样你才能理解别人对你刚刚所说的话的反应，而不去打断别人、用声音盖过别人，或者变得太过激动而无法以相互的方式进行对话。如果你离开了"容忍之窗"，进入了过度唤起状态，心率过高，你就可能变得过于兴奋，或者仿佛受到了极大的威胁，而无法好好倾听。儿童的上迷走神经系统还不成熟，这可以解释为什么在兴奋、急于表达观点或焦虑的时候，他们很容易打断别人的话，用声音盖过别人。除开孩子，我也经常在成年人身上见到这种情况，尤其是在工作或社交场合。

正是因为"迷走神经刹车"，以及它让神经系统适当提速、减速的能力，我们才得以在"容忍之窗"内对他人和困难的情境做出回应。这是逆商的关键。即使在一心多用的时候、要满足多方要求的时候、孩子陷入情绪失调或不听话的时候，上迷走神经系统也让我们能够保持冷静、正念和共情。我们都知道要做到这一点有多难，但这对于我们当中的一些人来说更容易，这取决于他们上迷走神经系统的能力。当你的上迷走神经回路占据主导时,你的"战斗或逃跑"系统会关闭,应激反应会受到抑制,你可以与他人建立真诚的联结,你的身体也可以把注意力从压力和紧张转移到治愈和恢复上。这堪称幸福与情绪复原力的根基。

上迷走神经系统使人建立用心的联结,而不掺杂威胁

在我们演化的过程中,脑干中的疑核——上迷走神经系统起源的部位,也逐渐开始负责控制某些面部肌肉,从而使面部与心脏连接在了一起。上迷走神经回路不仅与眶额皮质、加工和回应情绪及社会信号的其他脑区相连,还控制着面部上半部分的横纹肌,例如传达情绪的眼周小肌肉、让我们关注人类语音频率的中耳肌肉、让我们在说话时转动面部的某些头颈肌肉,以及调节我们语音韵律的咽喉。该回路甚至在吞咽过程中也发挥了作用,这就是我们被强烈情绪控制时难以吞咽的原因。这些面部和声音特征为神经觉系统和杏仁核提供了信息,让它们得以在我们与人互动时评估威胁和安全的水平。通过头部动作、目光、眼球运动以及最重要的语调,这些面部肌肉让情绪为我们带来活力。所有这些要素共同组成了斯蒂芬·波格斯所说的社会参与系统。

只有当我们产生安全的神经觉时,社会参与系统(上迷走神经回路)才会被激活。此时我们的心率能在一定范围之内灵活波动,支持社会互动中的变化。我们的面部肌肉会放松,变得更加灵活,从而能表达更多的情绪,而我们也能进行更温和、持久的眼神交流,却不会显得面无表情、目光呆滞、过于紧张,或者只能稍稍一瞥他人的眼睛。我们的声音会自然地柔和起来，变得更加抑扬顿挫，音调与语气的范围也会更广。我们会更容易露出发自内心的微笑，而不是因为我们知道这是社交规则所提倡的。我们能够很好地倾听，不仅能听懂话语，还能听懂说者不断变化的情绪状态和意图。

如果社会参与系统暂时关闭，或者不够发达，面部上半部分的动作就会较少，表达能力也较弱，而面部下半部分（与交感神经系统连接更密切）可能会变得更加活跃。当我们产生受威胁的神经觉时，我们的目光以及眼神接触的频率和深度会发生变化，眼周的小肌肉会变得僵硬或紧张，音调会变得更沉闷或更尖锐，我们可能会朝别人大吼或者说话时不顾及对方的反应，我们也会很难屏蔽外部的背景噪声、理解他人的话语。这种状态不能帮助我们与孩子共情、建立联结，因为我们不能很好地解读他们的内在状态，无法给予他们安全感。没能发展出强大社会参与系统的人，或者暂时进入受威胁、防御模式的人可能会喋喋不休，却意识不到对方需要相互的沟通，需要互换意见。因为让我们关注语音的系统也是调节我们心率的系统。我们期待或需要与他人进行亲密的社会互动，而我们的心率会根据我们在互动中听到、看到的事物变化而变化。

孩子的安全、联结、身体健康是由你的社会参与系统决定的

如果我们没有产生受威胁的神经觉，而且通过温暖和谐的社会互动感到了联结，就会产生安全感。任何受威胁的状态，

无论是轻微还是严重，都会使交感神经系统或下迷走神经系统的"僵住"反应占据主导，而上迷走神经系统则会停止它在联结、消化、放松、修复身体、恢复精力及其他健康活动中的作用。让我们能调节心率和呼吸，让我们能感觉平静、安全、情绪协调、身体健康的系统，也是让我们能表达情绪、解读他人面部表情的系统。

通过与那些社会参与系统正常工作、运作良好的人互动而得来的情绪安全感，与平静、安慰、身体健康和幸福密不可分，因此情绪互动、友善和用心的联结可以说是人类的基本需求。这一理念让我们用全新的理解，去看待孩子需要从我们和其他成年的互动对象那里得到什么。尽管孩子不知道，但他们的大脑会不断扫描你的脸和声音，评估他们与你的关系。为了让他们感到安全和被支持，你能给予他们情绪互动吗？他们能信任你吗？还是说，你会有意或无意地排斥他们、惊吓他们，导致他们必须对你封闭内心？在无意之间，你面部和声音的微小变化揭示了你的内在状态。

当孩子与那些眼神温和、表情丰富、声音柔软悦耳的人互动时，他们就会感到安全，因为这些因素能带来安全的神经觉。母亲会自动地用一种独特的语言模式和面部表情来与婴儿互动。那种面部表情是很夸张的，我们也会采用一种特殊的语调、语气。研究发现这是一种普遍现象，而且是自发出现的——我们的右脑凭本能就知道该怎么做，根本不需要学习。这不仅是因为婴儿喜欢这种互动模式（比起成人式的语言，他们更喜欢这种模式），也是因为他们的大脑需要这种互动才能生长出有利于健康的情绪理解与表达的神经回路。这种母婴之间面部表情与肢体语言的"舞蹈",是由我们的社会参与系统实现的。这种互动能告诉孩子,他是安全的,他被看到了、理解了,他能活下来。

成年人自动地用柔和、高音调(即"母式语言"㊀)的声音对婴儿讲话并非偶然,而是出于对如何安抚、安慰婴儿内在状态的一种直觉的、生物学上的理解。我们人类天生就有对声音的感应能力:低频的声音(如机器)会触发受威胁的神经觉,频率极高的声音也是如此。健康的社会参与系统发出的人类语音频率最能安抚我们。这种声音刺激与母亲对婴儿唱摇篮曲的声音频率最为接近。请注意,一些人的神经觉系统不能很好地感知人类语音,也可能对语调极度敏感,因此语音难以安抚他们。

如果你很忙,或者压力很大,你的交感神经系统就会处于主导地位,社会参与系统则会关闭,导致孩子进入一种与你相互影响的应激或脆弱状态。如果这种情况时常发生,而你的孩子没有时间与你在放松、缓慢、平静的状态下建立联结,就会对他们的情感和身体健康产生影响。虽然我们不需要一直处于安全状态,但我们和我们的孩子至少都在某些时候需要如此。花一些时间,做一次深长、缓慢的呼气,放松眼睛和下巴周围的小肌肉,从而降低心率,并且在孩子对你讲话时真正地关注他们,哪怕只有一小会儿。试着让自己完全沉浸在此时此地,沉浸在与孩子同步的感觉中。

㊀ 母式语言(motherese)也译作"妈妈语"或"儿向语言"。——译者注

练习：下调交感神经系统、激活副交感神经系统

这项练习的目的是安抚交感神经系统，重新启动你的上、下迷走神经回路。如果你在评判自己，对自己提要求，你就会激活交感神经系统，即使是为了激活副交感神经系统也会如此！所以，放下努力，保持好奇心，不要评判。做这件事的时候没有对错之分，做成什么样都比不做好。不要评判和评估，只要注意即可。在所有这些练习中，请试着体会身体层面的感受，不要关注你的想法。这对许多人来说都很困难，但请试一试。我的一些客户在做这些练习时根本注意不到自己的心率，但经过几周的练习后就能做到了。

找个安静的地方坐下，放松身体，但保持身体坐直，闭上眼睛，按照下面的步骤来做。

1. 首先，试着调节吸气和呼气，让它们的持续时间相同。例如吸气和呼气时各数四个数。像往常一样，吸气至额头中部后面的空间，呼气至心脏和胸腔。
2. 在呼气时数到四，让呼气舒缓下来，试着放松面部和上半身的肌肉。
3. 几分钟后，开始慢慢延长呼气，每次呼气数到五或六。
4. 如果你能轻松自如地做到的话，可以在吸气和呼气之间暂停一下，数到四。暂停能在安全状态下激活下迷走神经回路。

5. 深吸气,然后尝试稍稍收紧喉咙,在呼气时随着空气在气管里的流动发出声音(这是瑜伽练习中的"乌加依"呼吸法)。这种呼吸方式能让你的神经系统平静下来,保持平衡;如果你能坚持几分钟,就会发现头脑变得更加清晰,明显地感觉自己慢下来了。如果你不想做"乌加依"呼吸,也可以不做——做普通的呼吸练习也可以。

如果你发现自己压力很大、焦躁不安,或者根本不能专注于这项练习,那你可能需要进行几次深吸气和迅速呼气。用你觉得舒服的方式让呼气放松下来(可能会让你的呼气变得很刻意,但没关系),让身体稍稍耷拉下来。重复几次,直到你觉得自己恢复正常为止。然后再试着做上述的完整练习。

本章重点

- 婴儿天生就能用尝试互动的方式，来监测母亲的情绪反应或情绪互动。亲子间的同步水平和情绪互动决定了孩子的安全感。

- 如果杏仁核检测到威胁或安全，它就会向自主神经系统发送信号，使之做出相应的反应。

- 自主神经系统有两个主要的分支：交感神经系统和副交感神经系统。交感神经系统能让你做好行动的准备，而副交感神经系统能让你恢复精力、平静下来。这种转变不是非此即彼的，而更像变色龙的颜色变化——根据背景环境，颜色会发生变化，颜色的深浅也会有所差别。

- 副交感神经系统建立在迷走神经的基础上，迷走神经有两个分支——上迷走神经和下迷走神经。当我们受到威胁时，下迷走神经会产生"僵住"反应，当我们处于安全状态时，下迷走神经能让我们休息、消化，让器官和细胞生长、恢复。

- 当我们处于安全状态，停留在"容忍之窗"内的时候，上迷走神经回路是被激活的。"迷走神经刹车"能让我们根据自己可能会说什么、听到什么来改变自己的内在状态，但总体上保持协调与平静。

- 关于上迷走神经系统，值得注意的一点是，它起源的脑区，即脑干的疑核，同时也是控制某些面部肌肉的脑区，包括用于表达情绪的眼周肌肉、让我们关注语音、忽略背景噪声的中耳肌肉、调节语音韵律的咽喉，以及让我们能在说话时转动头颈的头颈肌肉。

- 心脏与面部直接相连，后者是我们表达爱与情绪的大门，从而为"用心的教养"赋予了另一层意义。

- 当你处于不安全状态时，孩子能从你的面部和声音中将它解读出来，并且能通过情绪互动的缺失而感知这一点。这可能使他的交感神经系统产生轻微或强烈的反应，因为他无法产生安全的神经觉。

- 副交感神经系统的上、下迷走神经系统共同负责睡眠、消化、器官与细胞的修复和生长、情绪调节、情绪表达和人际联结，所有这些都只能在安全状态下发生。这是一个将所有这些要素都连接在一起的系统。

第 11 章

情绪安全感如何
影响日常亲子互动

眼神可以透露出一个人的情绪状态，孩子对眼神的变化非常敏感。如果你很忙碌、压力很大或者在批评孩子，你进行有效眼神交流的能力就会受损。

在上一章里，我讲述了自主神经系统的分支——交感神经系统和副交感神经系统。我还概述了副交感神经的上迷走神经系统如何起到"迷走神经刹车"的作用，让我们能够时刻进出激活和平静状态，从而灵活调节情绪。

在这一章里，我会介绍这些神经系统如何影响我们与孩子的日常互动。我会帮助你注意和管理自己的社会参与系统，这样你就可以用你和孩子都喜欢的教养方式了。

社会参与系统使人进入不同的教养状态

受威胁或安全的状态会影响你的神经系统如何转换状态。不要把这种交感神经系统（上调）或副交感神经系统（下调）的状态转换想象成非此即彼的过程——好像你要么兴奋，要么平静，没有中间状态。你可以把自己想象成一条变色龙，可以迅速而突然地改变颜色，来适应背景环境。你是一条善于变化的变色龙，所以你能变出各种深浅的颜色，包括从浅到中等，再到艳或深。这就是神经系统的运作方式——根据你的需要加快或减慢速度，对周围的事物做出最佳的反应。

良好情绪调节的标准在于，你能根据所处情境的需要，敏锐、迅速地进入或离开不同的状态。交感神经系统和副交感神经系统的两条迷走神经回路能使人进入几种不同的状态，有些状态与孩子对我们的需求有着密切的关系。你可以从下图（见图 11-1）中看到，激活水平与受威胁、安全程度结合，能产生各种影响教养的状态。

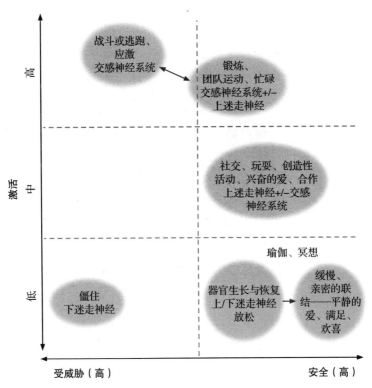

图 11-1　激活水平和受威胁、安全程度与教养状态的关系

玩耍和快乐能够锻炼社会参与系统

和孩子一起玩耍和享受快乐，是教养的一个重要方面，也是"兴奋的爱"的基础。通过与孩子互动，体验彼此的愉悦、快乐和兴奋，可以帮助孩子的大脑培养创造力和终身的积极性。积极主动的游戏，就像社会参与系统的锻炼，因为这种游戏能在没有威胁反应的情况下，提高身心的动员水平，即调动"迷走神经刹车"或交感神经系统（心率上升）。团队运动需要交感神经系统的唤醒，也需要社会参与系统。这是交感神经系统与上迷走神经系统能被共同激活，维持参与模式，对当前情境发挥建设性作用的一个很好的例子。与孩子一起做支持社会参与又有趣的体育活动，并调动交感神经系统，是一种培养他们调节能力的好方法。但请记住，如果我们已经处于应激状态，这种做法就可能适得其反，因为社会参与系统在此时已受到抑制；此时交感神经系统的唤醒水平越高，我们的情绪就越容易进入"战斗或逃跑"的失控状态！

孩子，尤其是在打闹或进行其他恶作剧的孩子，有时会从友好变为好斗，因为他们的社会参与系统还不够成熟，在生理激活水平迅速上升时，他们难以保持情绪协调。他们也更容易把事情看作是针对自身的，做出防御的反应，这是因为他们的高级大脑回路仍在发育之中。解读面部表情的能力，能够帮助孩子和成年人在玩耍或热烈的社会互动中保持情绪协调。通过眼神交流、解读同伴的面部表情，我们能够推断对方的内在状态，从而判断我们是否还在玩耍，还是说游戏已经发生了变化，我们需要保持警惕或保护自己。孩子通常很快就能回到玩耍或社会参与状态，父母在介入时需要保持谨慎，因为这多半是人与人之间自然、本能的过程。然而，社会参与系统不成熟或受损的儿童难以注意、解读和加工他人面部的这些信号。

社会参与系统让我们感受平和、安静的亲密

如果你有安全的神经觉，你的交感神经系统活动减少，那么你的上迷走神经回路就能与下迷走神经回路（负责"僵住"）同时被激活，产生非常平和、平静、亲密的联结状态。这就是"平静的爱"。你可以把这种状态想象成暂时的"僵住"，但其出于快乐而不是受威胁。这是一种更深、更慢的联结，能产生一种爱的感觉，比如拥抱时的感觉。这种联结既温柔又缓慢，让我们体内充满催产素。社会参与系统可以在分娩、哺乳、性亲密以及在我们与亲近的人产生情感共鸣时激活。有时，这种联结可能只是一个简单的眼神交流，或者相视一笑，但这一刻的影响远远不止于此。尽管这种感受可以在任何时候发生在你与任何人的关系里，甚至是陌生人和朋友，但它是关系中亲密感的基石。那些回避情绪、倾向于压抑情绪的人不太可能有这样的感受。有的父母可能很难与任何人（包括自己的孩子）体验到这种亲密的状态——这取决于他们的早年经历。但是，我们当中的许多人可以训练自己，让自己更加接近这种状态，而这的确值得我们付出努力，从很多方面来看都是如此。

你怎样才能知道社会参与系统在何时处于主导地位？其最主要的表现是，你有了一种奇妙的抚慰、放松和滋养的感受。即使它只持续了一小会儿，你也会有一种平静、自在和满足的

感觉，不会有努力或评判的感觉。当你进入这种状态后，无论时间多么短暂，你的语调都会变得更柔和、平静、悦耳。你会发现自己的语速变慢了，或者根本不再说话了，而且会自然地多加停顿，这样有助于你注意听者的反应。你的面部会放松，眼睛和嘴周围的所有小肌肉也会放松、舒展。当你看着别人的眼睛时，你会被你所感觉到的东西触动。你的身体会释放一些张力，心态也会变得开放，专注于当下。这种状态对于儿童，甚至成年人都有强大的镇静作用，因为它能带来一种深深的安全感，以及催产素的激增。当你在这种状态下触摸孩子时，就能安慰他们的神经系统，帮助他们放松、休息，滋养他们身体和大脑中的细胞。

我们神经系统转换状态的方式是否失去了平衡

虽然我们可以随时在交感神经系统和副交感神经系统的激活之间迅速转换，但也需要为了最佳的幸福感和联结寻找一个平衡。副交感神经系统中的上迷走神经系统主导了我们的基本状态，我们能迅速从这种状态进入交感神经系统激活的状态，来应对挑战、运动、做我们所有需要做的事情。如今，两个神经系统状态间的平衡似乎被打破了，因为很多人花了太多时间在交感神经系统被激活的状态里，在上、下迷走神经被共同激活的缓慢、平静状态里的时间却不够。我们的生活方式在个人主义的道路上越走越远，我们越发觉得照料、抚育他人，与他人建立联结是有压力的，而不是能滋养我们的。如果我们有责任照料他人，却不能在他们身边进入安全的状态，我们就会有压力、心怀怨恨。需要或想要远离你的孩子可能是一个信号，表明你心里不能把与他们相处看作一种奖赏。

关注孩子的社交和情绪调节能力

并非所有孩子的社交和情绪调节能力都是相同的，因为构成社会参与系统的基本大脑-身体系统自然存在差异。有些婴儿比其他婴儿需要更多的安抚和共同调节，因此父母需要根据孩子的忍耐力来做出灵活的调整和回应。有些孩子的交感神经系统很容易被激活，容易受到过度的刺激，陷入焦躁不安、激动或焦虑的状态。当你与孩子相处时，请注意他们的社会参与系统是如何运作的。在一般情况下，他们能否很好地倾听？还是说你经常需要重复自己的话才能让他们听懂？他们对你的语调变化能迅速做出反应吗？还是说他们对此浑然不觉？他们容易陷入"僵住"的状态吗？在说话时，他们的面部表情和语调会变化吗？还是说他们的脸色相对平淡（可能会让他们看上去很平静）？当他们看着你，讲述能让他们产生情绪的事情时，这种情绪是否会表现在他们的眼睛里？无论是暂时的，还是习惯性的，这些迹象都能表明他们的社会参与系统是否运作良好。

有的孩子，例如患有孤独症谱系障碍的孩子，他们理解面部情绪线索、推断他人情绪状态或想法的能力是有缺陷的。他们进行自发、相互的眼神交流或沟通方面的能力受到了损害。他们常有听觉敏感的问题，难以屏蔽低频的背景声音并选择性地注意和理解人的语音。他们调节情绪的能力，以及他们关于社会情境中什么合适、什么不合适的内在"感觉"，都受到了影响。他们的杏仁核激活水平往往较高，因此焦虑高于一般水平，而且他们可能需要更多的安抚，甚至需要另一种不同类型的互动，才能感到安全和放松。

如果你的孩子容易情绪失调，你需要做什么就取决于让他失调的诱因。如果孩子容易受到过度刺激，就审视一下你自己，注意你的内在状态是否平静。你可以迅速做一个呼吸练习，激活自己的社会参与系统，与孩子共同调节：吸气，数四个数，暂停，数四个数，呼气，数五个数，并且在脑海中想象孩子微笑和快乐的样子。这个练习很快就能做完，但如果你已经进入"战斗、逃跑或僵住"模式，就可能需要更长时间。因为我们天生就会审视周围发生的事情，寻找我们是安全还是受到威胁的线索，太多视听觉刺激可能让孩子不堪重负，导致过度警觉。每个孩子都是不同的，不过人为的刺激对孩子来说并不一定是积极的，在他们小的时候，还没学会对这些东西脱敏的时候更是如此。你也可以观察孩子的睡眠模式，并审视你的生活方式是否有助于在这两类事物之间找到足够的平衡：激活交感神经系统、使人容易有压力或感到焦虑的事物，以及能够安慰和安抚孩子的事物。把睡眠和小憩放在首位，每周尽量让全家人有一天能放慢生活节奏，没有任何压力。在这一天里，尽量放松下来，让孩子不必听从你的指示，让他们有时间做自己。

你们真的建立联结了吗

杏仁核与负责神经觉的其他边缘系统脑区，对目光的变化、瞳孔中光线的大小和深度的变化、眉毛周围以及眼睛周围更大范围的肌肉的细微动作特别敏感。这些面部信号也在共情（理解他人的想法和感受）方面发挥着关键作用。如果花点儿时间思考一下这对于教养的启示——尤其是在这个人们常常繁忙且心事重重的时代，我们能够发现，最值得关注的缺失就是眼神交流的不足。如果孩子凭借与父母的眼神交流来评估安全与否，而父母的繁忙和心事重重减少了真正眼神交流的机会，这就会让孩子在与父母相处的时候、在更广大的世界里感到疏离，对自己的情绪安全感到不确定。这样让孩子更难以评估自身体验安全与否，因为他们的评估在很大程度上取决于观察父母对事物有何反应。

我在讲述依恋重要性的那一章中谈到过，孩子会通过你的非言语情绪反馈来发展自我意识。随着年龄的增长，孩子会内化他们对自己的看法，即他们与人相处时一般是安全的。缺乏眼神交流可能不会对他们产生太大的影响，因为他们已经拥有大量社会互动的积极记忆可供参考。但是，对于大多数人来说，当他们亲近的人、为他们提供安慰与联结的人通过肢体语言，打破了生物学意义上的相互联结时，无论是儿童还是成年人都会产生内在的转变。

几年前，当我开始研究情绪调节背后的科学时，我发现，当我太过专注于我必须做的事情，或者繁忙、压力重重的时候，我就往往会对孩子一个劲儿地说话,却不顾及他们的反应,并没有真正放慢速度,好好地看着他们的眼睛。我只想让他们听我的话,去做他们的事情,这样我就能不受干扰地做我需要做的事情了。我了解到,如果这种与他们缺乏联结的沟通方式持续一段时间,就会不可避免地导致孩子产生某种形式的情绪失调行为,有时是与我产生轻微的隔阂,有时会变得躁动。时至今日我依然会看到这种情况。只要我这种心事重重的状态持续几天,不能在当下陪伴他们,我的小女儿就会越发情绪失调,容易受到过度刺激,这与她一贯的情绪协调状态形成了鲜明的对比。请想一想当你在繁忙或者感到有压力时,你与孩子的眼神交流的多少会有什么变化。那样的你真的能"看见"孩子和他们的内在状态吗?

你的面孔向孩子传达了什么信息

孩子对忽视、敌意或者温暖、接纳的面部表情非常敏感。用消极或评判的眼光看孩子,或者在解离、回避的状态下避免眼神交流,都会给孩子带来压力。孩子的神经会从你眼中觉察到消极表情,或者从你面部肌肉的皱纹中观察到厌恶或愤怒。即使持续的时间很短,他都会将其评估为威胁,从而忙于自我防御,试图调节自身的情绪反应,这种状态让他难以保持开放或倾听。当然,这种状态来得快,去得也快,但如果孩子经常在你身边感觉不到"安全",就会给心灵留下印记。有一大批确凿的证据告诉我们,在关系中,消极体验比积极体验的影响更深远[44],这意味着我们必须非常努力才能修复与孩子的消极情绪体验。

如果这种情况经常发生,孩子就可能对威胁的迹象过度敏感(唤起过度),并习惯性地预期他人会对自己做出消极反应,也可能对这些迹象脱敏(唤起不足或解离),将这些信息屏蔽掉。然而,如果你和孩子的关系在总体上是安全的,这些短暂出现的消极情绪就不会对孩子造成过度的威胁,因为你们有一个信任和安全的总体基础,孩子知道事情很快就会恢复正常。

由于眼神交流是共情的一部分,因此当孩子情绪失调时,我们必须尽量友善地看向孩子,即便是我们与孩子的互动造成了他们的痛苦,也依然如此。这就需要自我觉察和自我调节的能力。首先,要注意你的身心是否处在当下情境;其次,如果你心事重重,就要调节自己的状态,回到当下。如果我们能利用自我觉察的能力激活我们与孩子互动的社会参与系统(只需要少量、经常的练习,我们就可以有意识地做到这一点),就能给孩子的情绪调节能力带来极大的积极影响,因为这种行为向孩子表明,他是安全的。只有当孩子感觉自己是安全的,他才能恰当地从事重要的事情,如探索、创造、玩耍、建立联结、享受乐趣。请注意,我说的不是左脑驱动的、有意识的眼神交流,也不是刻意做出你所认为的代表社会参与的面部表情——这在孩子的眼中会显得很奇怪、很令他困惑,而是一种当你学会培养真正放松、开放的身体状态后自然出现的状态。

提升亲子互动质量的日常练习

在接下来的几天里,请留意一下你与孩子的互动质量,尤其是你的脸、心脏和胸口周围是放松、柔软，还是紧张、收缩。要启动你平静、联结的系统，最有效的方法就是放慢呼吸，暂停一下，减少说话，同时舒缓、放松你的身体。当你心事重重、紧张或恼怒时，脸上的小肌肉就会收缩，所以你可以考虑放松这些肌肉。注意你和孩子相处时的语调，注意语调从紧张、尖锐到愤怒的频率，无论这种变化有多微小。你是否常用放松、温柔的语调，就像你在脆弱的时候或真正满足于当下的时候那样？回想一下，当孩子感受到你的面部表情和声音，他的大脑从开放状态转变为防御状态时，他对你的反应能有多好？

你知道，上迷走神经系统与中耳的肌肉相连，因此孩子感觉越不安全，他就越难以听进去你所说的话。有的孩子对你语调的变化尤其敏感，当你的社会参与系统暂时关闭时，他们就很容易陷入焦躁、焦虑甚至羞耻的心情里。如果孩子感到有压力、焦虑，或者你要做一些可能引起他们"羞耻"反应的事（比如责备孩子），那么请降低音量、放缓语气，这是很重要的。我知道这听起来几乎是不可能的，而且我们通常的做法恰恰与此相反——我们常会在训斥孩子时提高音量。这一点之所以重要，是因为孩子如果感觉不安全，就很难倾听。请记住，你会时刻在各种状态之间转换，一旦你的交感神经系统被高度激活，比如在愤怒的情况下，你就需要好几分钟才能恢复平静。在这个时候，最好尽量少说话。如果你需要离开孩子防止愤怒升级，那就离开孩子，但你要跟他解释清楚，让他明白你不是在排斥他，而是在努力保持友善，不让自己伤害他的感受。

你传达的信息中是否经常有着否定的潜台词

想想你说的话里是否经常有"否定"的潜在意味。对于孩子所说的话,任何反驳、否认、纠正、评判、误解或缺乏一般性共鸣的信息,都有着"否定"的意义。相反,情绪互动则要求传达"肯定"的意味。这并不是说你要同意孩子说的每一句话,而是要向他们表明你听到并理解他们的话,从而给予他们感受自身情绪,而不感到羞耻或恐惧的权利。下面有一个小小的例子。

孩子(用兴奋的语气):"今天午休时间我都在操场上跑步!"

你(声音有些焦急):"那你什么时候吃的午饭?"("否定"意味,隐含的信息是评判的——我不是很关心你跑步的事情,而你可能没把午餐吃完。)

孩子(用兴奋的语气):"今天午休时间我都在操场上跑步!"

你(轻快的语气):"那一定很有趣!我希望你的午餐给了你跑步的能量。"("肯定"意味,与孩子快乐的情绪状态产生了共鸣。)

请注意,你不必重复或肯定孩子说的每句话。我想说的是,至少在有些时候,注意你和孩子之间的交流在多大程度上是真正具有互动性的,并尝试进行有联结的、非评判性的对话,会很有帮助。

放慢速度，联结就会自然产生

我发现，"慢"（SLOW）这个词是这项练习中很好的记忆工具。

舒缓（S，Soften）：让心率慢下来，舒缓面部和声音，这样你的社会参与系统就能被启动了。放慢呼吸，这样心率就能相应地下降。如果可以的话，在呼吸之间停顿一下，体验静止的感觉。对有些人来说，要做到这点可能更容易或更困难，这取决于唤醒水平、自我觉察和迷走紧张（vagal tone）。但是你能够控制自己的呼吸，所以可以从这一步做起。当你拥抱孩子或和孩子依偎时，试着暂停呼吸，舒缓肌肉的张力，静止一会儿。

看和听（L，Look and Listen）：一旦呼吸和心率放慢，你就会感到更放松，也能进行眼神交流了。温柔地看着孩子的脸。你在他眼睛里看到了什么？问一些开放式的问题，倾听孩子的回答，不要做出草率的、情绪化的假设，其会助长评判和消极情绪。少说话，多看孩子的眼睛，了解孩子的情绪状态。

开放（O，Open）：敞开你的思想和心灵，这样即使你和孩子处在困难的情况下，你们也能感到彼此间的联结。下次孩子感到难过时，尽量舒缓、放松你的面部和声音，温柔、低声地说话，不要带着对话中很容易出现的尖刻语气。保持好奇心，不要评判。

温暖（W，Warm）：让自己感受到对孩子的关怀和温暖。

他需要你才能调节自己，需要你站在他这边才能感觉安全。不要评判或羞辱他，因为当他觉得你不理解他的时候，他是最脆弱的（除非他已经决心和你对抗，那你就需要非常缓慢地修复和重建联结）。如果孩子在你身边（通过联结）感觉不到情绪安全感，他就不能倾听、学到、理解你说的话，此时纠正他几乎毫无作用。

不管孩子年龄多大，在你开始纠正、分析、评判或指导他们之前，你都要运用你的社会参与系统来与他们建立联结、安慰他们。当然，你有机会做前面说的那些事情，但得等到建立联结之后。你需要被孩子的痛苦所触动，但不要让你自己的痛苦也被激发出来。你不需要像孩子一样感受他们的情绪，也能与孩子共同调节。你可以从安慰、安抚孩子的过程中感到欣慰，而不是仅仅解决了他们的基本问题。

亲子同步互动很重要

"迷走紧张"是衡量社会参与系统工作状况的指标之一。你的迷走紧张能衡量你的副交感神经系统的运作有多灵活，以及该系统能否很好地让心率放缓和加速，以便让你回到平衡状态。如果迷走紧张良好，那你在吸气时心率会略微上升，而在呼气时心率则会略微下降，升降都不会太多。如果上升或下降过多，你就可能离开"容忍之窗"，进入过度唤起或唤起不足的状态。你明白我为什么一直谈论"平衡"了吗？甚至在调节身体、情绪和心理状态的微生物学层面，"平衡"概念也在发挥作用。如果你的社会参与系统有效运作，你的迷走紧张良好，你就能释放适量的催产素，促进你和孩子、和其他人的联结。

研究表明，催产素在教养和情感调谐的过程中发挥着不可或缺的作用。如果催产素水平上升，我们就会更加关注他人的眼睛、微笑，我们会认为他人更有吸引力、更值得信任。催产素还能让杏仁核平静下来，让它对消极信息不那么敏感，对积极信息更加开放。[45]这就为我们创造了一个有安全感的空间。催产素增强了我们感受人类情绪的能力，能让我们更好地识别和回应他人的积极情绪表达。[46,47]但是当我们感觉不安全的时候，催产素也能让我们更有戒备心。有趣的是，催产素能帮我们对那些与我们关系良好的人做出更积极的回应，也能提高我们对那些关系不好的人的警惕能力。

温暖、相互联结的教养能帮助孩子对催产素更为敏感，而催产素能让他们在与你和他人互动时感到快乐和愉悦。由于某些激素在体内循环的水平上升，怀孕的妇女会在孕期变得对孩子更加敏感，并通过释放催产素促进她们的抚育行为。例如，在哺乳期间，母亲大脑中的某些部位（如海马）会出现可观察到的变化。这一过程会受到孕期压力的消极影响，并非每个新手妈妈都能像上述这样，在和婴儿互动时释放催产素，对催产素变得敏感。

要让父母与孩子进行同步的互动，相互间有着积极的社会参与和情感调节，就必须让社会参与系统正常工作，亲子间的催产素水平也要彼此同步。通过爱的互动，孩子接触到的催产素越多,他们大脑中的催产素受体也就越多,这意味着他们在生活中与他人维系关爱、有意义的关系的能力正在形成。此外,越来越多的研究表明,催产素有助于我们更好地调节应激反应,包括副交感神经系统对心脏的调节能力也会得到改善。[48, 49] 催产素还有诸多其他好处。它能保护我们免受心脏功能障碍的影响,并且终身都有抗氧化、抗炎症的特性。[50]

迷走紧张能在多个方面预测幸福感

芭芭拉·弗雷德里克森和她的团队[51]研究了较高的迷走紧张如何提高积极情绪与联结能力,而后者反过来又如何提高迷走紧张。更高的迷走紧张不仅与更好的情绪调节相关,而且由于你能更好地调节生理反应,适应你面临的挑战,迷走紧张还能让你在压力面前具备逆商。大量研究已经证实,体验消极情绪会增加罹患心脏病、损害免疫系统的风险[52],但拥有较高的迷走紧张可能对你的免疫系统产生积极的影响,包括降低你的慢性炎症水平。慢性炎症水平与许多身体疾病相关,如心脏病、糖尿病,甚至某些癌症。[53] 如果你的上迷走神经系统正常工作,就能抵消交感神经系统被过度激活对健康的损害,所以这是压力管理的关键。

在阅读本节时,你可能会开始担心自己的迷走紧张较低,注定一辈子都无法享受高迷走紧张所带来的种种好处。好消息是,你可以通过练习慈爱冥想来增加积极情绪的体验[54],练习慈爱冥想可以改善你的迷走紧张。慈爱冥想听上去可能让你避之不及,甚至嗤之以鼻,但你难以反驳它背后的科学原理。因为安抚和修复身体的基本神经系统,也能促进关系与联结,所以爱和友善才能对人类有着如此强大的治愈和保护作用。练习正念冥想与瑜伽也能帮助你平静地活在当下,这样你用心建立联结的能力就会自然产生。

培养慈爱的能力

某些类型的冥想和呼吸练习能真正改变你与孩子建立联结的方式,这种转变是可持续的、巨大的,是仅靠阅读无法实现的。情绪调节和联结涉及身体,所以仅思考这些状态,而不学着激活社会参与系统,从生理层面调节自己的情绪反应,不会带来长远的、明显的变化。要想做出真正的改变,就试着练习关怀冥想吧,尤其是像这里描述的慈爱冥想,至少每周做两次。

我曾经连续两周每天都做慈爱冥想,发现这种冥想从各个方面激发了我最好的一面——作为母亲、伴侣、心理学家,以及作为一个人。我觉得内心充满了对他人的关怀和善意,我必须努力才能将其保持在合理范围!对于我们当中那些大脑没有发展出足够催产素受体的人,压力重重、抑郁沮丧的人,杏仁核过度活跃的人,或者脑岛、眶额皮质激活不足的人来说,这个练习可能是一项挑战,需要决心和经常练习才能看到好处。但是我希望你把这本书看成我在试图说服你,这项练习值得一试,你应尽你最大的努力。

练习：慈爱冥想

用放松的姿势坐下，花一些时间感受自己。深深地吸气，让身体随着每次呼气舒缓下来。开始将呼出的气息引导向你心脏周围的区域，关注那里的感受。在呼气时，试着舒缓和放松你面部的所有小肌肉。让心率和呼吸慢下来，让呼气的时间比吸气的时间更长。

现在想象一个让你容易感到爱与温暖的人。让这个人的笑脸浮现在你的脑海里。注意你此时的感受。让这个人的面孔和眼睛停留在你的脑海里，默默地背诵下面的话语，为他送去祝福。默念这些话语的时候，用缓慢、友善的内在声音。在每句话之间停顿一下，注意你心脏周围的感受。试着把你所有的温暖都倾注到这个人身上。

愿你幸福。

愿你被爱。

愿真实的你得到接纳。

愿你感到安全。

愿你健康。

愿你生活快乐、如意。

注意你心脏周围的感受。也许你会感到快乐、温暖或满足。也许你没有任何感受，只是觉得这些话让你不太舒服。也许你感到不堪重负，尤其是在你想的是自己的孩子时。感受没有对错之分。让自己放松，尽量保持情绪协调状态即

> 可。现在在练习中换一个人。为了培养对你孩子的关怀之情，可以试着在练习中想象你的一个孩子。

关怀儿时的你

当你把上面的练习做到得心应手的时候，你可以在脑海中回想你小时候的样子。想象长大成人的自己拥抱着儿时的你，向当时的自己表达上述真挚而善意的祝福。试着让自己放松下来，感受对儿时自己的关怀，不要排斥这种感觉。有的人会被练习的这个部分感动得热泪盈眶，这是完全正常的。我们很少会把美好的祝愿和关怀给予自己，所以一开始可能会觉得不舒服。你可能会为此感动，也可能遇到困难。无论你有什么感受，都没有关系。请记住，你现在知道怎样调节自己的神经系统了，所以可以做你需要做的来让自己回到"容忍之窗"。

练习的变体：在痛苦时感受关怀

练习以上方法几天之后，你可以试着在孩子感到痛苦时心生关怀，以后甚至能在孩子出现问题行为的时候关怀他。要做到这一点，请按照上面的指导语做，但不要想象快乐、微笑的孩子，而要想象受伤或难过的孩子。尽量调节你的感受，专注于产生积极和温暖的感受，不要让孩子的痛苦感受触发你的消极情绪。你也可以想象自己小时候难过、脆弱或悲伤的样子，重复这项练习。

本章重点

- 玩耍和愉快的社交行为能充当社会参与系统的锻炼,因为我们能从中学会如何在保持冷静和清醒的同时,容忍不断上升的激活水平。

- 孩子很容易从玩耍状态进入"战斗或逃跑"状态,因为他们的社会参与系统仍在成长。

- 尽管如此,在没有威胁的情况下,上、下迷走神经系统依然能产生深层的亲密与联结。

- 请注意孩子如何进行眼神交流,看看他们的眼神能否传达他们内在的情感世界,或者他们是否经常流露出相当紧张或平淡的表情。请注意他们对你音调变化的反应,以及他们何时会陷入情绪失调。请采取行动减少刺激,增加睡眠和"不做事"的时间,或者锻炼你自己的社会参与系统,这样你就能更好地与孩子共同调节,培养他们的情绪调节能力。

- 眼神可以透露出一个人的情绪状态,孩子对眼神的变化非常敏感。如果你很忙碌、压力很大或者在批评孩子,你进行有效眼神交流的能力就会受损。没有这种能力,孩子就不会产生安全的神经觉,也无法相应地调节自己的情绪状态。

- 为了锻炼你的社会参与系统,你需要检查你的面部和身体,寻找紧张的迹象，用长呼气来降低心率。少说话，进行放松的眼神交流，舒缓你的声音，这些都能有所帮助。

- 当我们慢下来的时候，联结最容易产生。用SLOW的方法将"慢"付诸实践。

- 能够启动你和孩子的社会参与系统，对于健康和幸福至关重要。你的迷走紧张能衡量你上迷走神经系统的功能，并与心脏健康、炎症、积极情绪和幸福相关。

- 你可以通过慈爱冥想和其他呼吸练习——比如我在本书中提到的练习，来改善迷走紧张。

第12章

你处于哪种情绪调节模式

有时候教养之所以变得困难,是因为我们对孩子怀有一些期望,只要这些期望没能实现,我们就会陷入受威胁的状态。

在本章中，我会向你介绍一个理论模型，将我们讨论过的所有内容联系在一起。而且，这个理论模型很容易被记住，当你在和孩子相处的时候，它也很实用。该模型建立在心理学家保罗·吉尔伯特对关怀的杰出研究[55]之上。我发现，该模型大大有助于理解妨碍我在孩子身边保持平静和放松的因素。该模型也能帮助你思考你是如何利用时间的，对于你的生活来说什么是重要的，以及你看重的东西会如何影响你践行用心教养的原则。

情绪调节的三种模式

我们每时每刻都可能在三种主要的情绪模式间转换。这三种模式（见图12-1）与不同类的情绪相连，而这些情绪是由交感神经、副交感神经的分支所支撑的。每种模式都与不同的动机、反应、感受、想法和化学物质相关。这三种模式分别为**"进取与努力"**（Drive and Strive）、**"威胁与防御"**（Threat and Defence）、**"平静与联结"**（Calm and Connect），这三种模式都会以不同的方式促进我们的生存。

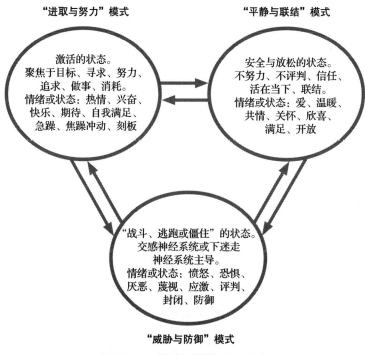

图 12-1　情绪调节的三种模式

理解这三种模式

你还记得我们在第 1 章探讨过的特质（你身上较为持久和稳定的特征）和状态（短暂的生理、心理变化）之间的区别吗？这三种情绪模式之间也有这种区别。我们会以动态的、多样化的方式，在这三个圆圈之间来回转换，这取决于我们的遗传倾向、依恋类型、人格特质与情绪调节类型（特质），也可能受我们的处境、心境、生物学状态的影响，如饥饿和疲劳（状态）。我们在某一时刻的总体状态也会影响我们进入哪种模式，以及能否很好地调节自己、保持或离开该模式。如果我们发展出了良好的情绪调节回路，我们就能采用对当前情境具有适应性和建设性的方法，灵活地在这些模式之间转换。然而，我们也可能会陷入困境、做出被动的反应，尤其是陷入"进取与努力"或"威胁与防御"模式，这会给教养带来问题。上迷走神经回路决定了我们能否在不情绪失调的情况下进入和离开这些模式，或者更糟的是，在某种模式下会不会丧失正常的能力。

"进取与努力"模式

这在本质上就是人类的动机或趋近模式，该模式演化出来是为了保证我们有足够的动力寻找食物、住所并繁衍后代，这些都是生存的必要组成部分。该模式以目标为中心，与寻求、努力、做事和追求相关。这个系统能确保我们早上有动力起床、穿衣、上班、照料孩子的需求，并寻求社会互动、自尊、认可、地位，以及我们要在生活中争取的其他事物，无论是生理上还是心理上的目标。我们每个人追求的东西都是独特的，其取决于我们的价值观、人格与依恋类型。

由于这是一个以行为为导向的模式，因此它是由上迷走神经系统及其"迷走神经刹车"支撑的，或者是由促使我们采取行动、掌握事物的交感神经系统激活所驱动的。与这个模式有关的情绪状态通常是积极的、有益的，如期待、兴奋、自我满足、自信、乐观、强势、快乐，以及来自获取物质财富、认可或地位的幸福。当我们处于这种模式时，我们会感到有目标、强大、充满活力。这种模式依赖于多巴胺这种神经递质，也就是我们在期待或面临有益体验时释放的化学物质。由于寻求与努力（至少在寻找食物方面）对我们的生存至关重要，所以多巴胺有助于正强化，可能导致相当强的成瘾性。

"进取与努力"可能让我们变得以自我为中心、缺乏耐心

"进取与努力"模式以左半球为主导。考虑到左半球的演化目的是让我们缩小注意范围，一心一意地去掌握、获取（如食物）、操控、控制事物，这一点并不奇怪。无论是出于天性还是特定时刻的状态，进取心很强的人可能会在与人互动时更多地以左脑为主导。如果我们制订目标，并且过于关注实现目标，无论目标是小如整理事物，还是大如工作晋升，我们就有可能在遇到障碍或挑战时，从"进取与努力"模式转入"威胁与防御"模式。

那些执意在特定时间或者按照特定方式做事的人，可能会变得过度执着于自己的想法和需求，导致这种模式失调：他们身边的人变成了他们实现目标的障碍，导致他们产生挫败感，共情能力降低。在这种模式下，他人变成了需要处理的客体，需要加以说服、排除或"管理"，这样我们才能获得在那一刻努力追求的东西。我们会心生怨恨、恼怒，甚至愤怒，因为我们看到的是我们实现目标的阻碍。就连他人表达对立的观点，或者他人的目标与我们不一致这样简单的事情，都可能惹我们生气。我们在这种状态下能否保持情绪协调，取决于我们对高度激活状态的容忍能力，以及我们内在的动机水平。我们各不相同。有些人需要非常忙碌、主动、以目标为焦点，有些人则重视并需要更平静、节奏更慢的状态,这样他们才能感到平衡——这甚至是生理上的需求。

如果我们因为要做的事情太多而陷入情绪失调、感到压力很大,社会参与系统就会受损;我们也会对当下发生的事情不太开放,变得不善倾听。我们会听到我们需要听到的东西,或者急于安抚他人,但我们很难带着真正的共情、开放和接纳去倾听。至少在心理层面上,这种模式可以产生一种对控制的需求,以及急躁和不安,在极端的情况下,还会导致刻板与攻击性。我想起曾与我一起工作过的许多非常成功的高管,他们在"进取与努力"模式下变得严重情绪失调,尽管他们很擅长把事做好,但他们倾向于在做事过程中疏远和惹恼他人,他们往往意识不到这一点。

从教养的角度来看,我们很容易想到何时我们会在这种模式下情绪失调,因为这种事情可能在每个家庭的每个早上都会发生,也就是父母需要让孩子离开家门,准时上学的时候。如果我们时间有限,再加上有好几件事要做,我们就会轻率鲁莽,很容易沮丧,也可能会对孩子大喊大叫,让他们快点,或者催促他们,告诉他们该做什么,在那一刻几乎忘记了他们是独立的个体。我们当中的一些人长期忙于做事,几乎一直处于"进取与努力"的失调状态里,这样会让我们更容易进入"威胁与防御"模式。即使我们被孩子打断思绪(从心理上,而非身体上),都有可能造成问题。

我们制订的规则可能让我们和孩子情绪失调

对于你和孩子需要什么、必须做什么、应该做什么、做事离不了什么,你制订的规则越多,就越有可能让你们陷入"进取与努力"的失调状态。孩子天生并没有很大的内在动机去拥有、去做我们在他们早年强加给他们的那些事物。在有些国家,孩子在很年幼的时候就被迫进入"做事"和"努力"的模式,但他们此时最需要的是做自己,通过感觉获取信息,与周围的世界建立联结,对世界保持好奇。正是这种与世界充分接触的能力使他们的大脑回路得以发展,使他们能够以平衡、整合的方式调节情绪、幸福生活。如果我们在养育孩子的时候过度强调进取与努力,我们不仅在为他们制造未来的问题,也改变了他们与社会互动的方式,因为我们很难在这种状态下维持真诚的联结,尤其是在我们因为"进取与努力"而情绪失调的情况下。

我们对快乐与舒适的执着如何阻碍幸福与联结

"进取与努力"模式演化出来是为了激励我们寻求那些让我们生存下来的事物。我们在获得这些东西时会感到快乐,这就激励了我们继续寻求这些事物。但是现在快乐本身已经成了目标,而不是为了生存或进步而努力的副产品。这种不断忙碌、做事、进取、获取和控制的循环是有害的,因为我们会变得以自我为中心,更不愿意容忍个人的不适,这就改变了我们与家人、与其他亲密的人的相处方式。如果我们在这种模式下停留太长时间,就很难用关怀和有意义的方式与他人建立真正的联结。因为努力会刺激多巴胺系统和交感神经系统，使我们兴奋起来，让我们想要行动得更快，做更多事，获得更多的快乐，取得更多的成就，这对我们的压力水平和心脏健康都有影响。有时，我们拥有的越多，渴求的东西就越多，这是由收益递减的原则导致的。人类会习惯于自己已经适应的愉悦程度，然后就需要更多的愉悦才能带来最初体验到的大量积极情绪。

过度忙碌会损害我们的健康、关系与幸福

忙碌似乎已经成了一种时尚：旅行、带孩子出游、与孩子玩耍、给孩子读书、接送孩子参加活动，等等。如果我们的上迷走神经回路异常强大，那我们无论怎样忙碌都能保持协调与联结。但是对我们很多人来说，情况并非如此。我们不难想象这样的父母：每天不仅要这样照顾孩子，还要平衡他们面对的、给自己施加的诸多要求，如工作、锻炼与社交，这让他们疲惫不堪、压力很大。如果我们因为要做的太多而感到压力很大，即使我们认为做这些事情是为了孩子好，这种生活方式也依然会带来广泛的损害，其中之一就是联结的受损。

有太多事情要做，而且要尽快做完的压力，会关闭社会参与系统。这就会导致我们大脑和神经系统功能的根本性失衡，这不仅会影响我们的心理幸福，也会影响我们的身体健康。我遇见过太多的人，他们在工作中倍感压力，并因此感到抑郁和焦虑。他们不能停下来思考，也不能放松和做自己。他们承受着继续竞争、创新、自我提高和证明自己的压力，而且不能有丝毫松懈。这种做法既缺乏关怀，也不明智，因为我们在工作

中和在家中并不是完全不同的个体，我们在一个领域内的体验和情绪难免会渗透进其他领域。

如果我们的孩子因为总是忙碌、总有事情要做而习惯了高度的"进取与努力"，他们就难以放松，难以与任何事物产生联结，包括他们的内在自我。此时他们就会在家中"捣乱"，或者沉迷于手机或其他设备，因为他们没学会如何启用他们"平静与联结"的模式，停留在此时此刻。他们很难忍受无聊，因为离开了结构化的、寻找乐趣的活动，他们不知道如何从内心产生积极的情绪。许多体验为孩子提供了即刻的满足，但我们的大脑根本不习惯这种满足的形式，因此孩子没有学会延迟满足，这一点很让人担忧。他们肯定不习惯在生活中等待过久。我每天步行送孩子上学，偶尔需要乘公交车，而我的一个孩子总坚持要查看公交小程序，弄清车要多久才到站。虽然我们常会讨论忍耐不适和不确定性，但对我的孩子来说，这似乎是一个过时和陌生的概念！

孩子需要"休息时间"来平衡和重置他们的神经系统

我认为，孩子需要花很多时间在家里放松和休息。如果孩子不习惯"休息时间"，不能在无聊的时候调节自己，就会让父母觉得很难容忍。父母通常的反应是带孩子出去或者为他们安排活动。但如果我们一直这样做，孩子就学不会如何平静下来，使用右半球，激活社会参与系统，活在当下——这些是我们天生就会做的事情，也是我们幸福的基础。是的，我确实知道有些孩子在这方面比其他孩子做得更好。即便如此，我们依然可以鼓励孩子休息，不管这样做有多难。很多时候，孩子在家焦躁不安，是因为你很焦躁；而你焦躁的原因是你先入为主地认为孩子很难管教，会打闹，会让你难以忍受，让一切都陷入混乱。也许你会用僵化刻板的行为加以补偿，比如制订时间表和有规律、有组织的活动，因为你不喜欢失控的感受。

几年前，当我第一次把这些科学知识整合在一起来为客户服务的时候，我有意识地决定要在和孩子相处时放慢速度。我必须教会自己如何与孩子一起在家放松（我是指真正的放松，不仅仅是看上去放松），什么都不做。我发现，当我在平静、真正开放的状态下时，尤其是在我脑中没有想着任何事情的时候，他们会变得既放松又安静。即使我那个喜欢"进取和努力"的孩子也变得更安静、更平静了，节奏也慢了一点儿。这种变化不是一夜之间发生的，只有在我已经培养好自己的情绪调节能力之后才会做这样的尝试。我尽力不做太多的计划和安排，我们发现这种自发行为让我们能够以尊重当下的情绪和身体状态的方式生活。

让孩子有时间放松，而不做事先计划的、结构性的活动

太多的安排和结构性活动会导致孩子忽视自己的身体、情绪与需求，让他们以左脑主导的方式与自我和世界相处。我也不是在提倡我们应该鼓励他们始终屈从于自己的感受；相反，他们必须学会忍受做不想做的事情时的不适感，但教育系统已经给他们安排了许多结构性的活动，我认为他们在课余时间不需要太多这类活动了。当他们活在当下的时候，创造力就会自然显现；无聊可以让他们更加欣赏在繁忙、快节奏的生活中可能觉得乏味、无趣的小事。花时间待在绿色、开放的空间里也能安抚心灵，有助于降低压力水平。

我确实理解有些孩子会斗嘴、打闹，难以停留在此时此刻。我也发现有些孩子需要四处走动，保持一定的交感神经系统的刺激才能感觉良好。我不喜欢说应该怎么做，因为这样只会导致更多的努力和压力，但请注意，你的内在状态会影响孩子在家调节自我的能力。不管孩子的人格特质和其他影响因素如何，他们都会受到你在他们身边展现出来的情绪调节能力的影响。当你在家真正放松的时候，他们就会听从你的指示。如果每次孩子闲来斗嘴或情绪失调时，你都反应过度，或者你总是带他们外出，不留休息的时间，他们就会内化这样的信息：休息时间是无聊的、有压力或不好的。这样会使他们未来倾向于在家和你相处时情绪失调。作为父母，我们必须帮助孩子调节他们的状态，但务必谨慎，不要在他们稍显沮丧时就向孩子屈服。努力和上进很重要，但必须与另一个稍后会讲到的模式保持平衡，那就是"平静与联结"模式。

"威胁与防御"模式

我们在第 10 章、第 11 章已经讲过，"威胁与防御"模式涉及"战斗、逃跑或僵住"反应。与"威胁与防御"模式有关的情绪状态包括愤怒、暴怒、敌意、攻击性、压力、焦虑、恐惧、情感回避、抑郁、无望、羞耻、绝望与解离。一旦"战斗或逃跑"反应被激活，应激系统就会被开启，导致激素的变化，例如皮质醇的增加，如果这种状态持续下去，就会对健康和幸福感产生重大影响。皮质醇会抑制免疫系统，降低消化与繁殖能力；还会向大脑发送信号，增强杏仁核的活动，让我们对潜在的威胁更加警觉。[56] 压力能导致上、下迷走神经活动减少，导致睡眠问题，进而在心境、食欲、消化和炎症等方面产生连锁反应。因为压力能让杏仁核变得更加敏感，所以我们很容易陷入情绪低落、消极、自我批评和联结受损的恶性循环。

压力源可能来自我们自身

尽管我们在演化阶段早期面临的危险大多是对生命的威胁，但如今，至少在西方，威胁和压力在本质上来自社会心理因素。在当今时代，触发威胁反应的诱因是对我们自尊或自我的威胁，以及对控制、确定性和地位（房屋、成绩、工作、金钱）的需求的威胁。这些古老的大脑系统是在物质极度稀缺的时期演化出来的，所以我们对我们的阶级地位、是否得到了公正对待，以及我们是否被社会群体接纳很敏感——所有这些东西都有可能让我们获得更多有限的、保障生命的资源。我们也知道，早期的人类攻击性极强，战斗与自我保护的本能是联系在一起的。在物质富足、可控、舒适的当今时代，我们的许多压力都源于自己的心灵。

每当杏仁核发出信号，表示我们不安全的时候，我们就会进入威胁模式。在孩子身边感觉安全，对于良好的教养来说至关重要，因为当你处于威胁模式时，你的孩子就会感觉到，并以某种方式将这种状态反映出来。那么，我们为什么会对孩子产生防御或威胁的反应呢？想一想人类早期面临的压力，从客观上讲，把孩子从学校接回家、做饭、哄他上床睡觉并不算什么压力。导致我们把这些事情视为威胁的原因，正是我们自己对这些事情的内在要求和反应。因为我们对接下来将要发生、可能发生的事情怀有想法和判断，或者总认为某件事原本不该发生，所以事情就变得有压力了。这是一种内在心理要求，即事情应该是简单、轻松、可预测的，这种要求让我们与孩子的相处变成了有压力的体验。有时我们需要考虑的事情不仅仅是孩子，这才使照顾他们变得困难。当然，我们都有可能因为孩子的情绪状态而陷入情绪失调，而我们现在已经知道，这与我们的依恋类型和情绪调节的一般模式有关。

有时候教养之所以变得困难，是因为我们对孩子怀有一些期望，只要这些期望没能实现，我们就会陷入受威胁的状态。对孩子来说，要表现完美、按照正确的方式做事的压力实在是太大了：他们必须讨人喜欢，必须自信，外貌要符合要求（这是当今儿童的一种心理压力来源，因为他们开始用左脑主导的方式对待自己的身体），必须获得成就、挑战自我，不能斗嘴、打闹，必须听话、学习，必须均衡饮食，必须锻炼身体、参加一系列活动，必须从四岁开始读书，必须上学、取得好成绩、为自己的未来打下坚实的基础（我们往往期待孩子按照刻板、按部就班的成功模式发展，这给他们带来了巨大的压力），拥有良好的社交圈，等等。我们对孩子的期望越多，他们对自己的期望也就越多，当事情不如所愿时，我们和他们也就越容易进入威胁模式。这样会产生焦虑、担忧、消极态度和压力。我们在孩子身边进入威胁模式的次数越多，就越难与他们建立平和、开放、充满爱的关系。关于这一点的意义和重要性，我希望我已经说得够多了。

带来压力的错误思维方式

我们知道，管理情绪需要自下而上地安抚身体。一旦你做到了这一点，再学习如何加工从自上而下的系统接收到的信息，就会让你感到充满力量。自上而下的系统是由你的前额叶皮质主导的，这个脑区负责理性思维、平衡思考、自我控制，以及修正我们的思维模式。下面的内容谈到了一些我们所犯的习惯性思维错误，以及这些错误如何改变我们看待事物的方式，让我们陷入"威胁与防御"模式。这种状态往往是非理性的，缺乏证据或逻辑基础的。

这些错误建立在思维捷径的基础上，这些捷径有时有助于信息加工，但也会导致不必要的焦虑、压力、愤怒和情绪失调。我们意识不到这些思维习惯，但通过一些练习，你就可以意识到这些习惯何时出现，以及它们如何改变了你看待事物的方式。请注意，孩子经常会犯这类错误，因为他们缺乏思维的灵活性和成熟度，无法挑战他们对事物的初始评估。此外，还请记住**证实偏见**在导致和维系以下几种错误思维中的作用。证实偏见是人类在推理方面的一种基本错误，能导致我们在不自觉的情况下，按照符合我们已知、预期或希望看到的东西，来选择、寻找、解释、回忆和记忆信息。

- **两极化思维**：也叫"非黑即白式思维"。这种错误建立在二分法的选择上，即全或无、好或坏。我们倾向于从极端的角度看待事物，认为几乎没有中间地带。这种错误会让我们在评估自我和他人时，持有评判和不妥协的态度。例如"如果我不成功，就是一个失败者"或者"如果我不按照这种方式做事，这件事就毫无作用"。我们对孩子的许多焦虑都包含了这种二分法的思维。如果我们接纳他们是复杂的、会犯错的人，既有积极品质，也有消极品质，就能减轻自己要养育完美孩子的压力，让孩子们不必在人生所有阶段都取得积极的成果。

- **以偏概全**：根据单一事件得出总体结论。如果消极的事情发生了一次，我们就会开始担心。因为我们将这件事看作了一种普遍的模式，所以预计它还会发生。诸如"我现在似乎一切都不顺利"之类的想法就是以偏概全的一个例子。使用"总是""从不"这样的字眼的想法也是这种例子。对于我们的孩子，如果我们觉得他们总是表现不好，或者总是把事做得很好，我们可能就在以偏概全。我们必须认识到事情有程度之分，并且这样教导孩子。事情并不是非此即彼的。我们必须允许孩子犯错，做一个会犯错的人，允许他们犯错时不必将这个错误上升到有关他们自身或他们生活中的机遇等宽泛的意义上。

- **读心**：尽管他人没有这样说，也没有切实的证据支持我们的想法，但我们认定自己知道他人的感受，也知道他们行为的原因。这通常是由我们的不安全感和思维模式导致的。这些不安全感和思维模式导致我们产生了某些期待，并根据我们现有的解释来看待发生的事情。读心建立在一种叫作"投射"的过程上。我们以为别人的感受和反应与我们是一样的。读心者会得出自己觉得对的结论，而不去审视这个结论对别人来说正不正确。例如他们会想"我知道他们是故意刁难我"，而不会想到"也许他们不喜欢这样做，我需要问问为什么"。

- **始终正确**：我们觉得必须要证明自己的观点和行为是正确的。这种必须"正确"的需求往往会让我们变成糟糕的倾听者。只要我们试图证明自己，我们就不会对不同观点中可能存在的真相感兴趣，而只顾维护自己的观点。"正确"变得比维护关系更重要。孩子经常难以接受自己"犯错"，当我们反驳他们的时候，他们就会争论不休。这是大脑不成熟的表现，我们不能和孩子进行这样的争论。你可以向他们提问，温和地挑战他们的想法，这比尖锐地反驳他们要好得多。

- **要求**：对于我们和他人"应该"有什么行为，我们有一系列内在的无意识规则。一旦他人违反这些规则，我们就会感到恼火；如果我们违反自己的规则，我们就会感到内疚。体现这种认知歪曲的关键词有"应该""应当"和"必须"。为了对抗这种刻板的思维，我们必须记住，自然或宇宙中没有任何法则规定，仅仅因为我们的意愿，事情就应该按照某种方式运行。这种错误思维能导致许多程度不一的愤怒——厌烦、恼火、沮丧和暴怒。我觉得这样想是有帮助的：在我们的演化历史中，我们曾为了一块肉而用木棒相互攻击，现在却在所有互动中要求公平，哪怕受到轻微的冒犯（只造成了小小的不便），也会怒不可遏，这实在有些可笑。这些规则可能是为了维护人际公平而演化出来的，但以刻板而非关怀的方式将其强加于人，只会导致更多的愤怒。

- **灾难化思维**：我们预计会有消极的事情发生，一看到事情出错的迹象，我们就把事情看得过于糟糕。在没有充分证据的情况下，焦虑感与对消极结果的预期是相关的。如果我们不相信自己有能力应对困难、不确定的情况、可能会体验到的消极情绪，或者怀疑我们适应变化的能力，那我们就可能会认为最坏的事情要发生了。"这真是一场灾难——万一我的孩子失败了怎么办？"这就是这种思维的一个例子。

- **指责**：我们把自己的困难归咎于别人，或者与此相反，把每一个问题都归咎于自己。责备他人通常意味着让别人为自己的选择和决定负责，但这些其实都是我们自己的责任。指责是一种保护自我的方式，例如"如果他按照我说的做就不会发生这种事了"。我遇到过一些这样的父母，他们总是让别人为自己孩子的失误和失败负责，因为他们不能忍受自己作为父母（或者他们的孩子）可能会犯错的想法。他们认为孩子身边的人和机构应该把每件事都做好，这样孩子就能避免体验到情绪和身体上的不适了。尽管这种想法是可以理解的，但这无助于逆商的发展。

- **认知过滤**：选择性地注意消极的细节，并加以放大，同时过滤掉事情的所有积极方面。我们可能会过于关注单一的细节，将其从整体背景中剥离出来，赋予它过大的重要性。

- **个人化**：即便事实并非如此，也要将周围的事物与我们自身联系起来的倾向。这种倾向通常包括，认为别人所说或所做的事情是对我们的反应，或者在一定程度上表明了他人是否喜欢我们。例如，"她今天早上没有和我打招呼，却和别人聊得起劲——可能她不太喜欢我。也许我没有那么受欢迎、讨人喜欢"。记住，这些都不是有意识的想法，但你可以从自己对事物的感受和反应来发现这些想法。孩子容易产生高度个人化的倾向，因为他们的前额叶皮质仍在发育阶段，无法从其他角度来看问题。当你处于情绪失调状态时，孩子会倾向于认为这是你对他们的反应。这意味着你需要为他们提供不同的、合理而真实的解释。

（改编自 McKay, Davis & Fanning, 2007 与 David Burns, 1999。）[57]

用于挑战消极想法和假设的问题

你可能还记得情绪调节的各个阶段（注意与接纳、安抚、反思），这一节会帮助你理解第三阶段，提炼和挑战你自己的想法、解释和信念，为你提供强有力的、自上而下的方法，管理"威胁与防御"状态。不过，请记住，如果你处于强烈的受威胁状态，你的高级思维能力会暂时受到抑制，所以，在尝试管理自己的想法之前，你必须先让身体平静下来，回到"容忍之窗"。

一旦你开始冷静下来,就可以花一些时间训练自己用更平衡、证据更充分的方式思考。然后再用这种能力来逐步辅导孩子。对孩子来说,学会挑战自己的假设和评估是很有用的,尤其是因为非理性的消极思维模式是抑郁、焦虑等心理健康问题的标志。下面列举了一些问题,能够帮助我们走出受威胁的模式。

- 有什么证据来支持我的观点?
- 我能想到哪些证据不支持我的观点?
- 还有别的角度来看待这个问题吗?别人会有什么不同的看法?
- 这件事还有别的解释吗?我是否自动地认为我的解释是唯一正确的?
- 我是否曲解了某些信息,以符合我自己的想法?这又是证实偏见在作祟吗?
- 我理性思考的能力是否受到了我的情感需求、恐惧或不安全感的阻碍?如果这件事发生在别人的孩子身上,我会怎么看呢?
- 我的预测成真的可能性有多大?支持这种预测的证据是什么?
- 如果我的预测成真,最坏的结果是什么?
- 最有可能发生的事是什么?
- 我是否在平等地看待积极面和消极面,还是说我更加关注消极面?
- 我担心的是不是自己能够影响的事情?
- 对于让我或孩子实现我的目标而言,这种想法是助力还是阻碍?
- 在这种情况下,我会给别人什么建议?
- 我是不是在为事情"应该"怎样而烦恼,而不愿接纳和处理原本的事情?
- 我是不是在仅根据一件事例来评判我自己、孩子或整件事?
- 我是否保持了开放的态度,愿意考虑其他观点和可能性?如果没有,我固守的信念是什么?

(改编自 Fennell, 1989。)[58]

"平静与联结"模式

我们已经探讨了"进取与努力"模式,以及该模式如何激励我们去上进、掌握和奋斗。我们也讨论了"威胁与防御"模式,谈到了该模式演化出来是为了保护我们免受生命威胁。这两种模式都是让人兴奋的模式,建立在"踩油门"、激励我们采取行动的基础上。可是"刹车"在哪里?我们什么时候才能允许自己平静、休息、放松、建立联结?我们在这种存在方式和另外两种模式之间取得了多少平衡?你们当中的有些人可能对第三种模式感到惊讶,因为我们似乎在前两种模式中停留了太长时间,几乎没有时间留给别的模式了。但是那不是我们生活的目的,我们必须花时间思考如何让生活恢复一些平衡,我们必须养护这个对幸福、逆商和联结都至关重要的模式。如果我们过于沉溺在"进取与努力"模式,或者我们在受威胁的状态下做出被动反应,我们的"平静与联结"模式就会受到抑制,而这个模式从根本上讲是右半球的存在方式。当这个模式受到抑制时，教养就会变得很艰难，孩子也会开始陷入情绪失调、对立的状态。

"平静与联结"模式会产生一种满足、平静和开放的感觉，而不带丝毫评判、压力或努力感。这是一种来自右脑的、活在当下时刻的感觉，让我们接纳事物本来的样子。这是一种"存在"状态，而不是"行动"状态，当你的上迷走神经系统处于主导地位时，这种状态就会被激活。保罗·吉尔伯特称这种状态为安抚或关系模式（soothing/affiliation system），该模式根植于被自己、被他人照料，以及充满关爱的共同调节的感受里。正是这种沐浴在慈爱里的感受说明了为什么这种状态对于良好的情绪调节如此重要：如果我们的身体不知道（这种"知道"基本上处于无意识的层面上）如何让自己回到平静状态，我们就无法回到"容忍之窗"。

教养主要依赖这种"平静与联结"模式，因为当我们保持平静的时候，我们就能注意并关注孩子的需求和感受。但更重要的是，正是在这种状态下，我们能够被他人的体验所触动，并且希望减轻他们的痛苦，这就是关怀的基础。虽然关怀有努力减轻他人痛苦的意味，但它是一种整合的状态，会涉及社会参与系统驱动的左右半球的平衡激活状态。"进取与努力""威胁与防御"模式基本上是以自我为中心的。虽然你可以在"进取与努力"模式下交际甚欢、嬉笑玩乐，你可能会觉得这样是有益的，但这样做主要是为了乐趣。在社会互动中得到益处和乐趣是很重要的，尤其是在教养过程中，因为孩子需要感到我们喜欢和他们在一起，觉得他们的陪伴是令人愉快的。但在我看来，为了孩子的身体、大脑和心灵得到休憩和健康，"平静与联结"模式更重要。

"平静与联结"模式促进情绪同步

"进取与努力"模式下的、基于快乐的社会联结，与"平静与联结"模式之间的区别在于，后者允许你被事物所触动，而不仅仅是从事物中获得乐趣。当你被某种事物触动时，你会感到自己与它同步，从"我"的感觉转变为"我们"的感觉。在这种时刻，你和另一个人可以在某种体验中"合二为一"，因为你们不仅在对于这种体验的关注上是一致的，而且你们对此的内在生理反应也是一致的。令人意外的是，这种以"我们"来体验事物的状态，反而会增强孩子对于"我"的感觉。这种平静与联结的反应是由几种化学物质和激素促成的，如乙酰胆碱和 γ 氨基丁酸（这些物质对大脑有抗兴奋、镇静的作用），以及催产素和血管升压素。

如何在这三种模式间转换

当然，我们不可能总是处于"平静与联结"模式，我们也不想这样，因为这三个模式都在我们的生存中发挥了作用。然而我们当今的生活充满了刺激，我们的头脑在不断提出更多的要求。因此，随着时间的推移，我们人类，甚至整个社会，都在远离联结与关怀，走向自私与疏离。我们当中许多人的杏仁核活动强度都升高了,这意味着我们既不知道慈爱、关怀是什么感觉,也不会给予自己足够的慈爱和关怀。要是我们不能给予自己这些,我怀疑我们能否真正对孩子产生这些感觉——至少这些感觉很难是始终如一的、协调的。良好的教养需要我们把大部分时间花在孩子身上,把决心、努力、平静和联结结合起来,随时在这些状态之间灵活切换。要做到这一点则决于你的社会参与系统。只有在有充足的理由感到愤怒、焦虑或厌恶的情况下,"威胁"模式才应出现,即便如此,我们也必须保持情绪协调,因为孩子很容易感到焦虑,他们依赖我们安抚他们的焦虑,而不是让他们的焦虑升级。

与孩子相处时,在这三种模式间转换是什么样子

就在今天,我又看到了忙碌对我与孩子间的关系的损害。本章书稿的写作就像是与时间赛跑。我一心想在今晚写完,以至于在孩子面前从"进取与努力"模式转入了"威胁与防御"模式。他在和我争论一些无关紧要的事情,但我没有理性看待这件事,放弃争论,反而做出了过度的反应,最后斥责了他。我可以看出,他有些生气,他的声音里明显有些受到威胁的意味,因为他的音量提高了。但是我没有及时停下来,他陷入了过度唤起状态。

回想起来,我明白孩子在那时成了我的威胁,因为我要想的事太多了,我想让他闭嘴、上床睡觉,这样我才能继续写作。我努力让自己保持情绪协调,但我要做的事情实在是太多了,写作与其他刺激交感神经系统的"进取与努力"活动(其中之一

就是高强度的运动）累积在了一起，要在孩子面前保持冷静变得更难了。由于我们交感神经系统受到的刺激几乎永无止境，所以我们中的许多人越来越难以回到内在的初始状态。

因此我们必须记住，在所有人际关系中都有破裂与修复的自然循环。我对孩子大喊大叫破坏了我和孩子的"平静与联结"模式，我知道我必须进行修复。一旦我平静下来（我必须做几分钟呼吸练习，以确保自己完全舒缓、放松下来），我就去孩子的房间里找他。我此时处于情绪协调的状态，并且要确保修复关系的重点是**他的**感受，而不是我需要让我对自己的感觉好一点儿。我表达了我的歉意，并表示我理解他被我吼的感觉肯定很糟糕，他原本指望我能够给他安全感，但我让他失望了。我确保自己的声音是温和、缓慢的，而且我会看着他的脸，以便了解他的感受。

我问孩子感觉如何，他说他的耳朵疼。这是可以理解的，社会参与系统包含中耳的肌肉。我倾听了他的话，并轻轻地抚摸他的耳朵，向他解释这不是他的错，我不应该这样对他说话。我说我当时有些压力。等他平静下来，我也指出，他需要考虑一下，成年人可能掌握他不知道的事实，与这样的成年人反复争论不是一个明智的做法。我们谈了一两分钟，然后他突然改变了话题。这就是在暗示我，他感觉好起来了，修复已经完成了（我本想再多说一会儿，但此时要以他为重，而不是我）。当我离开他房间时，他很平静，我也感觉很舒服，因为他在这件事中的大部分愤怒与羞耻感已经消失了。我们回到了"平静与联结"模式。

在与孩子相处时，你是否清楚自己在哪种模式中

请花一些时间，想一想你在哪种模式中的时间最多。反思一下你和你的孩子有多少机会只享受"存在"的状态，而不必做事、思考、匆忙、计划或担忧。

- 当你和孩子在一起时，你有多少次感觉自己很忙、心事重重，或者心不在焉？
- 你花了多少时间告诉孩子该做什么、催促他们或者发号施令？
- 当你处于"进取与努力"模式时，你的行为和肢体语言会有什么变化？你的身体会变得紧张或僵硬吗？你的声音变了吗？
- 你以开放心态倾听的能力有了什么变化？
- 与孩子相处时，你发现自己在什么时候最为沮丧、紧张？
- 你什么时候会因为孩子而感到愤怒、焦虑，或产生压力？
- 在孩子身边时，你能否常常感觉放松，心里什么都不想，什么都不做，只与他们建立联结？
- 与孩子在一起时，你什么时候与他们联结最紧密、感觉最平静？
- 阻碍你保持在"平静与联结"模式的原因是什么？
- 你的孩子最有可能在什么时候进入"平静与联结"模式？
- 你能做些什么来更好地在这三种模式之间保持平衡？

本章重点

- 我们大致有三种情绪模式，我们在其中来回转换，每种模式都代表着一系列不同的情绪，由不同的神经系统激活模式支撑。这三个模式分别是"进取与努力""威胁与防御"以及"平静与联结"。我们很容易在这些状态之间转换，这取决于我们的人格特质，也取决于我们当时所处的状态。

- "进取与努力"模式是人类的动机系统。该模式与寻求、奋斗、成就、快乐、控制，以及任何以目标为中心的事情有关。任何你认为你需要的、想做的、应该做的、应该拥有的事物，都会激活"进取与努力"系统。孩子会陷入这种"进取与努力"的文化里，不断奋斗、争取、做事、竞争、忙碌。这意味着他们没有时间来发展平衡、整合的大脑——这样的大脑需要建立在右半球的开放、活在当下、"存在"状态的基础上。你可以试着减少为你和孩子安排计划性的、结构性的活动，给他们更多的时间在家放松。

- "威胁与防御"模式会激活"战斗、逃跑或僵住"机制。在大多数情况下，这种情况的发生是因为我们内心产生了一些规则，我们想要或需要自己、孩子和世界成为某种样子。这就给孩子带来了压力。

- 我们的思维模式可以产生、维持或加剧受威胁和应激的状态。

理解你的错误思维，通过反思和推理来挑战这些错误，可以帮助你更有效地调节情绪。

- "平静与联结"模式的重点是"存在"而不是"行动"，这种模式是由社会参与系统所支撑的。正是在这种状态下，我们才拥有共情、关怀、安抚和建立联结的能力。
- 教养需要在这三种模式间取得平衡，既要侧重于"平静与联结"模式，还要有一定的"进取与努力"。为了能够与孩子一起停留在"平静与联结"模式里，我们必须能够在内心产生平静与联结的感受，并且对我们自己产生这种感受。

第 13 章

为用心的联结创造良好的环境

请对孩子表示欣赏,而不是赞扬。让他们培养出一种强烈的内在自我意识,将自己看作独特的、复杂的、会犯错的人,这样的人有很多方面,自己或其他人无法给予评价、评判。这样能帮助孩子培养真实的生活态度、自我觉察和自我尊重。随着时间的推移,这也会引导孩子做出尊重自身情绪、需求和偏好的生活决定。

到了最后一章，我觉得我们就像一路走来的旅伴。我不知道你是怎么想的，但是在写作本书的过程中，我对自己的教养方式进行了深刻的反思。有些问题很难承认，我这么说不是为了评判任何人，包括我自己。我开始思索自己的教养方式，这是为了学习和改变，这样我就能更好地为孩子提供情绪安全感和亲子联结，我知道他们应当拥有这些东西。让我动力满满的是，我知道这是能够实现的，我在书中提出的这些方法是有效的。即便我们的大脑、身体、心理有时想把我们引入歧途，但我们大多数人都能找到爱孩子、抚育孩子的方法。当孩子需要边界的时候，我们需要保持坚定；在他们需要努力的时候，我们要严格；在他们感到脆弱的时候，我们要温柔。但最重要的是，我们需要关注孩子，这样才能注意到他们需要什么才会感到安全、被爱，并在我们有能力的时候满足他们的这些需求。

如果我们不再主动维持"平静与联结"的状态，生活就很容易逼迫我们进入情绪失调状态。家庭生活因此可能变得更困难、更疲惫、更令人沮丧。我们现在的生活方式十分强调"进取与努力"模式，我们当今世界的组织形式也促成了这种状况，因此学习让自己放松和平静下来必须成为我们要花时间养成的习惯，就像锻炼身体和保持个人卫生一样。你可以把这种习惯当作为情绪大脑提供养分。如果你努力提高自己的情绪调节、关怀与开放的能力，你就能更好地注意到情绪失调、压力或失去联结的早期迹象，并通过自己的情绪状态加以修复。我想说的是，维持用心联结的三种条件（开放的陪伴、情绪调节和情绪安全感），需要我们的努力和坚定。正如经常练习会通过神经可塑性而产生新的神经回路，当你不进行练习时，你就会失去这一能力，因此你可能会发现自己有所退步。

在写作本书的时候，我想让你感受到我们对联结的本能需求是多么根深蒂固，以及联结对于我们的健康和幸福是多么不可或缺。不管我们能否通过亲子联结来影响孩子的大脑，我都希望你能像我一样相信，联结本身就是很有价值的目标，因为它是情绪和心理安全感的根源。神经科学研究发现，联结对于我们过上美好生活至关重要，我希望你能努力在生活中做出一些小的改变，让你和孩子都能从中获益。要保持我们目前所知的"人性"，就需要亲密的联结，但我相信，我们那忙碌的、左脑产生的目标与看待世界的方式正在破坏这种联结。在这个速度为王的时代，我们对舒适、控制、快乐和确定性的渴望与我们培养出有逆商、幸福的孩子的愿望背道而驰，此时我们更加需要关注联结。

不要忘记我们一开始为什么养育孩子。我们想和他们建立联结，并且在这个过程中，让他们在面对考验和压力时拥有终身的逆商。我们现在已经知道，用心的联结不仅能让孩子的大脑具备情绪复原力，还能让他们更快乐、更平静、更加接纳自己。所以，我们该怎样做才能不失去我们已经取得的成果？面对所有的压力和干扰、你自身的不安全感和童年往事，以及孩子身上那些看似与你不合的特点与特质时，你需要做些什么才能与孩子保持爱的联结？

在这最后一章里，我会更多地谈到该怎么做，并概述一些方法。我们可以使用这些方法调整自己的生活，让用心的教养变得自然而然。所有的方法都至少需要一点点投入与坚定，而有些方法需要更多的努力。但是，所有这些方法都有一个共同点，那就是首先让你受益。只有你拥有了蓬勃发展所需要的一切，你才能用情绪协调的方式，将发自内心的温暖、爱和善意传递给孩子。这些东西中包括那些影响你大脑、心灵和身体的各项因素，因为各因素都是相互联系的，一旦失衡，便会相互影响。我想你已经知道，你自己的幸福，尤其是压力水平，对你的情绪调节能力有重大的影响。

请先照顾好你自己

安抚你的神经系统，积极而有规律地练习情绪调节

除非你从生理层面来应对教养问题，否则所有这些阅读和思考都无法对你或你的孩子产生持久的影响。联结是一种身体层面的东西，要让联结发挥作用，你就需要学会调节你的情绪，安抚你的神经系统，并允许我们人类的本能自然地发挥作用，做到这些需要你具有身体的觉察意识，而不仅仅是理性的洞察力。在这个过程中，你必须以右半球而非左半球为主导，因此

你既不能假装，也不能强求，更不能仅靠读书就做到。相信我，我曾经很擅长假装，甚至欺骗了自己，但没有骗到我的孩子，他们总会对内心的真相做出反应。

如果你想健身，就不会只阅读关于健身的书籍，而会站起来、动起来，而且会反复地做。这和维持情绪的健康是一样的。所以，如果可以的话，请每天花几分钟时间来学习和练习情绪调节。我已经谈过如何重置你的神经系统、增强负责联结的大脑回路，你知道这需要利用呼吸来安抚和平衡你的神经系统。如果你对自己必须做一些具体的事情感到恼火，我完全理解。你要做的事情已经够多了，花时间做呼吸练习可能会让你不耐烦、焦躁，尤其是在你长期忙于做事、应接不暇的情况下！但是，有很多坚实的证据表明这种方法是有效的，我希望现在你已经明确了，这种方法建立在可靠的科学基础之上。

尽你所能地培养正念、开放能力，这样你就能在每天的生活中更好地感知自己的情绪。在我们当今这个快节奏、高要求的世界里，要做到这一点并不容易，因为你做的几乎每件事都会激活你的交感神经系统，让你更容易产生压力，更容易激活"战斗或逃跑"反应。

你也可以下载一个应用程序，让它来指导你做各种正念或情绪调节练习。你不必专门为这件事腾出时间。可以试着把练习融入日常生活，舒缓自己的呼吸，审视自我，停留在当下时刻。就我个人而言，我发现不管我最初练习的感觉有多好，每次我停止定期做某种冥想或大脑平衡呼吸练习，都会不可避免地影响我在接下来几周的人际关系和内在幸福感。我想这是因为我们现在自然放松的时间不多，即使我们的身体停止做事，大脑仍在不断活动。可悲的是，我们已经演化到了这个阶段：我们必须人为地创造时间，让头脑保持安宁、平静。

即刻的情绪调节

如果你正处于强烈的情绪中，或者处于压力状态下，你就需要调节情绪状态，让自己回到平衡状态。第一步，你需要注意并接纳你身体的感觉，注意心率、呼吸、肌肉张力和体内化学物质所导致的感觉。第二步，用呼吸来舒缓和放松你的肌肉张力，降低心率，使身体的生理反应平静下来。你在日常生活中对自己内在状态的关注越多，就越不容易对孩子反应过度。不要试图跳过这一步，因为孩子会注意到你的这种内在状态，情绪也不会因为你的忽视而消失。无论你是否愿意，情绪的强度都会逐渐上升。

记住，情绪就像波浪一样，有起有伏。只要知道如何调节情绪，你就不必害怕或回避。第三步，当你处于"容忍之窗"内并已经平复了生理反应时，这样做的效果最好，你需要识别情绪，给情绪贴标签，调整可能导致情绪的消极、非理性想法，从而激活大脑中的高级、理性区域，换个角度看待事件，以便形成更明智、更平衡的看法。请注意自己什么时候离开了"容忍之窗"，因为孩子难免也会陷入情绪失调。一旦你感觉平静下来，就可以采取行动，比如与别人谈谈你的感受，或者改变导致这种情况的某些因素。我们感觉不舒服的时候，常常急于采取行动，但在我看来，最好先安抚情绪、优化思维，然后再决定需要做什么（如果真要行动的话）。

加强社会参与系统，建立深刻的亲子联结

与孩子建立联结，既可以通过兴奋的爱，也可以通过安静的爱。孩子需要与我们建立这两种类型的联结，但安静的爱具有极大的安抚和治愈功能，尤其是对于年幼的孩子，以及悲伤或难过的大孩子。安静的爱需要你平静下来，舒缓你的身体，放开你的心灵；放慢你的语速，降低音量，舒缓语调；还要放松面部和上半身，尤其是心脏、喉咙和胸口周围的部位。你要看着孩子的眼睛，看到他整个人。你知道社会参与系统有多么大的力量，也知道我们会本能地寻找和渴求心理安全感。和孩子在一起的时候，请优先做这件事，并注意这样做所带来的不同。

当他们情绪失调时，你不要急于说话。一同停留在温柔的沉默里，让他们在你温暖的支持下充分感受自己的情绪，这能够比多余的话语传达更多的含义——无论你的话说得有多漂亮。不要因为你害怕他们情绪的后果，就急于消除他们的情绪。如果他们愿意，就温柔地爱抚他们，就好像他们是珍贵、精致的宝贝。要让他们感到我们深深的珍视。正是这种"陪伴"的感觉抚育了他们，培养了他们的自我意识，以及他们建立亲密的、有意义的关系的能力。正是这种状态带来的情绪安全感真正地改变了他们。

当父母感到有压力、忙碌、抑郁或者遇到其他自我调节的困难时，他们的社会参与系统就会关闭，情绪互动也会受到影响。每位父母在面临困境时都应该得到关怀,而不应受到评判,我们必须思考如何支持与帮助父母和孩子面对这些挑战。有些孩子的父母有着情绪调节问题,尤其是那些在养育孩子的过程中得不到足够的情感支持的父母。也许是时候质疑我们"进取与努力"、独立的生活方式对这些孩子的影响了。也许我们需要保护孩子免受科技带来的无情冲击,因为科技可能减少或消除了未来我们面对面互动的需求。考虑到我们对于社会参与系统、情绪安全感和人类幸福感的了解,我们需要在这个日益受到左脑主导的世界里保护这些右脑主导的过程。

给予自己和孩子更多的关怀与慈爱

这是改变你与孩子关系的最有力的方法之一。不仅如此,这种方法对健康也有很多好处。请拿些时间练习慈爱冥想,对自己、孩子和生活中的其他人致以温暖的祝福。即使你没有足够的时间做完整的练习,也可以在脑海中想象他们的笑脸,然后舒缓、放松下来,并祝他们幸福。随之而来的催产素能产生极大的安抚和治愈作用,帮助你与孩子保持联结、感同身受。

你感到有些困难也没关系,有些人更容易产生这样的感受。如果你在祝福孩子的时候,不能在内心产生温暖的感觉,也不要苛责自己。但是要坚持下去,因为我们大多数人都可以通过不懈的练习来培养和产生这样的感受。一旦你熟悉了这些感受,就可以试着将其融入你与孩子的日常互动。关怀是一种平静、快乐的感受。这是一种想要减轻他人痛苦的渴望,但不同于被他人的情绪所刺痛。请试着分化自己与孩子的情绪,与孩子保持联结并维持各自情绪体验的独立。

不要忘记孩子常受"自下而上"系统的支配

前额叶皮质和"自上而下"的系统直到 25 岁左右才发育完成,所以孩子对事物的反应常常受到杏仁核与肠胃的支配,缺乏后退一步、独立反思和推理的能力。他们可能经常情绪失控,因为他们的"自下而上"系统十分活跃,却没有"自上而下"系统的制衡。这并不意味着孩子不能思考或推理,可一旦他们被一种相对强烈的情绪控制,他们就更容易屈服于情绪。他们只是不具备自我调节、自我觉察和道德推理的能力,但我们可能是为了我们自身的方便而希望孩子展现出这些能力。

当孩子受到强烈情绪的控制时,我们父母需要后退一步,让我们自己杏仁核的情绪反应平静下来,客观地看待事情,并理解孩子缺乏安抚自身情绪所需的全部能力。在情绪调节方面,孩子常会使用我们难以忍受的方式来试图恢复情绪平衡,例如尖叫、哭泣、争吵、忽视等。当他们做出这种行为的时候,他们只是在用他们所知道的最好办法来扭转局面,试图找到安全的感觉。这表明他们需要共同调节,需要帮助才能学会更好的应对策略,而不需要批评、惩罚或评判。无论在什么时候,他们都只能做出大脑允许他们做的事。请务必鼓励和帮助孩子逐渐学会控制自己的行为,但请不要忘记,这些行为源于他们的神经回路。他们大部分的神经回路都受到了遗传因素和早期经历的影响,这两者都不是他们能控制的。

注意睡眠和饮食，因为心理、大脑和身体是相互联系的

睡眠对情绪调节的重要性再怎么强调也不为过。当我们睡眠不足时，我们就无法让自己的情绪回到平常的状态，我们建立联结、保持情绪协调的能力也会受到损害。孩子更容易受到睡眠问题的影响，如果说你需要在哪个方面严格要求，那就是睡眠。就我个人而言，我发现，一旦我连续几个晚上睡得很晚，我就很难放松和共情，我的情绪也会越来越失调。当你感觉疲惫的时候，哪怕出现了最轻微的疲惫迹象，你都要开始倾听身体的声音，让身体试图告诉你的需求得到满足。

饮食对情绪健康也有影响。我们现在已经知道，肠胃中有超过1亿个神经元，因此有些研究人员将其称为"第二大脑"。肠胃能产生多种神经递质，包括我们全身血清素的很大一部分（血清素与积极情绪相关）。我们不能忽略这样一个事实：忙碌的生活，加上对不便和不适的容忍度下降，已经改变了我们的饮食习惯和方式。摄入高糖的预包装食品以及营养价值低的食品会影响我们的情绪健康、激素平衡、心境与情绪。同样重要的是，由于负责消化的是缓慢、平静的下迷走神经回路，所以快速匆忙地吃饭，不去放慢速度，注意、品味和欣赏我们的食物，可能会导致我们与食物、身体和肠胃健康的关系出现问题。

培养孩子的平衡能力与逆商

接纳真实的孩子，放下评判

请放弃你想让孩子成为什么样的人的想法，真正看见孩子

本来的样子，这不亚于一份礼物。接纳你所看见的孩子，珍视他，因为这是我们都深深渴望的——一种被接纳、被理解的感觉。让孩子和你在一起感到安全——一种切身的、在身体里的情绪安全感，这种感觉根植于信任。信任感源于他们知道你是站在他们这一边的，源于你了解他们和他们的感受，你的心能温柔地容纳他们的情绪、弱点、困惑和缺点，而不会用生硬的态度对待他们。如果他们从你那里得不到这种感觉，他们很可能既不会在他人身上寻找，也不会从他人那里获得，因为他们永远不会认为自己配得上这种感觉。

接纳真实的孩子，让他们从你与他们相处的方式中感受到这一点。记住，他们对自己的看法、他们认为自己有多可爱的想法，以及他们未来建立关系的模板，都是由他们与你的互动所塑造的。这一点弥足珍贵，就好像他们把自己的心掏了出来，放在你的手上——这颗心脆弱又易碎。这不是负担，而是荣幸。如果你能抛开关于孩子应该怎样、他们未来可能会如何，甚至你作为父母的生活应该有多舒适的想法，允许自己在当下充分地陪伴孩子，你就会发现你与孩子的关系能变得多么丰富。

请试着质疑你对自己、对孩子、对世界提出的所有无意识的要求。世界上没有任何法则规定我们或孩子应该整洁、出众、友善、负责、完美、准时，等等。这些都是左脑产生的规则，如果刻板地执行，就会给亲子双方带来许多评判、压力、消极心境与怨恨情绪。例如，用左脑主导的方式强调友善，也就是倚重说教，而不通过右脑来展示，可能只会让孩子产生左脑的、基于规则的友善。在某些时候，即便是出于友善的目的，孩子也可能会变得不友善。他们可能会用咄咄逼人的态度和伤人的话语对待一个人，因为他们在捍卫另一个人的权利，他们认为这个人受到了前者的糟糕对待。你可能更愿意让孩子按照某种方式行事，因为这样能给你带来舒适、确定性、控制感或替代性自尊，但孩子是独特的人，有着自己的价值观、需求、人格和愿望。如果你尊重他们的个性，他们就会感到与你的联结。你尽可以鼓励孩子形成并遵守你看重的价值观——无论你的价值观是什么，但不要指望他们会刻板地遵循这些价值观。

让孩子向你展示他们自己，而不必害怕失去联结。如果你本着纠正、以自我为中心、评判或焦虑的态度去倾听他们说的话，看待他们做的事，你们就会失去联结。要与孩子建立深刻的联结，就意味着你要在面对他们的时候放松下来——放松你的心、头脑、规则、不安全感。允许他们向你展示未经修饰的自我，不必害怕被评价、被羞辱。但是如果你看到孩子在伤害自己或他人，或者他们找不到解决问题的办法，就要温柔地指引他们取得更好的结果，不要过度焦虑这对现在、对未来意味着什么。

我知道你很关心孩子，也许你觉得教养是一种巨大的责任，但请尽量调节这种担忧的情绪，因为你的焦虑最终会变成他们的焦虑。请让他们有逐步成长的自由，从按照最好、最快方式发展的压力中解放出来。给予他们接纳真实自己的能力，但也要让他们知道，他们能够通过反思和坚持不懈的努力来改变和发展，以及我们的大脑是可变的、可塑的。这一点在实际情况中很难做到，但情绪调节、培养关怀与正念的意识能为你打下基础。

在纠正孩子前先建立联结

所有父母都知道,即使联结的理念很美好,但我们与孩子的生活不能仅靠亲子联结。我们还需要关注"纠正",因为良好的教养建立在高度的温情和权威之上。对孩子的联结与关怀并不意味着我们要回避与孩子进行艰难的对话。孩子需要学会忍受一些痛苦,包括在犯错时被纠正的感受,还要学会理解他们行为的后果,无论这种感觉有多么难受。我们必须允许他们被逼迫到"容忍之窗"的边缘,但作为父母,我们不要把他们逼得太紧。

如果我们纠正孩子的出发点缺乏温情和联结,孩子就很容易感到羞耻或受到威胁。如果一个孩子感到轻微的羞耻,他仍有可能理解你所说的话,这种羞耻感可能会对导致羞耻的行为起到一种社会性威慑的作用;但如果他感到非常羞耻,例如他重视的人对他的行为表现出厌恶或轻蔑时,这种"坏"的感觉就会对自我意识产生极大的威胁,从而激活大脑的"威胁与防御"反应,导致孩子失去推理和理解能力。

要纠正孩子,就需要目光长远。你的任务不是让他们变得完美,以便让他们和你能够避免情绪上的不适、排斥、失败或失望;以便让他们获得所有人的认可,在生活中得到特殊的对待或者处在安全的环境中。你的任务也不是让他们事事顺心或愉快。难以应对的情绪是生活的一部分,对于孩子来说是不可避免的。无论你读过多少育儿文章,不管你多么努力地想给他们所有对的、最好的体验,事实都是如此。你的任务是在孩子犯错、感到难过、在世界上寻找自己的位置时陪在他们身边，保持情绪协调，给予他们关怀。

这样做可以培养他们大脑中的神经连接，让他们能够安抚和调节自己的情绪。这样做能培养逆商。让他们在你的支持下安全地体验自己的情绪，会让孩子变得更加勇敢，他们会意识到情绪只是来来去去的感觉。这种经历会告诉他们，不必害怕脆弱、失败、批评或不适，因为他们会明白，无论当时的感觉多么难受，他们的感觉都会好起来，所以并没有什么可怕的。但是，只有在你保持情绪协调、敞开心扉（即便在他们感到痛苦、叛逆或失控时也是如此）的情况下，这种方法才会起作用。

要做到这一点，你就需要调节自己，通过调整呼吸、声音和面部，进入"平静与联结"模式，让善意融入你与孩子的互动中。如果你的社会参与系统运作良好，这就更容易做到了。与此同时，你的声音既要温柔，又要坚定，你的话语要清晰而直接，明确地向孩子描述你不喜欢的行为，这种行为给你和他人的感受所带来的后果，以及你想让孩子如何改正。请确保你和孩子之间有温和的眼神交流，这样你就可以观察孩子对你说的话有什么情绪反应，并相应地调整你传达的信息。

可以试着通过点明问题行为来讨论困难的问题，而不要给孩子整个人贴上标签。所以，不要说："你太邋遢了！我跟你说过，把东西收拾好！"你可以用缓慢的语速说："如果你不收拾好你的东西，对于我们这些住在这里又喜欢整洁的人来说，是不公平的。我不介意你在玩耍的时候弄得乱糟糟的，但最后我希望你能把东西收拾好。"记住，尽管你对孩子说话的内容和方式都很重要，但这些仍然不如你们俩在互动中的感受重要，因为正是这些无形的过程塑造和决定了最后的结果。

用高度的权威来平衡高度的温情

要通过给予孩子较高的期望，并清晰、直接、经常地向他们传达这些标准，鼓励他们做正确的事情。要相信他们，让他们负起责任来，但也要花些时间帮助他们做好准备，并支持他们，以达到你的期望。当他们提出反对意见时，不要屈服于他们的要求，但当你说"不"时，也要保持友善，用共情的态度承认，做正确的事情并不总会让人感觉很好。记住，有时你对孩子的期望也要灵活一些，就像你希望你身边的人这样对待你一样。毕竟，有时候我们都需要放松一下。这样能教会孩子适应与共情。要对行为设置较高的期望，也要给予孩子满足你的期待所需的工具，但当他们失败的时候，要给予理解和善意，因为大多数时候，他们的失败不是故意的恶意行为，而是无法成功地自我调节。这些能力结构会随着时间缓慢发展，并且依赖于环境。

孩子在很小的时候就能为自己负责。你可以在适当的情况下，在保持适当边界的情况下，向他们展示如何独立做事，让他们处理他们需要自己负责的事情（例如，不必把早餐管得面面俱到，这样孩子就能准备自己的早餐了），准备好让他们了解自己行为与决定的后果。你可以问他们一些问题，确保他们完全理解自己选择的后果，一旦他们做出了选择，就让他们自己承担后果，即便后果是消极的也要如此，因为这样他们才能培养自己的决策能力。当然，只有在行为后果只会引起轻中度情绪反应的情况下，这种做法才是有效的。

例如，在我们家里，除非孩子请求我的帮助，否则我不会管他们做作业的事情。我教育过他们，做作业是他们的责任，如果不想做作业，就要准备好向老师解释自己的理由。我会问他们，如果他们不得不向老师解释为什么没做作业，他们会有什么感觉，他们是否准备好了面对这样的感觉。如果他们遇到了困难，他们可以向我求助，我也一定会抽出时间来帮助他们。但是我不会用哄、唠叨或强迫的方式让他们做事，因为这样会让我们怨恨彼此，进入"威胁与防御"模式。我的小女儿的记性不够好，还不足以承担很多责任，于是我会提醒她应该负责的事情。如果我怀疑孩子会忘记某些事情，我会帮助他们培养记住这些事情的能力，但我不会替他们做事。所以，我每天早上都会问他们："你们带了什么，你们需要什么？"但我不会给他们打包零食，或者帮他们把文件夹放进书包里。

在专制与放纵之间找到平衡

作为父母，我们要使用自己的权威，但也要对孩子保持温暖、友善，尊重他们的个性。例如，不要总是控制孩子吃什么，你可以让他们在两三种你愿意让他们吃的东西中选择。这种教养方式培养和锻炼了他们大脑皮层的高级区域，这些区域在决策和道德行为中起到了重要的作用。给予孩子选择和边界，能赋予他们力量，也表示你尊重他们，把他们视为独立的人，拥有自己的、与你不同的想法和感受，同时还有助于培养联结与温情。

可以通过提问，帮助孩子独立理解事物，鼓励孩子独立思考。你可以跟孩子谈谈你、他们以及其他人的感受，但不要期待他们"应该"理解所有这些。当他们的大脑发展出能够理解这些事情的神经连接时，他们才会理解，这可能要等到很久以后。这很正常。你不必让孩子十全十美——只要打好基础，让他们有机会用自己的方式、按自己的节奏，做好他们能做的那部分即可。如果他们不接受你给予他们的一些东西，他们也不会变成失败者。在他们拒绝的时候，你要大方地接纳。他们不是你的翻版，他们是独立的个体，有自己的需求、人格和抱负。就像我们所有人一样，他们很复杂、会犯错、不完美，但应该得到你的爱与接纳。

与孩子建立联结无须赞扬他们

关于温情与权威，我还想再说最后一点：慈爱、友善、温暖并不意味着要赞扬孩子。赞扬类似于评判，会鼓励孩子把自己看作别人眼中的客体。不要赞扬或评判孩子，而要试着关注他们对事物的感受，这样他们就能从自己的内心出发，了解自己的价值观、人格、喜好、需求、不安全感和动力，而不是通过外界来了解这些。请对孩子表示欣赏，而不是赞扬。让他们培养出一种强烈的内在自我意识，将自己看作独特的、复杂的、会犯错的人，这样的人有很多方面，自己或其他人无法给予评价、评判。这样能帮助孩子培养真实的生活态度、自我觉察和自我尊重。随着时间的推移，这也会引导孩子做出尊重自身情绪、需求和偏好的生活决定。如果你喜欢赞扬孩子，觉得这样做会让你感到满意，那就表扬孩子在做事上付出的努力和使用的策略，而不要表扬他们整个人。例如，你可以说："我喜欢你花时间认真给图片上色。"而不要说："你在涂色方面真的很有天赋哇！"

如果你想多了解这方面的信息，可以关注卡罗尔·德韦克（Carol Dweck）。她对于孩子如何发展他们对自身智力和性格方面的看法做了一些很棒的工作。她发现，尽管孩子不能明确表达他们的这些看法，但这些看法依然会影响他们，决定他们在面对挑战和困难时会付出多少努力。孩子的心态会影响他们如何面对失败、他们的自信有多稳定，以及他们最终会如何完成困难的任务。

最后的思考

培养具有逆商、情绪协调的孩子，不是一种如何"行动"的问题，而是一种如何"存在"的问题。我知道这并不容易。请从你自己做起。请学会自我接纳、自我关怀和正念，这样你就能真正"感受"到这里传递的信息，不要仅仅是思考，而是要将这些内容融入你的生活和呼吸中。如果说你要从本书中学到什么，那就是把亲子联结放在比所有其他建议更重要的位置上。最后，请记住你也是一个人，状态有起有伏，你不会总是对孩子那么慈爱、那么开放。只要你对他们开放的时候多过封闭的时候，你们就能逐渐建立起"信任的银行"，你会发现他们对你的失误和缺陷也会更加宽容。你会发现你们进入了一个良性的，而非破坏性的循环。当他们感觉被你深深地理解、接纳和珍视的时候，他们就愿意听你的话。他们会想要你高兴，因为这样让他们感觉很好，这样也会使你与他们的联结、你对他们的关怀日益增长。在这个过程中，你和他们会一同蓬勃发展。随着时间的推移，当他们将这种存在方式延伸到与其他人的关系中、他们所付出的努力中时，你就会知道，这是你能给予他们的最好的礼物。

HEARTFELT
PARENTING

致谢

　　1997年我刚上大学时，父亲不幸去世，他对我有着不可磨灭的影响。没有他，我就不可能写作本书。我父亲鼓励我去质疑、反思、挑战现状，不过他从来没有强迫我去做任何我当时觉得不对的事情。在我三岁的时候，我的生母就去世了。我的养母抚养了我和我的哥哥，她毫无怨言地把自己的需求和愿望放在一边，让我能够在英格兰接受教育，我对此深表感激。如果没有我的堂兄皮尤什，我可能也不会有今天。在我父亲去世后，我正面临迷途的危险，皮尤什的慷慨和善良拯救了我。他相信我能克服困难，并且对我的成就感到自豪，在我将要崩溃的时候，他给了我支持。有些事情是无以为报的。

　　我深深地感激我的丈夫，他毫不费力地展现了我在本书中提到的许多价值观和特点。他是我坚强的后盾，在我认识他的

20年里，他带来了一种我极为珍视的稳定感、善良和正直。我相信，爱他和被他爱的经历改变了我的大脑、思想和自我意识，这种改变是持久而美好的。他总是把我和孩子的需求放在自己的需求之上，这种能力证明了我那了不起的婆婆所给予他的教养是多么优秀。婆婆对我们的爱正是慷慨的真谛——纯洁、无私、永无止境。

我要感谢丈夫对我写作本书的助力，感谢他在我临时向他寻求建议和支持时（通常是在半夜！）的鼓励和善意。我要感谢孩子对我极大的理解，因为写作本书意味着我有时不能给予他们想要的关注。我想让他们知道，在我心中，他们、他们花时间和我在一起的需求，以及被爱的需求，始终是第一位的。我的儿子性格开朗、具有坚毅的个性，他时常提醒我，我所做的一切都是值得的，我应该努力工作，即便是在周末。而且，孩子们也很乐意在我工作的时候自娱自乐。在写作本书的过程中，我很感谢女儿的陪伴，她的共情、友善和包容激励并滋养了我。他们关心我，我也关心他们。

我想感谢那些一直以来为我提供反馈和意见的人。感谢我的朋友乔和丹尼尔，他们阅读了我的早期书稿。还要感谢我的嫂子普里，她不仅读了第1章的初稿，还耐心地、积极地关注了两年来本书写作的最新进展。感谢我的同事罗莎，她一直在用她奇妙的、来自右脑的视角，为本书中一些更有创意的方面把关。在这漫长而紧张的过程中，对于所有支持我、鼓励我、包容我的朋友、家人以及 Victoria Wall 咨询公司的同事，我要向他们表示衷心的感激与谢意。

我非常感谢Little, Brown出版社的汤姆·阿斯克尔（Tom Asker），他非凡的耐心、洞察力和指导塑造了这本书。我要感谢阿曼达·基茨（Amanda Keats）和尤娜·麦戈文（Una McGovern）对文字进行精练，使之变得得体。我还要感谢Robinson出版公司的贾尔斯·刘易斯（Giles Lewis）和尼基·里德（Nikki Read）。当初我只想写企业方面的书，而他们鼓励我写一本关于教养的书。我想不出比探讨孩子如何被父母的爱所影响更有价值的话题了，我很感激有机会做这件事。

如果没有那些精彩的研究做基础，这本书也不会存在。那些研究打开了我的眼界和心灵，让我意识到爱与联结的力量可以改变我们的大脑、心理、身体健康以及体验世界的方式。我对学术界的一些大师心存感激，我可以绝对肯定地说，他们不可思议的工作改变了我以及我的客户和孩子的生活。我要深深地感谢伊恩·麦吉尔克里斯特、艾伦·舒尔、斯蒂芬·波格斯、保罗·吉尔伯特以及芭芭拉·弗雷德里克森，他们的研究让我们找回了教养的初心。

参考书目

Baars, B. J. and N. M. Gage, *Cognition, brain, and consciousness: introduction to cognitive neuroscience*. 2nd ed. 2010, London: Academic.

Baumeister, R. F., et al., 'Bad is stronger than good.' *Review of General Psychology*, 2001. 5: pp. 323–70.

Baumeister, R. F., 'Self-regulation, ego depletion, and inhibition.' *Neuropsychologia*, 2014. 65: pp. 313–19.

Carter, C., S and D. W. Pfaff, *Hormones, brain, and behavior*. 2nd ed. 2009, Amsterdam; London: Academic Press.

Damasio, A. R., *The feeling of what happens: body and emotion in the making of consciousness*. 2000, London: W. Heinemann.

Davidson, R. J. and S. Begley, *The emotional life of your brain: how its unique patterns affect the way you think, feel, and live – and how you can change them*. 2012, London: Hodder & Stoughton.

Ekman, P., *Emotions revealed: recognizing faces and feelings to improve communication and emotional life.* 2nd ed. 2007, New York: Owl Books.

Fredrickson, B., *Love 2.0: how our supreme emotion affects everything we think, do, feel, and become.* 2013, New York: Hudson Street Press.

Fredrickson, B. L., et al., 'Open hearts build lives: positive emotions, induced through loving-kindness meditation, build consequential personal resources.' *Journal of Personality and Social Psychology*, 2008. 95(5): p. 1045–62.

Gilbert, P. J. and Choden, *Mindful compassion.* 2013, London: Constable & Robinson Ltd.

Goleman, D., *Emotional intelligence.* 1995, New York: Bantam Books.

Goleman, D., *Working with emotional intelligence.* 1998, London: Bloomsbury.

Green, J. A., P. G. Whitney and M. Potegal, 'Screaming, yelling, whining, and crying: categorical and intensity differences in vocal expressions of anger and sadness in children's tantrums.' *Emotion*, 2011. 11(5): pp. 1124–33.

Hanson, R. M., *Buddha's brain.* 2009, Oakland, Calif: New Harbinger Publications.

Heinrichs, M., et al., 'Social support and oxytocin interact to suppress cortisol and subjective responses to psychosocial stress.' *Biological Psychiatry*, 2003. 54(12): pp. 1389–98.

Hill, D., *Affect regulation theory: a clinical model.* 1st ed. 2015, New York: W. W. Norton & Company.

Hughes, D. A. and J. F. Baylin, *Brain-based parenting: the neuroscience of caregiving for healthy attachment.* 2012, New York: W. W. Norton & Company.

Jang, K. L., W. J. Livesley and P. A. Vernon, 'Heritability of the big five personality dimensions and their facets: a twin study.' *Journal of Personality*, 1996. 64(3): pp. 577–91.

Kok, B. E. and B. L. Fredrickson, 'Upward spirals of the heart: autonomic flexibility, as indexed by vagal tone, reciprocally and prospectively predicts positive emotions and social connectedness.' *Biological Psychology*, 2010. 85(3): pp. 432–6.

McEwen, B. S., 'Central effects of stress hormones in health and disease: Understanding the protective and damaging effects of stress and stress mediators.' *European Journal of Pharmacology*, 2008. 583(2–3): pp. 174–85.

McGilchrist, I., *The master and his emissary: the divided brain and the making of the Western world*. 2010, New Haven, Conn.; London: Yale University Press.

McKay, M., M. Davis, and P. Fanning, *Thoughts & feelings: taking control of your moods & your life*. 3rd ed. 2007, Oakland, Calif: New Harbinger; Enfield: Publishers Group UK [distributor].

Moffitt, T. E., et al., 'A gradient of childhood self-control predicts health, wealth, and public safety.' *Proceedings of the National Academy of Sciences of the USA*, 2011. 108(7): pp. 2693–8.

Norman, G. J., et al., 'Oxytocin increases autonomic cardiac control: moderation by loneliness.' *Biological Psychology*, 2011. 86(3): pp. 174–80.

Ogden, P., et al., *Sensorimotor psychotherapy: interventions for trauma and attachment*. 1st ed. 2015, New York; London: W. W. Norton & Company.

Okon-Singer, H., et al., 'The neurobiology of emotion-cognition interactions: fundamental questions and strategies for future research.' *Frontiers of Human Neuroscience*, 2015. 9: p. 58.

Porges, S. W., *The polyvagal theory: neurophysiological foundations of emotions, attachment, communication, and self-regulation*. 1st ed. 2011, New York; London: W. W. Norton & Company.

Raefsky, S. M. and M. P. Mattson, 'Adaptive responses of neuronal mitochondria to bioenergetic challenges: Roles in neuroplasticity and disease resistance.' *Free Radical Biology and Medicine*, 2017. 102: pp. 203–16.

Schore, A. N., *Affect regulation and the origin of the self: the neurobiology of emotional development*. 1994, Hillsdale, NJ: Lawrence Erlbaum Associates, Inc.

Schore, A. N., *Right brain psychotherapy (Norton Series on Interpersonal Neurobiology)*. 2019, New York: W. W. Norton & Company.

Segerstrom, S. C. and G. E. Miller, 'Psychological stress and the human immune system: a meta-analytic study of 30 years of inquiry.' *Psychological Bulletin*, 2004. 130(4): pp. 601–30.

Shahrestani, S., A. H. Kemp and A. J. Guastella, 'The impact of a single administration of intranasal oxytocin on the recognition of basic emotions in humans: a meta-analysis.' *Neuropsychopharmacology*, 2013. 38(10): pp. 1929–36.

Sieff, D. F., *Understanding and healing emotional trauma: conversations with pioneering clinicians and researchers*. 2015, Hillsdale, NJ: Routledge.

Siegel, D. J., *The developing mind: how relationships and the brain interact to shape who we are*. 2nd ed. 2012, New York: Guilford Press.

Siegel, D. J., *Pocket guide to interpersonal neurobiology: an integrative handbook of the mind*. 1st ed. 2012, New York: W. W. Norton & Company.

Siegel, D. J. and M. F. Solomon, *Healing moments in psychotherapy*. 2013, New York: W. W. Norton & Company.

Tronick, E., et al., 'The infant's response to entrapment between contradictory messages in face-to-face interaction.' *Journal of the American Academy of Child and Adolescent Psychiatry*, 1978. 17(1): pp. 1–13.

Weinberg, M. K., et al., 'A still-face paradigm for young children: 2(1/2) year-olds' reactions to maternal unavailability during the still-face.' *Journal of Developmental Processes*, 2008. 3(1): pp. 4–22.

Wigton, R., et al., 'Neurophysiological effects of acute oxytocin administration: systematic review and meta-analysis of placebo-controlled imaging studies.' *Journal of Psychiatry and Neuroscience*, 2015. 40(1): pp. E1–22.

参考文献

1. Fredrickson, B., *Love 2.0: how our supreme emotion affects everything we think, do, feel, and become.* 2013, New York: Hudson Street Press.

2. Goleman, D., *Emotional intelligence.* 1995, New York: Bantam Books.

3. Goleman, D., *Working with emotional intelligence.* 1998, London: Bloomsbury.

4. Moffitt, T. E., et al., 'A gradient of childhood self-control predicts health, wealth, and public safety.' *Proceedings of the National Academy of Sciences of the USA*, 2011. 108(7): pp. 2693–8.

5. Baumeister, R. F., 'Self-regulation, ego depletion, and inhibition.' *Neuropsychologia*, 2014. 65: pp. 313–9.

6. Siegel, D. J., *Pocket guide to interpersonal neurobiology: an integrative handbook of the mind.* 2012, New York: W. W. Norton & Company.

7. Jang, K. L., W. J. Livesley, and P. A. Vernon, 'Heritability of the big

five personality dimensions and their facets: a twin study.' *Journal of Personality*, 1996. 64(3): pp. 577–91.

8   Siegel, D. J., *The developing mind: how relationships and the brain interact to shape who we are.* 2nd ed. 2012, New York: Guilford Press.

9   Raefsky, S. M. and M. P. Mattson, 'Adaptive responses of neuronal mitochondria to bioenergetic challenges: Roles in neuroplasticity and disease resistance.' *Free Radical Biology and Medicine*, 2017. 102: pp. 203–16.

10 Hanson, R. M., *Buddha's brain.* 2009, New Harbinger Publications.

11 Siegel, D. J., *Pocket guide to interpersonal neurobiology.*

12 Baars, B. J. and N. M. Gage, *Cognition, brain, and consciousness: introduction to cognitive neuroscience.* 2nd ed. 2010, London: Academic.

13 McGilchrist, I., *The master and his emissary: the divided brain and the making of the Western world.* 2010, New Haven, Conn.; London: Yale University Press.

14 McGilchrist, I., 'Hemisphere Differences and Their Relevance to Psychotherapy' in D.J Siegel and M. Solomon (eds), *Healing Moments in Psychotherapy.* 2013, New York: W.W. Norton & Company.

15 McGilchrist, I., *The Divided Brain and The Search for Meaning.*

16 Davidson, R. J. and S. Begley, *The emotional life of your brain: how its unique patterns affect the way you think, feel, and live – and how you can change them.* 2012, London: Hodder & Stoughton.

17 McGilchrist, I., *The master and his emissary.*

18 Baumeister, R. F., et al., 'Bad is stronger than good.' *Review of General Psychology*, 2001. 5: pp. 323–70.

19 Schore, A. N., *Affect regulation and the origin of the self: the*

    neurobiology of emotional development. 1994, Lawrence Erlbaum Associates, Inc.

20 Schore, A. N., *Right brain psychotherapy (Norton Series on Interpersonal Neurobiology)*. 2019, New York: W. W. Norton & Company.

21 Schore, A, and Sieff, D.F in 'On the same wave-length: how our emotional brain is shaped by human relationships' in D. J. Sieff (ed), *Understanding and healing emotional trauma: conversations with pioneering clinicians and researchers*. 2015, East Sussex: Routledge.

22 Schore, A. N., *Right brain psychotherapy*.

23 Schore, A.N., *The Development of the Unconscious Mind*. 2019, New York: W.W. Norton & Company.

24 Hughes, D. A. and J. F. Baylin, *Brain-based parenting: the neuroscience of caregiving for healthy attachment*. 2012, New York: W. W. Norton & Company.

25 Damasio, A. R., *The feeling of what happens: body and emotion in the making of consciousness*. 2000, London: W. Heinemann.

26 Okon-Singer, H., et al., 'The neurobiology of emotion-cognition interactions: fundamental questions and strategies for future research.' *Frontiers in Human Neuroscience*, 2015. 9: p. 58.

27 Ekman, P., *Emotions revealed: recognizing faces and feelings to improve communication and emotional life*. 2nd ed. 2007, New York: Owl Books.

28 Green, J. A., P. G. Whitney, and M. Potegal, 'Screaming, yelling, whining, and crying: categorical and intensity differences in vocal expressions of anger and sadness in children's tantrums.' *Emotion*, 2011. 11(5): pp. 1124–33.

29 Hill, D., *Affect regulation theory: a clinical model*. 1st ed. 2015,

New York: W. W. Norton & Company.

30 Ibid.

31 Ogden, P., et al., *Sensorimotor psychotherapy: interventions for trauma and attachment.* 1st ed. 2015, New York; London: W. W. Norton & Company.

32 Siegel, D. J., *The developing mind.*

33 Schore, A. N., *Affect regulation and the origin of the self.*

34 Schore, A, and Sieff, D.F in 'On the same wave-length: how our emotional brain is shaped by human relationships' in D. J. Sieff (ed) *Understanding and healing emotional trauma: conversations with pioneering clinicians and researchers.* 2015, East Sussex: Routledge.

35 Ibid.

36 Schore, A. N., *Affect regulation and the origin of the self.*

37 Baron-Cohen, S., *Zero degrees of empathy: a new theory of human cruelty.* 2011, London: Allen Lane Publishing.

38 Porges, S. W., *The polyvagal theory: neurophysiological foundations of emotions, attachment, communication, and self-regulation.* 1st ed. 2011, New York; London: W. W. Norton & Company.

39 Baumeister, R. F., et al., 'Bad is stronger than good.'

40 Schore, A. N., 'Early interpersonal neurobiological assessment of attachment and autistic spectrum disorders.' *Frontiers in psychology*, 2014, 5, 1049. doi:10.3389/fpsyg.2014.01049

41 Hill, D., *Affect regulation theory.*

42 Tronick, E., et al., 'The infant's response to entrapment between contradictory messages in face-to-face interaction.' *Journal of the American Academy of Child and Adolescent Psychiatry*, 1978. 17(1): pp. 1–13.

43 Weinberg, M. K., et al., 'A still-face paradigm for young children: 2(1/2) year-olds' reactions to maternal unavailability during the still-face.' *Journal of Developmental Processes*, 2008. 3(1): pp. 4–22.

44 Baumeister, R. F., et al., 'Bad is stronger than good'.

45 Carter, C., S and D. W. Pfaff, *Hormones, brain, and behavior*. 2nd ed. 2009, Amsterdam; London: Academic Press.

46 Wigton, R., et al., 'Neurophysiological effects of acute oxytocin administration: systematic review and meta-analysis of placebo-controlled imaging studies.' *Journal of Psychiatry and Neuroscience*, 2015. 40(1): pp. E1–22.

47 Shahrestani, S., A. H. Kemp and A. J. Guastella, 'The impact of a single administration of intranasal oxytocin on the recognition of basic emotions in humans: a meta-analysis.' *Neuropsychopharmacology*, 2013. 38(10): pp. 1929–36.

48 Heinrichs, M., et al., 'Social support and oxytocin interact to suppress cortisol and subjective responses to psychosocial stress.' *Biological Psychiatry*, 2003. 54(12): pp. 1389–98.

49 Norman, G. J., et al., 'Oxytocin increases autonomic cardiac control: moderation by loneliness.' *Biological Psychology*, 2011. 86(3): pp. 174–80.

50 Carter, C., S and D. W. Pfaff, *Hormones, brain, and behavior*.

51 Kok, B. E. and B. L. Fredrickson, 'Upward spirals of the heart: autonomic flexibility, as indexed by vagal tone, reciprocally and prospectively predicts positive emotions and social connectedness.' *Biological Psychology*, 2010. 85(3): pp. 432–6.

52 Segerstrom, S. C. and G. E. Miller, 'Psychological stress and the human immune system: a meta-analytic study of 30 years of inquiry.' *Psychological Bulletin*, 2004. 130(4): pp. 601–30.

53 Fredrickson, B., *Love 2.0*.

54 Fredrickson, B. L., et al., 'Open hearts build lives: positive emotions, induced through loving-kindness meditation, build consequential personal resources.' *Journal of Personality and Social Psychology*, 2008. 95(5): p. 1045–62.

55 Gilbert, P. J. and Choden, *Mindful compassion*. 2013, London: Constable & Robinson Ltd.

56 Hanson, R.M., *Buddha's brain*.

57 Burns, D., The Feeling Good Handbook. 1999, New York: Plume.

58 Fennell, M.J.V. 'Depression', in K. Hawton, P. Salkovis, J. Kirk and D. Clark (eds), *Cognitive Behaviour Therapy for Psychiatric Problems: a Practical Guide*. 1989, Oxford: Oxford University Press.

全年龄段

《叛逆不是孩子的错:不打、不骂、不动气的温暖教养术(原书第2版)》

作者:[美] 杰弗里·伯恩斯坦　译者:陶志琼

放弃对孩子的控制,才能获得更多的掌控权;不再强迫孩子听话。孩子才会开始听你的话,樊登读书倾力推荐,十天搞定叛逆孩子

《硅谷超级家长课:教出硅谷三女杰的TRICK教养法》

作者:[美] 埃丝特·沃西基　译者:姜帆

"硅谷教母"埃丝特·沃西基养育了三个卓越的女儿,分别是YouTube的CEO、基因公司创始人和名校教授。她的秘诀就在本书中

《学会自我接纳:帮孩子超越自卑,走向自信》

作者:[美] 艾琳·肯尼迪-穆尔　译者:张海龙 郭霞 张俊林

为什么我们提高孩子自信心的方法往往适得其反?
解决孩子自卑的深层次根源问题,帮助孩子形成真正的自信;
满足孩子在联结、能力和选择三个方面的心理需求;
引导孩子摆脱不健康的自我关注状态,帮助孩子提升自我接纳水平

《去情绪化管教,帮助孩子养成高情商、有教养的大脑!》

作者:[美] 丹尼尔·J.西格尔 等　译者:吴蒙琦

无须和孩子产生冲突,也无须愤怒、哭泣和沮丧!用爱与尊重的方式让孩子守规矩,使孩子朝着成功和幸福的人生方向前进

《爱的管教:将亲子冲突变为合作的7种技巧》

作者:[美] 贝基·A.贝利　译者:温旻

美国亚马逊畅销书。只有家长先学会自律,才能成功指导孩子的行为。自我控制的七种力量和由此而生的七种管教技巧,让父母和孩子共同改变。在过去15年中,成千上万的家庭因这7种力量变得更加亲密和幸福

更多>>>
《儿童教育心理学》　作者:[奥地利] 阿尔弗雷德·阿德勒　译者:杜秀敏
《我不是坏孩子,我只是压力大:帮助孩子学会调节压力、管理情绪》　作者:[加]斯图尔特·尚卡尔 等　译者:黄镇华
《如何让孩子爱上阅读》　作者:[澳] 梅根·戴利　译者:卫妮

儿 童 期

《自驱型成长：如何科学有效地培养孩子的自律》
作者：[美]威廉·斯蒂克斯鲁德 等 译者：叶壮

樊登读书解读，当代父母的科学教养参考书。所有父母都希望自己的孩子能够取得成功，唯有孩子的自主动机，才能使这种愿望成真

《聪明却混乱的孩子：利用"执行技能训练"提升孩子学习力和专注力》
作者：[美]佩格·道森 等 译者：王正林

聪明却混乱的孩子缺乏一种关键能力——执行技能，它决定了孩子的学习力、专注力和行动力。通过执行技能训练计划，提升孩子的执行技能，不但可以提高他的学习成绩，还能为其青春期和成年期的独立生活打下良好基础。美国学校心理学家协会终身成就奖得主作品，促进孩子关键期大脑发育，造就聪明又专注的孩子

《有条理的孩子更成功：如何让孩子学会整理物品、管理时间和制订计划》
作者：[美]理查德·加拉格尔 译者：王正林

管好自己的物品和时间，是孩子学业成功的重要影响因素。孩子难以保持整洁有序，并非"懒惰"或"缺乏学生品德"，而是缺乏相应的技能。本书由纽约大学三位儿童临床心理学家共同撰写，主要针对父母，帮助他们成为孩子的培训教练，向孩子传授保持整洁有序的技能

《边游戏，边成长：科学管理，让电子游戏为孩子助力》
作者：叶壮

探索电子游戏可能给孩子带来的成长红利；了解科学实用的电子游戏管理方案；解决因电子游戏引发的亲子冲突；学会选择对孩子有益的优质游戏

《超实用儿童心理学：儿童心理和行为背后的真相》
作者：托德老师

喜马拉雅爆款育儿课程精华，包含儿童语言、认知、个性、情绪、行为、社交六大模块，精益父母、老师的实操手册；3年内改变了300万个家庭对儿童心理学的认知；中南大学临床心理学博士、国内知名儿童心理专家托德老师新作

更多>>> 《正念亲子游戏：让孩子更专注、更聪明、更友善的60个游戏》 作者：[美]苏珊·凯瑟·葛凌兰 译者：周玥 朱莉
《正念亲子游戏卡》 作者：[美]苏珊·凯瑟·葛凌兰 等 译者：周玥 朱莉
《女孩养育指南：心理学家给父母的12条建议》 作者：[美]凯蒂·赫尔利 等 译者：赵菁

青春期

《欢迎来到青春期：9~18岁孩子正向教养指南》
作者：[美] 卡尔·皮克哈特 译者：凌春秀

一份专门为从青春期到成年这段艰难旅程绘制的简明地图；从比较积极正面的角度告诉父母这个时期的重要性、关键性和独特性，为父母提供了青春期4个阶段常见问题的有效解决方法

《女孩，你已足够好：如何帮助被"好"标准困住的女孩》
作者：[美] 蕾切尔·西蒙斯 译者：汪幼枫 陈舒

过度的自我苛责正在伤害女孩，她们内心既焦虑又不知所措，永远觉得自己不够好。任何女孩和女孩父母的必读书。让女孩自由活出自己、不被定义

《青少年心理学（原书第10版）》
作者：[美] 劳伦斯·斯坦伯格 译者：梁君英 董策 王宇

本书是研究青少年的心理学名著。在美国有47个州、280多所学校采用该书作为教材，其中包括康奈尔、威斯康星等著名高校。在这本令人信服的教材中，世界闻名的青少年研究专家劳伦斯·斯坦伯格以清晰、易懂的写作风格，展现了对青春期的科学研究

《青春期心理学：青少年的成长、发展和面临的问题（原书第14版）》
作者：[美] 金·盖尔·多金 译者：王晓丽 周晓平

青春期心理学领域经典著作
自1975年出版以来，不断再版，畅销不衰
已成为青春期心理学相关图书的参考标准

《读懂青春期孩子的心》
作者：马志国

资深心理咨询师写给父母的建议
解读青春期孩子真实的心灵
解开父母心中最深的谜